増補新装版

組 織 と 市 場
――組織の環境適合理論――

野 中 郁 次 郎 著

千 倉 書 房

本書は当初チクラ・マーケティング・サイエンス・シリーズの一環として出版されたものである。第4刷を機会に，文献，索引を整備し，副題を改めた。　　　　　　　　　　著者

増補新装版に寄せて

　『組織と市場』が千倉書房から出版されたのは1974年7月，以来40年もの歳月が過ぎている。このたび増補新装版となったことは，感慨深い。そこで，新装版に寄せてこの本が出版されるまでのいきさつとその後の進展について，経営学の変遷も踏まえながら振り返ってみたい。

　『組織と市場』は，1972年にカリフォルニア大学バークレー校経営大学院でPh.D.を取得して日本に帰国，南山大学経営学部に勤務し始めた頃に，博士論文"Organization and Market"をベースに出版した初めての書である。当時経営学の最先端だったハーバード・サイモンが提唱した個人レベルの情報処理モデルを市場環境へと適用範囲を広げ，当時台頭しつつあったコンティンジェンシー理論の潮流の只中で展開したものだ。

　いまの私からは想像しづらいかもしれないが，当時の私は熱心なサイモニアンだったのである。なぜなら，バークレーで私の指導教官だったフランセスコ・ニコシア教授は，サイモンの情報処理モデルをマーケティング分野に適用して消費者行動における意思決定論を提唱し，消費者行動論に大きな貢献をした人物だった。実際，ニコシアの『消費者の意思決定モデル』（東洋経済新報社，1979年）には，バークレーからシカゴ大学に移ったサイモンが序文を寄せている。

　当時のバークレーのPh.D.コースは素晴らしい知的文脈を提供してくれた。経営学の専門分野以外に経営学共通のコアコースとして経済学原論と，当時では珍しく組織論が必須であった。経済学では，ゲーム理論でノーベル経済学賞を受賞したジョン・ハサーニ教授に危うく落第しそうなところを救ってもらった。一般均衡理論の徹底的な改良と経済理論に新たな分析手法を組み込んだことで同賞を受賞したジェラール・ドブルー教授や産業組織論のジョー・ベイン教授の授業を聴講した。数学は最も苦手で皆目判らなかっ

たが，組織と市場関係の重要性は認識できた。組織論では当時の大御所的存在のジョージ・シュトラウス，Y理論を人的資源管理理論に展開し注目されたレイモンド・マイルズ，リカート理論を生んだグループ・ダイナミクスの共同研究者アーノルド・タネンバウム，『組織社会学』で知られるチャールズ・ペローという名だたる教授の指導を受けた。このような組織心理学と組織社会学の相互作用の渦のなかで，組織論の展開を「動機」と「構造」の二次元で解釈したのが本書前半が成立した背景である。

さらに重要なPh.D.コースの要件は，第二専門の修得であった。経済学，社会学，心理学，Operations Researchの各学部からひとつをえらび，そのPh.D.コースで1年間にわたり必須科目でB+以上の成績の獲得が要請された。私は計量分析が苦手であったので，安直に社会学を専攻したが，これが修羅場となった。当時のバークレーの社会学部の教授陣は全米一の評価を得ていた。「社会学の基礎理論と方法論」の年間コースは，Theory of Collective Theory（1962）で著名なニール・スメルサー教授とConstructing Social Theory（1968）で知られるアーサー・L・スティンチコム教授のペアで教えられた。前半は社会学の理論と実証研究の事例研究，マックス・ウェーバーの『プロテスタンティズムの倫理と資本主義の精神』に始まり，現代までの優れた著作10点の理論的（スメルサー担当），方法論（スティンチコム担当）の徹底的な解剖と白熱した議論。企業経営の事例研究は珍しくないが，理論研究の事例研究は前代未聞だ。当時健在だった著者は，授業に招いて車座になって話を聞いた。すると，本で書けなかった裏話も飛び出す。目の前で研究者自身の生き生きとした話を聞いていると感情移入して「俺にもできるのでは」という気になる。その上で生徒は10点以外の著作を選び，その理論と方法論を解剖する。私は，Roethlisberger, F.J. & Dickson, W.J.（1939）Management and the Worker: An Account of a Research Program Conducted by the Western Electric Company, Hawthorne Works, Chicago, by F.J. Roethlisberger and W.J. Dickson, with the assistance and collaboration of Harold A. Wright. Harvard Univ. Press. を取り上げた。人間関係論の原点となったホーソン工場実験の記念碑的著作だが，有名なわりに分厚すぎて実は読む人が少ない故に取り組んだのである。本書の動機づけ理論の展開の冒頭が，私のこの分析から始まるのは，この時の思い入れがあるからだ。

　後半の6か月は，スティンチコーム教授から理論構築法の直接指導を受けた。社会学における概念をいかに構築するか，それらを関係づけてどう理論モデル化するか，その場合の因果の本質とはなにか，それらをいかに操作化するか，そして検証するための統計手法をどう使うか，を叩き込む。その上で，自己の理論モデルを提案せよ，という課題だった。その時にスティンチコーム教授に提出し A− の評価を受けた Working Paper が，本書後半の市場志向の経営組織論の原型となって，Ph.D. Dissertation につながったのである。

　組織と市場の関係を情報処理プロセスとして捉え，ウィリアム・ロス・アシュビーの最少有効多様性（requisite variety）の概念に関連づけて，組織と市場のコンティンジェンシー理論を構築しようとした。このプロセスは，スティンチコーム教授に叩き込まれた理論構築法に負うところが大きい。市場の多様性に最適に対抗するために，企業は自らの組織構造に多様性を構築して応答する。「多様性のみが多様性を破壊できる（only variety can destroy variety）」の命題は今でも頭に焼きついている。

　サンフランシスコのベイエリアの4社の事例研究では，情報・意思決定負荷（information and decision burden）の視点から，組織と市場の多様性のインディケータを関係者にインタビューしながら——多くは女房の手料理のディナーに招いたときの何気ない会話から——考え出したのも今では楽しい思い出だ。最終的には組織−市場多様性モデルにたどり着いた。これは今でもよくできていると思うのだが，どうだろうか。

　後年，自らの理論のグローバルな意味について考えるために，『組織の条

件適応理論』のポール・ローレンスとジェイ・ローシュにインタビューしたことがある。ローレンスは立派な人物であった。しかし，弟子のローシュは時計を気にしながら，無名の日本人教授を相手に無駄な時間を費やしたくないという態度で応答した。「この野郎，今に見ていろ」の気概を呼び起こしてくれたと言うべきか。学生当時は，早く Ph.D. を終えて帰国したいとばかり考えていて，研究成果の世界発信は考えていなかった。実際，Ph.D. 論文からのジャーナル論文は一本のみであった。それが Nonaka, I. & Nicosia, F.M. (1979). Marketing Management, Its Environment, and Information Processing: A Problem of Organizational Design. Journal of Business Research, 7(4), 277-300. である。しかし，このインタビューをきっかけに，世界を意識するようになったのだった。

現時点からのわが国のコンティンジェンシー理論の客観的評価については，沼上幹「日本における実証的組織構造研究の変遷(1)」一橋商学論叢 Vol.7, No.1 (2012) を参照されたい。

『組織と市場』は，前半は組織論を動機と構造の二次元で解釈した概要（レビュー），後半は米国企業 4 社の事例研究から成る。後半を 4 社の事例としたのは，アルフレッド・チャンドラーの『経営戦略と組織』(実業之日本社, 1967 年) ——ペローの授業で重点的に取り上げられた——が 4 社の事例から有名な命題「構造は戦略に従う」の普遍化を試みたのを意識したものである。

本書が千倉書房から出版されることとなったのは，まだ南山大学に勤め始めて間もなく，神戸大学田村正紀氏の紹介で千倉書房の塚越俊治氏が南山大学の寮を訪ねてきてくれたからである。ちょうどその日は妻の母親が訪ねてきており，家財道具を買いに留守にしていた。近所には氷と焼きそばなどを出す店しかなかったのだが，メニューを食べつくしても私が帰ってこなかったため，塚越氏が名刺をドアに残し，東京へ引き上げていったとおかみに聞いた。その姿勢に感銘を受けて，当時の千倉孝社長にお願いして千倉書房から出版することに決めた。しかも，出版されると，日本の経営学の創始者の

一人で大阪大学経済学部教授などを歴任された中西寅雄先生が，小生とは全く面識がなかったのにもかかわらず，これを評価して下さり，日経・経済図書文化賞受賞につながったのである。

　ところが，アメリカ帰りの無名の研究者に対して，学会の一部からの風当たりは強かった。特に，当時の日本の経営学関係の学会は文献研究の訓詁学が中心であり，実証研究は珍しかったことも災いした。しかし，『組織と市場』を読んで，私と一緒に研究をしたいと考えた人たちがいた。神戸大学の加護野忠男，慶應義塾大学の奥村昭博，岡山大学の坂下昭宣，甲南大学の小松陽一，一橋大学の榊原清則である。彼らとの出会いが，後に，『組織現象の理論と測定』や『日米企業の経営比較―戦略的環境適応の理論―』を生み出した大学横断プロジェクトへとつながった。この大学横断プロジェクトへの風当たりも強かったが，われわれは実証研究に基づく経営学の新しい潮流を作るという使命に燃えて研究を進めたのである。

　実証研究を進める中で，実際に日本の新製品開発の現場に入り込み観察も行ったのだが，その経験の中から，現場で起きているのは単なる「情報処理」ではなく，「情報創造」なのではないか，と考え始めるようになった。サイモンの情報処理パラダイムからの離脱である。そのきっかけは，1983年にウイリアム・アバナシーとロバート・ヘイズ，キム・クラークが主催したハーバード・ビジネススクールの75周年記念のイノベーション・フォーラムだった。ここで研究発表を行うために，バークレーの後輩の竹内弘高が私と一橋大学の今井賢一を，日本企業の新製品開発プロセスの研究へ招へいしたのである。この研究を進める中で，創造がカギだと確信するようになった。そして，このフォーラムの発表後，海外でのカンファレンスで議論する中で「情報ではなく知識じゃないか」という指摘を受けたときにひらめいたのだ。知識創造パラダイムが芽吹いた瞬間である。そして，知識について調べるうちにマイケル・ポラーニの暗黙知の概念に出会い，イノベーションの本質は，暗黙知・形式知の相互変換螺旋（スパイラル）運動による知識創造プロセスとし

て捉えるようになるのである。

　本書の完成プロセスは，当初から長期計画があったわけではなく，偶然の取組みと多くの人々の支援の成果であった。現実の経営の現場（富士電機）で働きながら，滔々（とうとう）として輸入されるアメリカ経営学に「第二の敗戦」の危機を感じ，敵地アメリカに飛び込み，その場その場で一生懸命に体当たりをし，結果として現場主義からバークレーの科学的アプローチに洗脳された成果でもある。今回，千倉書房神谷竜介氏の提案で増補新装版を出版していただけることになったのも，小生の自己認識を触発させる契機となった。知識学派の構築に向けて，現在は知識から知恵へ，分析から実践へと「実践転回」（プラクティス・ターン）に走っているが，本書なくして今日はなかった。本書を読み返すと，当時の熱気がひしひしと伝わってくる。さらなる精進を期したい。

　　2014年5月10日　　　　　　79歳の誕生日の日に

　　　　　　　　　　　　　　　　　　　　　　野中郁次郎

序

　この書は筆者が米国において行なった組織―市場関係についての研究を基にして執筆したものである。経営組織論において組織を分析単位とする組織―環境関係の研究は1960年代に入ってからの新しい胎動である。ビュロクラシーあるいは古典的管理論以降の組織論は，個人あるいは集団を分析単位とする人間の動機づけ理論が支配的であったが，環境の変化率が増大し，組織全体の生存が問題になるにつれて組織を分析単位とする組織構造論が再生し，なかでもオープン・システムとしての組織と環境の対応関係の研究が組織論研究の1つの焦点となってきた。筆者は組織―環境関係のなかでも，市場が組織に戦略的に最も重要な影響を与えると考え，未開拓の分野である組織―市場関係の理論モデルの構築を試みた。

　このための基礎作業として現在までの組織論における主要理論モデルとその方法論が明らかにされなければならない。第1部においては組織論を動機と構造の2次元でとらえ，今日の組織論が分析単位に応じて組織心理学と組織社会学の相互作用のなかから展開してきたことを明らかにした。第2部においてはこのような展望の上に立って組織―市場関係の理論化を行なったが，そこでは組織―市場関係をいかに概念化し，そして，その概念はいかに操作化されるのかという最も困難な問題に逢着した。筆者は組織―市場関係は組織が市場に最適に適応するために必要な情報の質と量を媒介にして最もよく説明できると考え，組織多様性，市場多様性という概念とインディケータを創造し，概念間の関係を明らかにする実証研究を行なった。実証研究は米国西海岸サンフランシスコ湾地域の4組織の組織―市場関係の比較研究であったが，その結果から組織―市場多様性モデルは市場条件適合理論へ向って展開された。

このような膨大なテーマは浅学非才の筆者の力をはるかに越えていた。したがって，組織―市場関係の理論化の完成にはまだ今後に期するものがあるが，これまでの研究成果の発表を筆者に踏みきらせたのは指導教授の1人の「人のアイデアを精緻に練り上げることはけっして終ることのないプロセスであるので，彼はその書を無限に書き続けることができる。にもかかわらず，彼は聴衆に直面しなければならない時が来るのである (Nicosia―1966, p. xi)。」という言葉であった。筆者が試行錯誤のなかでここまで到達することができたのはひとえに次の人々の御指導・御援助によるものである。

カリフォルニア大学（バークレー）経営大学院における本研究の指導教授, E. Grether, F. Nicosia, K. Roberts。組織論を御指導いただいた C. Perrow, R. Miles, A. Stinchcombe, G. Strauss, A. Tannenbaum, J. Wheeler 教授。筆者の留学を御援助いただいた南山大学村松恒一郎先生，中村精先生，ならびに筆者がかつて籍をおいた富士電機製造奥住高彦氏，堀内靖元氏。

日頃の御指導と本研究への示唆および出版の御配慮をいただいた神戸大学荒川祐吉先生，田村正紀先生。種々コメントをいただいた風呂勉先生，山下隆弘先生，羽路駒次先生。出版を快く引き受けていただいた千倉書房千倉孝氏，入念な編集・校正をいただいた秋本景介氏，塚越俊治氏。

この書における多くの過ちと偏見はすべて筆者の非力によるものである。今後一層の精進を期したい。与えられた御指導・御援助にお応えするには余りにも不十分であり，恥かしい限りであるが，上記の人々と筆者のわがままを暖かく見守ってくれた多くの先輩，友人，父母，妻も含めてこの研究のために公式あるいは非公式の組織を形成したこれら一群の人々にこの書を捧げ感謝の意を表したい。

1974年7月18日　　　　　　　　長女満1歳の誕生日に

著　　者

目　次

第1部　組織論の展開 …………………………………………………… 1

第1章　組織論研究の基本的接近法 ……………………………… 3

第1節　実証科学としての組織論 ………………………………… 3
第2節　組織の一般理論対特定理論 ……………………………… 11
第3節　組織論の類型 ……………………………………………… 19

第2章　動機づけ理論の展開 ……………………………………… 25

第1節　ホーソン工場再訪問 ……………………………………… 25
第2節　Kurt Lewin とグループ・ダイナミックス …………… 38
　　1.　Kurt Lewin の場理論 ……………………………………… 40
　　2.　グループ・ダイナミックスと集団の運動法則 ………… 45
　　　(1)　集団凝集性 ……………………………………………… 46
　　　(2)　集団圧力 ………………………………………………… 49
　　　(3)　集団目標 ………………………………………………… 54
　　　(4)　リーダーシップ ………………………………………… 55
　　　(5)　集団運動の分析モデル ………………………………… 58
第3節　Likert 理論 ………………………………………………… 60
第4節　集団志向の人間関係論批判 ……………………………… 69

第3章　構造理論の展開 …………………………………………… 77

第1節　ビュロクラシー理論 ……………………………………… 77
　　1.　Max Weber のビュロクラシー ………………………… 77
　　2.　ビュロクラシーの逆機能 ………………………………… 81
第2節　ビュロクラシーの復活 …………………………………… 91

1. 組織構造の多変量解析 …………………………………… 92
　　2. 新 Weber 派としての Simon 理論 ………………………… 100
　第3節　組織，技術，環境 …………………………………………… 105
　　1. 組織と技術 ………………………………………………… 105
　　　(1) Woodward のサウス・エセックス研究 …………………… 105
　　　(2) Thompson, Perrow の組織―技術関係モデル ……………… 111
　　2. 組織と環境 ………………………………………………… 119
　　　(1) Burns=Stalker の「機械的」システム対「有機的」システム… 119
　　　(2) Lawrence=Lorsch の「分化」と「統合」モデル …………… 121

第2部　市場志向の経営組織論 …………………………………… 131

第4章　組織と市場 …………………………………………………… 133

　第1節　問題の発端 …………………………………………………… 133
　第2節　組織―市場関係の理論と仮説 ……………………………… 137
　第3節　概念の操作化 ………………………………………………… 147
　　1. 概念の操作化のプロセス ………………………………… 148
　　2. 組織多様性：分権の概念 ………………………………… 151
　　3. 組織多様性：分権の次元 ………………………………… 157
　　4. 選択した次元のインディケータ ………………………… 159
　　　4.1 水平的分権のインディケータ ……………………… 159
　　　4.2 垂直的分権のインディケータ ……………………… 161
　　5. 選択したインディケータの測定用具 …………………… 164
　　6. 市場多様性の概念：一般的討論 ………………………… 167
　　7. 市場多様性の次元 ………………………………………… 171
　　8. 選択した次元のインディケータ ………………………… 171
　　　8.1　市場の同質―異質性次元のインディケータ ……… 172
　　　　8.1.1　「情報源」の構成項目 ………………………… 172
　　　　8.1.2　「情報量」の構成項目 ………………………… 177
　　　8.2　市場の安定―不安定性次元のインディケータ …… 180
　　　　8.2.1　「情報信頼性」の構成項目 …………………… 180
　　　　8.2.2　「情報フィードバック時間」の構成項目 ……… 183

         9. 選択したインディケータの測定用具………………………… 186
        10. 調査戦略 ………………………………………………… 190
  第4節 調査参加組織 ……………………………………………… 193
     1. クロロックス社 ……………………………………………… 193
     2. ヒューレット・パッカード社 ……………………………… 197
     3. カイザー・アルミニウム・ケミカル社 …………………… 202
     4. リーバイ・シュトラウス社 ………………………………… 208
  第5節 調査結果および討議 ……………………………………… 214
     1. 各組織の直面する市場多様性 ……………………………… 214
       (1) 市場多様性のプロフィール―リーバイ・シュトラウス社 … 215
       (2) カイザー・アルミニウム・ケミカル社 ………………… 218
       (3) クロロックス社 …………………………………………… 219
       (4) ヒューレット・パッカード社 …………………………… 221
     2. 組織多様性 …………………………………………………… 228
       (1) 水平的多様性 ……………………………………………… 228
       (2) 垂直的多様性 ……………………………………………… 228
     3. 組織―市場多様性の関係 …………………………………… 235
       (1) ヒューレット・パッカード社 …………………………… 237
       (2) クロロックス社 …………………………………………… 242
       (3) カイザー・アルミニウム・ケミカル社 ………………… 246
       (4) リーバイ・シュトラウス社 ……………………………… 250

第5章 市場条件適合理論に向って ……………………………… 261

  第1節 組織―市場多様性理論の展開 …………………………… 261
  第2節 市場条件適合理論 ………………………………………… 276
  第3節 結　　語 …………………………………………………… 278

参 考 文 献 …………………………………………………………… 1〜16

人名索引・事項索引 ………………………………………………… 1〜10

第 1 部　組織論の展開

第1章　組織論研究の基本的接近法

　組織現象はわれわれの社会生活のどこにでも，またどのレベルにも普遍的に存在する現象であり，人は組織に対してさまざまなイメージをもつことができる。例えば，社会学者 Weber にとって，組織は勃興する資本主義下の合理的な行政機構としてのビュロクラシーであり，アメリカ電信電話会社の社長であった Barnard にとっては協働体系であり，産業心理学者の Mayo にとっては個人の社会的欲求充足の場であった。また政治学者 Simon にとって，それは意思決定システムであり，社会心理学者の Likert にとっては連結された小集団であった。組織に対するイメージが異なれば，組織現象の概念の選択と接近法も異なってくるのは当然である。実際組織論研究者が組織の運動を説明する場合に多様な接近法をとることができることは現在までの組織論の歩みがこれを示している。したがって，これからわれわれの議論を展開するまえに組織論研究についてのわれわれの接近法の基本的立場を明らかにしていくことにする。

第1節　実証科学としての組織論

　われわれは組織論を実証科学であると考える。社会科学のなかでもっとも高度に実証科学としての歩みを示してきた代表的なものは近代経済学である[1]。経営学は近代経済学に比べてはるかに歴史も浅く，経営現象についての組織的な概念体系もまだ十分に確立されていないが，経営学のいろいろな分野の

---

1)　今井他―1971，序論を参照されたい。

なかでは組織論がもっとも早くから（例えば，ホーソン工場実験以来）実証科学としてのコンセンサスを研究者の間に定着させてきたと考えられる。

科学とは一般的に反覆的に観察される現象を説明しようとする知識体系であるが，科学を科学たらしめるのはその探求方法にある。したがって，組織論が実証科学であるためには組織現象を説明する方法が科学的方法に基づかなければならない。科学的方法というのは現象を整合的に説明するためにその現象を構成すると思われる操作可能な概念を選択することから始まる。Herbert Simon によれば，「科学が原理を展開しうるためには，そのまえに，それは概念を有していなければならない。重力の法則の定式化が可能となる以前に，「加速度」と「重さ」の概念をもつことが必要であった。管理理論の最初の仕事は，管理状況をこの理論に適切な言葉で叙述することを可能にするような，一組の概念を発展させることである。これらの概念は，科学的に有用であるためには経験可能的でなければならない。すなわち，それらの概念の内容は経験的に観察可能な事実や状況に対応していなければならない（Simon—1957，松田他訳，pp. 45—46）。」のである。[2]

概念の選択がなされると，次に概念間の関係を論理的に明らかにすることによって，命題あるいは仮説がつくられる（ここでは命題と仮説を同じものと考える）。この論理的に関係づけられた命題の集合が理論モデルである。[3]し

---

2) 一般に Barnard=Simon 理論といわれることがあるが，Simon は組織論を実証科学として認識している点において Barnard とは基本的な「差」がある。Barnard は組織論の科学を意図しながらも，彼の理論（彼の言葉では仮説的枠組）は自らの経験を社会科学の若干の知識によって補足し，自分のために概説したものであるといっているように，まだ組織論の科学化とは何かを明確に認識していなかったように思われる。われわれは Barnard 理論の歴史的役割を十分に評価しながらも，今日の組織現象の説明には彼の概念とその枠組では不十分であることを認めざるをえない。

3) 理論とモデルについて，モデルは現象の本質的な特徴を簡単化してとらえる現実の抽象であり，理論は検証されたモデルである（Forcese=Richer—1973）とい

がって単なる命題の集合は理論モデルではなく，命題は論理的に導きだされなければならない。この操作が演繹である。命題は検証されなければならないが，この過程で命題に含まれる概念を測定するための概念の操作化が行われる。概念はスケールが与えられると変数になるが，概念を測定する，つまり言葉の意味を測定するという知的伝統はわが国では希薄であったように思われる。しかしながら，社会科学の方法論者（例えば，社会学の Paul Lazarsfeld）の多大な努力はこの概念の操作化の戦略と手法の開発に向けられてきたといっても過言ではない。[4] 検証の結果はもとの理論モデルへフィードバックされ，その確認，修正あるいはまったく新しい理論モデルの構築が行われる。このような理論モデル・ビルディング→演繹→概念の操作化→検証→理論モデルの修正の循環が科学的方法の本質である。

　実証科学としての組織論の目的は組織の運動あるいは行動を説明し，予測し，統制することである。説明とは「なぜ」という質問に対する答えであり，必然的に因果関係を明らかにすることを意味する。つまり，与えられた変数（結果変数）の行動が他の変数（原因変数）によって説明できるように変数間の関係を規定することである。[5] 予測はある結果が推し計られることである。説

　　う考えもあるが，ここでは両者は同等のものであると考える。強いていえば，モデルに対して理論はその一般性においてより野心的であるといえようか。
4) 例えば，Lazarsfeld 等による方法論研究の最初の体系的な試みについては Lazarsfeld-Rosenberg (eds.)—1955 を参照されたい。その後の研究成果は最近 Lazarsfeld 他—1972 として出版されている。
5) 説明するということが社会学のサーベイ・リサーチにおいて方法論的に洗練されている点については前掲の Lazarsfeld の他 Hyman—1955 を参照されたい。Lazarsfeld 等の因果分析は主に交差表 (cross tabulation) によるものであったが，最近において統計的手法，特に因果経路分析 (path analysis) を使用して多変量因果分析を行う一群の社会学者（例えば，Duncan, Blalock 等）が台頭してきている。この詳細は Borgatta ed.—1969, Blalock ed.—1971 等を参照されたい。

明ができれば予測はできるが，予測は説明がなくても可能である[6]。説明と予測のほかに記述がある。記述とは現象（結果変数あるいは原因変数）の正確な描写を意味し，記述調査は正確な情報を欠いている場合の現象の明確化，あるいは仮説の発見を行い，説明の前段階を形成することが多い。したがって，理論モデルの核心は現象の説明にあることがわかるが，現象生起の因果関係を明らかにすることができれば，この知識で現実の組織の運動あるいは行動を統制することができるのである。

　理論の核心は説明することにあるが，われわれは同時に社会科学において自然科学と同様の厳密さをもって現象を説明するのは困難であることを知っている。現実の世界では相互関係にある多くの変数が存在し，因果関係の連鎖を解きほぐすことが困難であり，したがって多様な理論あるいは説明の形態が存在しうる。ここから，社会科学における説明は不可能であるという立場もある。これに対して，例えば Blalock は社会科学の現時点では確信をもっていえる命題はまだ少ないけれども，「もし A ならば B」という条件付の因果関係は明らかにすることができるといっている (1970, pp. 6—7)。つまり，「他の条件が等しければ」，「システムのなかの他の独立変数をコン

---

[6] いわゆる「説明なき予測」である。現象を構成する因果メカニズムを明らかにすることなしに予測調査がなされることは少なくない（例えば，時系列分析，マルコフ過程モデル等）。この点の興味ある事例として1940年代後半に Burns-Mitchell の Measuring Business Cycles (1946) をめぐって Koopmans と Vining の間に論争が起った。Koopmans は経済変動は経済活動の構造的説明（Koopmans にとってエコノメトリックスの同時方程式）なしに予測することはできない，単なるビジネス・サイクル・データの統計的な時系列分析は経済変動の説明も予測もしたことにはならないと彼らの研究を「理論なき測定」と批判した。これに対して Vining は経済現象の観察と測定が理論に先行するのであって，この研究は仮説の発見のためのものであると弁護した。ここから両者の間に経済現象の理論的接近対経験主義的接近の論争がくり返された。この論争のきっかけになった論文は Koopmans—1947 である。

スタントとすれば」,「システムの外の独立変数を考えないとすれば」等の条件付で,変数間の因果関係の説明はできるというのである。

条件付の因果関係ということは,いいかえれば,厳密な意味において因果関係を説明できないことを認識した上に成立している考え方である。擬似相関をうみだす変数がないという保証はどこにもない。つまり,現象の原因変数をすべて統制する方法をもつことができないかぎり,われわれは完全な因果関係の証明はできないのである。組織論における古典的な実験といわれるホーソン工場実験（なかでも継電器組立実験室）が最後まで女子作業者の生産性向上の原因変数を明確に規定することができなかったのは,仮説に含まれる原因変数が限定されていたことと,実験者が無意識のうちに被実験者を動機づけるような状況をつくりあげてしまい,変数の統制に失敗したからであった。因果関係の分析に理想的な手法は統制実験であるが,一般に社会科学では非実験的調査手法が多く使われる。しかし,非実験的調査手法による説明には,①擬似相関をうみだす変数が存在すること,[7] ②独立変数間に相関関係があること（いわゆる多重共線性）,③測定誤差が存在すること,④独立変数

---

[7] 擬似相関 (spurious relationship) とは X と Y の関係が他の変数によるものである場合をいう。例えば,表-1では宗教が政党支持をきめるという仮説を支持しているように見えるが,表-2で職業を導入したら,当初の因果関係は消えて,職業が宗教と政党支持の双方に影響を与えていることがわかった。つまり,X→Y が $\begin{smallmatrix}&Z&\\ \swarrow&&\searrow\\ X&&Y\end{smallmatrix}$ となったのであり,この場合のX→Yの関係を擬似相関という。

表-1

	プロテスタント	カトリック	計
共和党	62	38	100
民主党	38	62	100
	100	100	200

表-2

（ホワイトカラー）				（ブルーカラー）			
	プロテスタント	カトリック	計		プロテスタント	カトリック	計
共和党	56	24	80	共和党	6	14	20
民主党	14	6	20	民主党	24	56	80
	70	30	100		30	70	100

(Blalock—1970, pp.68—69の例による)

前述したように,われわれの因果フレームのなかで擬似相関をうみだす第3の変数の存在を確信をもって否定することはできないのである。

間に相乗効果があること（原因変数の組合せ方によって異なる効果を結果変数におよぼす），⑤因果関係が相互的である（因果関係が一方方向（one way）ではなく両方向（two-way）である）等の問題点が常に存在する。[8] したがって，われわれは社会科学において現象の完全な説明を求めるのではなく，一定の条件付の範囲でよりよい説明（better explanation）を求めると考えることが妥当である。

　社会科学で現象を説明できても，社会科学の理論モデルは常識の域を出ないという批判がある。Mazur は科学の本質的な特色は科学的方法だけではなく，その深さにあり，理論的に，経験的に体系化された知識が科学になるためには，その知識の現実の世界の認識に対する新しさ，深さ，大きさが必要であると主張する（1968）。例えば，自然科学では以前に全く知られなかった新しいデータや法則の発見（Copernicus の地動説，Galileo の地動説確認の諸発見，Kepler の天体の法則，Newton の万有引力の法則等）によって常に古い理論が否定され，革新的な理論が生れてきたのに対し，社会学における人間の社会行動に関する法則は常識的で，自然科学における理論の提供する知識の大きさに比べて矮小であるというのである。

　たしかに社会科学の提供する知識体系は常識的であるかもしれない。一般に社会科学が理論化の対象とするのは，日常われわれが観察する反覆的，規則的人間行動に関する現象である。これらの現象の理論化からは，今まで全く思いもよらなかったセンセーショナルな知識体系が提供されることは余りないであろう。しかしながら，新しいデータや法則がないわけではない。例えば，組織論の分野で，ホーソン工場実験では集団運動の独自性や非公式組織の存在が発見されたし，Kurt Lewin の創始したグループ・ダイナミックスの展開から個人の属性や運動には見られない集団固有の運動法則が明らか

---

8) これらの制約と対策の詳細については更に Blalock—1964, 1969, 1970 を参照されたい。

にされてきたし，Joan Woodward の主導したサウス・エセックス研究では従来の経営管理論の組織原理では考えられなかった「生産技術が組織構造を規定する」という命題が確立されてきた。結局，科学の深さというのは「程度の差」の問題であって，どこまでの深さを科学成立の境界とするかを絶対的にきめることはできないのである。

　以上，われわれは科学的方法の制約や限界を考察してきたが，それにもかかわらず組織論研究はなぜ実証科学的であらねばならないのか。科学であるということは知識が継続的に蓄積され体系化されることを必要とする。科学は不断に進歩する。Weber のいうように，『あらゆる科学的「業績」は新しい問題を提起する。それは他によって「打破られ」時代遅れになることをみずから欲するのである (1919)。』。このことは理論モデル・ビルディングが一定のステップによって明確に行われることを前提としている。Stinchcombe はこういっている。

> ……すなわち，理論が有用であるためには，それが否定されるようにはっきりしていなければならない。……理論家にとって無知はあいまいさよりよい。もしわたくしの理論が十分はっきりしていれば，他の調査者が簡単にわたくしの過ちを指摘できる。もしわたくしがあいまいであったら，彼らはわたくしの意味するところを理解することが困難になる。わたくしは「いや，わたくしは本当はそういっていない」ということを余儀なくされることがないようにしたい。社会現象の理論化を志す者は誤解されるより誤ることを選ぶべきである。誤解されることは理論づくりがお粗末であることの証明である (1969, pp. 5—6)。

理論モデルが否定される程度において明確でなければならないということは，なによりも理論家の間の共通の言語として，彼らのモデル・ビルディングが科学的方法に基づいて行われることを前提としている。こうすることによってはじめて現象を説明する知識体系の継続的な蓄積が可能になるのである。
9)

最後に実証科学の組織論が当面するもっとも困難な問題として個人の価値観と彼のモデル・ビルディングの関係がある。Weber のいう没価値性の問題であるが，Weber は科学者が社会的，文化的影響をうけることが不可欠であることを認めている。彼の主張はむしろ客観的な科学という名のもとで個人のイデオロギーや政治を混同しないように科学をする者の心がまえを論じたものである (1919)。実際，われわれの理論モデル・ビルディングのすべての過程はわれわれのもっている価値観から自由であることはできない。組織論の目的は組織の運動の説明，予測，統制であると述べたが，現実の組織現象をよりよく説明し，予測することのできる理論は現実になんらかの有用性をもち，組織現象の統制に利用される。

より重要なことは，概念の選択以前の問題として，組織現象のどの領域で理論モデル・ビルディングを行うかについて，われわれはなぜその領域でモデル・ビルディングを行い，そしてそれは何のためにするのかという自らの価値観に基づく意思決定を行うであろう。組織現象は常に人間を含み，とりわけ，人間の動機づけを対象とする人間関係論の領域には理論モデル・ビルディングの過程に自らの価値観が混入する機会が潜在的に多く存在する。Elton Mayo はホーソン工場実験結果からいささか飛躍した形で人間関係論を文明批評にまで展開した (Sofer—1972)。Kurt Lewin のグループ・ダイナミックスの研究の主旨には，集団機能の研究を米国民主主義の育成の基盤とする熱烈な信念があった (Marrow—1969)。McGregor, Likert, Argyris 等の後期人間関係論者は Maslow の仮説である人間の自己実現欲の公式組織のなかでの充足を意図していた (Strauss—1969)。

---

9) 人間行動の知識体系の蓄積の典型的な成果としては例えば，Berelson=Steiner—1964 がある。また，理論モデル・ビルディングの共通のステップ（概念の選択，概念間の関係規定，検証方法，調査結果の討論）が今日組織論研究者の共通の言語になっている点については，例えば代表的な専門誌として Administrative Science Quarterly に掲載されている諸論文の構成を参照されたい。

したがって，研究テーマの選択についてもわれわれは自らの価値観から完全に独立ではありえない。しかしながら，一度理論モデル・ビルディングの領域を決定したら，その後の過程は科学的方法に基づいて行われなければならない。科学的方法が共通の言葉であるかぎり，モデル・ビルディングの過程は第三者に否定される余地を残す程度の公開性を確保することになる。こうすることによって，当初の仮説に好意的でないデータを許容する客観性が生れるのである。実証科学としての組織論は，理論的であり，実証的であり，蓄積的であり，客観的であることを意図するのである。

第2節　組織の一般理論対特定理論

われわれは組織の一般理論（grand theories あるいは general theories）よりも特定理論（special theories）を開拓すべきであると考えている。

組織の構成要素である個人，集団の運動から組織それ自体と環境との相互作用までを含めた組織現象を一元的に説明する一般理論は今日まだ存在していない。統合的組織論構築の必要性を否定するものではないが，この場合に少なくとも2つの問題点があることを指摘しておきたい。

第1に，分析レベルの問題がある。理論モデル・ビルディングは概念の選択から始まることは前述したが，実は概念と分析単位は密接不可分な関係にあり，概念は分析単位の属性でもある（Abel—1971, p. 5）。[1] 例えば態度という概念は個人の分析レベルに固有の概念であるし，友情あるいは凝集性という概念は2人以上の個人の相互作用から生れてくる集団に固有の概念である。近代科学の発展は分析単位の細分化の歴史であるという。自然科学は要素論と数量化を骨子として発展してきたといわれるが，要素論とは数量化が可能

---

1) 例えば，Abel は分析単位の選択に始まる理論モデルの形成ステップを科学的洗練の階層と呼んで，小集団現象に関する理論モデル構築のステップを次のように例示している。

なように，質的差異を量的差異に還元できるような要素にまで事象を細分化して説明しようとする接近法である。生物学における細胞，化学における元素，物理学における原子等々。つまり，事物の性質は常に一段下のレベルの要素からできていて，そこから説明すれば，事象が理解できると考える立場である（竹内＝広重―1971）。

　しかしながら，社会科学におけるセオリー・ビルディングでは，分析単位の細分化は必ずしも理論の進歩を意味しない。それは，それぞれの分析単位のレベルに一段下の構成要素ではとらえられない固有の概念があり，したがってどのレベルの概念で分析をすすめるかは理論家がどのレベルの組織現象に重点をおいて説明するかによるからである。このことは現象の全体観 (holism) ということと関連している。組織論でこの全体観がとられたのは，ゲシタルト心理学の個人の認識の仕方というミクロ・レベルで始まった。すべてのゲシタルト心理学者にとって共通の見方はあるものの全体はその部分

　例えば，Abel は理論モデルの形成ステップを科学的洗練の階層と呼んで，小集団現象に関する理論モデル構築のステップを次のように例示している。

科学的洗練の階層（Abel—1971, p. 5）

（例）

分析単位	社会的集団
概念　↓	集団凝集性，集団間コンフリクト，集団内コンフリクト
（測定）↓	
変数　↓	集団凝集性，集団間コンフリクト，集団内コンフリクトの「程度」
（変数間の関係づけ）↓	
命題　↓	集団間コンフリクトの増大は集団凝集性を増大させる
（命題の関係づけ）↓	
関係づけられた命題　↓	集団間コンフリクトの増大は集団凝集性を増大させ，集団凝集性の増大は集団内コンフリクトを減少させる
（定理化）↓	
定理化された命題	

　Abel は関係づけられた命題，つまり2変数以上の関係づけ（複数の命題）からモデルが始まるとしている。

の加算的集合とは異なるものであり,全体はまとまりのある全体,すなわちゲシタルトそのものとして見ることによって理解されるということである。しかしながら,全体観は個人のレベルにかぎらず集団,組織,社会等どのレベルを焦点としても成立しうるし,実際組織論は全体観の焦点が個人から集団,集団から組織それ自体への歩みを記録してきたといってよい。

このことは具体的にセオリー・ビルディングにおける分析単位に関連して議論すると,分析単位の構成変数は表1—1のごとく固有変数 (integral variable) と集計変数 (aggregate variable) に大別される。固有変数はそれぞれの分析レベルに固有の,したがってそのレベルに焦点をおいた場合全体観的にとらえられる変数であり,集計変数はそのレベルの構成要素の加算的集計(例えば,平均)でとらえられる変数である。

表 1—1 分析単位と関連変数 [2]

個人	ダイアド(2人)	小集団	組織	社会
(固有変数)	(集計変数)	(集計変数)	(集計変数)	(集計変数)
年齢	平均年齢	平均年齢	平均年齢	平均年齢
態度	平均態度	平均態度	平均態度	平均態度
	(固有変数)			
	友情	平均友情	平均友情	平均友情
		(固有変数)	(集計変数)	
		凝集性	平均凝集性	平均凝集性
		リーダーシップ	平均リーダーシップ	平均リーダーシップ
			(固有変数)	
			分権	平均分権
			差別化	平均差別化
				(固有変数)
				価値,規範
				報酬,制裁

分析レベルは,ミクロからマクロ単位,個人→小集団(ダイアドを含む)→大集団(例えば,組織,社会)に分割できるが,社会科学での最小分析単位は

---

[2] 分析単位と調査戦略の問題についてはさらに Lazarsfeld-Menzel—1961 を参照されたい。分析単位の問題を明確に意識して組織論の展望を行なっている文献としては Mouzelis—1967, Pugh—1966 がある。

個人である。個人には年齢,態度等個人に固有の変数（固有変数）があるが,個人の集合であるダイアドでは,一段下のレベルの固有変数の集計・平均でダイアドの年齢,態度等が求められる。これらの概念は,一度ミクロ・レベルでとらえられれば,マクロ・レベルでは,構成要素のデータの集計を中心に分析できるので集計変数という（例えば,個人の社会経済的変数の集計分析ではエコノメトリックスが代表的である）。ところが,バラバラの個人が組織を構成すると,相互作用を通じて個人には見られない現象が生れてくる。ダイアドの場合の友情,小集団のリーダーシップ,凝集性,組織の分権制,差別化,社会の価値,規範,報酬,制裁等である。これらの固有変数は,それぞれの分析レベルに固有の現象を構成するので,一段下の分析単位の観察,分析,集計からは完全に求めることができない。また,下位の分析単位にとって上位の分析単位は環境を形成する。一般に,各レベルの現象の説明には,固有変数の方が集計変数より説明力があるといわれる。ここから,理論家がどのレベルに固有の現象の説明に興味を示すかによって,セオリー・ビルディングの立場の相違がでてくるのである。一般的に,心理学は個人に,社会心理学は,相互作用のプロセスのなかの個人あるいは,小集団に,社会学は大集団に固有の現象の説明に興味を示すのである。

さて,全体観に対応して個人観(individualism)がある。個人観というのは,還元主義(reductionism)と結びつくが,すべての社会科学における説明は個人のレベルに戻らなければ説明できないとする立場である。元来全体というものは存在せず,組織それ自体,集団それ自体の行動も個人の態度,すなわち心理学に還元されなければならないというのである。[3] この全体観と個人観の論争は構造的接近をとる社会学と個人の動機的接近をとる心理学あるいは社会心理学との間のセオリー・ビルディングにおける分析単位の違いから

---

3) 全体観対個人観の論争は1950年代の哲学の方法論上の大きな論争点であった。この内容の詳細については,例えば Jarvie—1972 を参照されたい。

起ってくるのである。[4] 全体観をとるにせよ，個人観をとるにせよ，この問題は結局われわれがどの分析単位の概念に興味をもってセオリー・ビルディングを行うかに負っている。今日個人，ダイアド，集団，組織，社会のあらゆるレベルの組織の運動を統合的に説明できる理論はない。それぞれの分析単位に固有変数があり，集計変数だけからでは分析単位の行動を説明できないからである。そうであるとすれば，現在ある理論は特定の分析単位（もちろん1つ以上にわたることがあるが）の概念を重点に構築されており，その他の分析単位の概念は十分な説明ができないが，所与として取扱うという限界をもつことになるのである。ホーソン工場実験者の初期の関心は個人に，グループ・ダイナミックスは集団に，組織と環境の関係を研究する社会学者は組織に，それぞれの分析単位に固有の運動法則を重点的に追求しているのである。

　一般理論構築の第2の問題点は一般理論としての抽象レベルの高さについてである。一般理論とは，あらゆる状況のあらゆる分析レベルにあてはまる

---

4) Stinchcombe の Constructing Social Theories (1968) をめぐって彼と Collins の間に論争が起った。Stinchcombe は事象の規則性は個を越えた構造のなかに見られるので，現実を説明する場合は，分析レベルは個人ではなく，集計された組織レベルを見つめるべきであるという社会学的な立場をとるのに対し，Collins は社会現象における構造は単なる抽象で，構造自体何をするものでもないし，何かの原因になるものでもない。あらゆる理論における原因変数は，最終的には場における個人であり，ここまでおりてこなければ構造の運動の説明はできないと社会心理学的な立場から批判した。これに対し，Stinchcombe は，個人または個人の心理的プロセスにまで分析単位をおろした場合のセオリー・ビルディングの困難性について，ヤユ的に次のようにいっている。「臨床心理学者が個人に固有の伝記についてもっているデータは，その心理学者が個人のどの伝記の部分が，個人のどの徴候をうみだすかが，わからないかぎり，全く役に立たないものである。個人の伝記の大部分は，単なる情報であって，サンフランシスコ・クロニクルの一面をかざるものでしかない。なぜならば，因果の連鎖がどうなっているかわからないからである (Exchange: Theory Building and the Politics of Sociology, Berkeley Journal of Sociology, Vol. XIV, 1969)。」

抽象のレベルの高い理論である。一般理論は抽象のレベルが高いため広い示唆に富むけれども，特定の組織の運動予測には余り役に立たない。また，そこに含まれる概念を検証可能なレベルまでおろすことが困難であり，したがって第三者による否定ができにくい。

1958年に March-Simon が組織 (Organization) を著わしたとき，彼らはそれ以前に存在したあらゆる学問分野からの貢献，例えば，心理学 (記憶，学習)，社会心理学 (リーダーシップ，動機づけ，態度，コミュニケーション，問題解決)，社会学 (役割の概念，Max Weber のビュロクラシー)，経済学 (企業の理論)，数学・統計学 (意思決定理論)，経営管理 (科学的管理法，人間関係，Barnard 理論) 等の貢献のなかから組織現象に含まれる変数を整理することによって組織論の統合化を試みた。しかしながら，それ以後の組織論は，彼らの期待に反して統合化の方向にすすむよりは，ますます専門化，多様化の方向をたどって今日にいたったのである。

このような事態が生じたのは Koontz が指摘するように組織現象の分析にあたって各学問分野別に異なる概念，分析手法，方法論が共通の会話を阻害し，知識と実証の十分な積重ねを行わずに各自の世界に沈潜していったことが不必要な理論モデルの分化をうながしたことにもよるであろう (1964)。しかしながら，より重要なことは，今日現実の組織現象そのものが多様化しており，それぞれの現象を説明するためにわれわれも多様な理論を必要としているということである。Perrow は，「われわれは組織について十分な知識をもっているが，すべての組織に普遍妥当的にあてはまる一般化は，余りにも一般的であり，特定の予測に役立たないことを知っている。このことは組織についての知識が現在に比べて少なく，複合組織が少なく，組織の多様性

---

5) Blalock は一般理論の役割を感光力機能 (sensitizing function) といっている。研究者は一般理論からまず何に取組むかの示唆を受けるというのである (1970, 第4章)。

が少なかった時代にはそうではなかった (Perrow—1970, p. 19)。」といっている。このように組織論研究者が現実の組織現象を説明しようとすればするほどあらゆる組織のあらゆるレベルの運動にあてはまる一般理論よりは，ある特定の領域のある特定のレベルの運動を焦点とする特定理論の追求にすすんでいったことは当然のことであった。

一般理論に対する批判は社会学では Merton の中範囲理論 (theories of the middle range) の提唱として現れた。Merton によればこれからの社会学は，一般理論（例えば，Parsons の社会行為の理論）より，中範囲の理論を必要としているという (1957)。[6] そして今日この立場は多くの社会学者の認めているところである。中範囲理論とは検証可能な概念からなる仮説をもって特定の領域（といってもミクロすぎることなく，特定の範囲での一般性をもつ）で構築された理論である。それは実証科学が成立しうる領域での理論である。

ところで，そのような中範囲の理論あるいは特定理論はどの程度の大きさの理論を想定しているのであろうか。Merton によれば中範囲理論は一般理論とミクロ理論の中間に位置し，検証可能な命題をもち，特定の社会現象を扱う理論であり，例えば，準拠集団，社会移動，役割コンフリクト，社会規範形成等の理論が考えられる (Merton—1968, 3章)。[7] 組織論を検討して

---

6) Merton は中範囲理論を「日常の調査で豊富に展開される小さな，しかし必要な仮説と社会行動，社会組織，社会変化のすべての観察される現象が説明できる統合的理論を構築する全包括的，体系的努力の中間に位置する理論である (1968, p. 39)。」と定義し，社会学の理論は検証可能な仮説を導きだせる特定（中範囲）理論を開発し，これらの特定理論の結合から徐々に一般理論を発展させるステップですすむべきであると主張している。

7) Merton の考える一般理論には，例えば，マルクス理論，機能主義分析，社会行動主義，Sorokin の総合社会学，Parsons の行為の理論等がある。中範囲理論の例として，Marton は更に Durkheim の自殺論，ビュロクラシーに関する特定諸理論 (Selznick—1949, Gouldner—1954, Blau—1963, Lipset 他—1956, Crozier—1964, Katz-Kahn—1966)，Weber のプロテスタントの倫理と資本主義の精神

みると，一般理論に近いものとして Weber のビュロクラシー理論，Barnard 理論，Simon の意思決定論が考えられる。これらの一般理論はそれぞれの組織に対するイメージは異なるが（Weber にとっては合理的な行政機構であり，Barnard にとっては協働体系であり，Simon にとっては意思決定構造であるが）あらゆる組織に普遍妥当にあてはまる組織の本質論を展開している。これらの一般理論は組織の本質についてきわめて深い示唆を与える半面，前述したようにその理論に含まれている概念は一般的に抽象のレベルが高く，概念の操作化と理論の否定が困難である。また，これらの理論はあらゆる組織現象のすべてのレベルを包含しようと試みるところから，その歴史的役割を除くと現実に対する示唆は今日ではほとんど常識的になっている。

　組織論における特定理論は一般理論を反映することもあるし，しないこともあるが，組織現象の特定の領域で検証可能な命題をもつ。グループ・ダイナミックス，集団志向の動機づけ理論としての Likert 理論，Burns=Stalker, Woodward, Lawrence=Lorsch 等の組織と環境の関係についての諸理論等はこの例である。それならば，これらの特定理論は検証可能な仮説をもっている研究，例えば，Administrative Science Quarterly の毎号にのっているような比較的小さい仮説の実証研究までを言及するのかという問題がでてこよう。どの程度の命題の集合の大きさがあれば中範囲理論というかについて境界を設定することは実際には困難なことである。[8] しかしながら，ここで考えている中範囲理論としての特定理論は理論構築を行おうとする領域に関して統合的な理論フレームをもっている理論のことをいっている。上記のいずれの理論もそれぞれの領域における組織現象について統合理論的性格をもつ命題の

　　等をあげている（1968，3章）。
 [8] 中範囲理論の境界は時間的変化によっても変るだろう。例えば，かつて中範囲理論であったものがそのレベルにおける概念間の関係が一層明らかになるにつれて一般理論化することが考えられる。

大きさをもっている。それぞれの領域および分析レベルにおける統合性のない単独の小さな検証はここでは特定理論とは考えていない。そして実証科学としての統合理論の構築は Merton のいうようにより多くの中間理論を開発し，それらの相互関連性を求めていくところから生れてくるのであろう。第2部に展開する研究は組織と市場についての関係について中範囲理論を構築しようとする試みでもある。

第3節 組織論の類型

われわれは組織論の類型化を動機と構造の2次元で行う。組織論の類型には，例えば Gouldner の合理性モデル対自然体系モデルの2分法 (1959)，March=Simon の古典的管理論，人間関係論，意思決定論の3分法 (1958) 等いろいろあるが，ここでは組織論を動機づけ論対構造論の2分法でとらえることにする。もとより組織論は組織における人間行動の源泉としての動機と組織の構造の2次元を包摂するものであることはいうまでもないが，[1] 組織論研究者の重点はその分析レベルにも関連して通常そのどちらかに傾くものである。したがって，この2次元で組織論を考えることは簡便法ではあるが，こういう見方をとることによって組織論における主な理論モデルの特徴が比較分析できると考える。

組織における人間行動の理論モデルの代表的なものは，人間関係論に代表されるように組織の成員の動機づけ理論であり，その接近法は次のような特色をもつ。

(1)動機的接近は分析単位の重点を個人および小集団におく。一般に人間の

---

1) 例えば，Pugh は組織論は組織の構造，機能と組織内の集団，個人の行動の研究であるといっている (1966)。ここでは組織の構造，機能の研究を構造論，組織内集団，個人の行動研究を動機論といっている。

態度や行動の詳細な分析は方法論的には（例えば，実験科学的方法の容易性から）小集団における相互作用までが限度であって，それらを大集団のレベルでとらえることは操作的に困難である。

(2)動機的接近はその理論モデルの構成のなかで，個人の個性，態度，集団における成員の相互作用から生れる凝集性，集団圧力，リーダーシップ等を基本的な変数として理論モデル・ビルディングを行う。このことは，動機づけ理論は組織心理学の理論といいかえてもよく，組織心理学は産業心理学と社会心理学を基盤とするものである。その研究を歴史的に見ると，組織における人間行動の研究は，組織における個人心理学的接近，つまり，20世紀初頭の適性検査，疲労の研究，作業動作研究に関連した産業心理学的研究に始まったが，1920年代のホーソン工場実験を契機として，人間関係の研究は組織における個人から組織における集団の研究を主眼とする社会心理学的接近をとるようになり今日におよんでいる。

社会心理学的接近は組織におけるバラバラな個人よりは集団における個人間の相互作用および相互影響とそのプロセスを研究対象とする。動機的接近の分析レベルは個人および小集団にあるので，動機づけ論者にとっての環境は個人，小集団を包含する組織あるいは組織の風土である。したがって，動機的接近では個人，小集団の行動を組織構造，さらには組織全体と環境との相互作用に関連づけて分析するまでにはいたっていない。

(3)動機的接近はその理論モデルを構成する変数のなかに媒介変数としての態度を明確に分析対象とし，なんらかの態度測定手法を装備している。動機づけ理論は態度変化の理論といいかえてもよく，組織における人間行動を媒介変数としての態度の分析を通じてよりよく説明，予測しようとする。しかしながら，態度は観察不可能な仮説的構成体であるので，実証科学としての動機づけ理論が可能なためには態度測定の手法が開発されなければならない。組織における人間行動の説明に態度分析が必要であることが明確に意識され

たのはホーソン工場実験においてであった。実験者は非誘導カウンセリングを通じて態度の測定を試みたが，態度の臨床心理学的手法での客観的分析は困難であった。態度の測定はその後ミシガン・グループの社会心理学者の手によって体系的に開発された（例えば，Likert スケール）。

構造理論は広い分野を包含するが，例えば古典的ビュロクラシーの理論に見られるように，個人の性格，態度，動機よりは組織構造の分析に関心をもつ。構造とは一般的に秩序のある要素の配列 (an orderly arrangement of elements) と定義されるが (Blau=Scott—1962)，組織の構造とは組織における成員の目標，価値，役割，情報，意思決定，権力の関係の配列 (arrangement) を意味する。したがって，構造は組織における人間行動の環境を形成し，人間行動の外的規定要因である。一般に構造的接近法は次のような特色をもつ。

(1)構造的接近は分析単位を個人，小集団よりは大集団としての組織において理論モデル・ビルディングを行う。小集団の構造的分析ももちろんあるが（例えば，グループ・ダイナミックスにおける集団の構造的特性研究），構造的接近の理論的関心の重点は大集団の構造を明らかにすることにある。

(2)構造的接近は組織の集権，分権，統制範囲，集団間コンフリクト等を含む組織の目標，価値，役割，情報，意思決定，権力の関係の分析を主眼とするので，構造理論は組織社会学といいかえてもよい。

構造的接近は，また，組織とその上位レベルの環境との相互作用の分析にも関心を示す。例えば，Perrow は構造的接近について次のようにいっている。「簡潔にいうと，構造的ものの見方は，役割における人の性格の特質よりは人の演ずる役割を考える。それは役割が演じられる構造——集団と他の集団との関係，例えば，販売対生産，集権と分権の度合い，組織における価値，期待，目標の風土，つまりよく組織の性格といわれるもの等——を扱うのである。社会学者は，またオープン・システムの視角をもつ。すなわち，彼は，例えば組織が環境にどう影響されるか，新しい人員採用源が組織構造

や組織の価値にどういう影響をおよぼすか，技術の役割が組織構造と組織目標にどういう変化を与えるかを研究するのである (Perrow—1970, p. 2)。」。

(3)構造的接近は個人の心理および個人間の相互作用については精緻な仮定および分析を行わない。その理由は社会学の主たる研究対象が集団間すなわち組織のパターン化された常態 (regularity)，すなわち構造の分析にあるからである。[2] 例えば，組織において販売と生産がコンフリクトを起すのは，2つの集団の成員に闘争的な態度が支配的だからではなく，2つの集団の目標，価値，権力関係が異なると考えるのである (Perrow—1970, p. 22)。

(4)構造的接近は媒介変数としての人間の態度よりは組織構造の操作を通じて人間行動を統制することを基本とする。構造を操縦し，組織目的を分析し，環境の把握と最適構造を設計する方が直接人間の態度を変えようとする努力よりも効果的であると仮定するのである。つまり，態度や個性を変えようとする中間的な努力より，情報，意思決定構造や報賞構造の操作により直接行動にはたらきかける方が人間行動を規定するポテンシャルが高いと考えるのである。組織論における偏見は組織の問題はすべて人の問題と考え，よいリーダーシップが解答であると主張してきたことであるが，人やリーダーシップの多くの問題は実は組織の構造に起因することが多いと Perrow は指摘している。そして「組織構造の設計や管理がキー・ポイントである。規則，役割，報賞構造，コミュニケーション・ライン等の手段で喚起された行動は日

---

[2] 組織の構造的分析でももちろん人間の心理的変数を取扱うことがある。Pugh は構造論者でも心理的概念を説明的仲介変数に使うことがある。例えば「組織の規則の神聖化のプロセス」，「団結心の発展」，意思決定における「類型化依存」等。しかしそれらに含まれている心理学は常識の域をでないといっている (1966)。実際社会学的研究を批判的に見る場合に，「どの程度心理学的か」と自問することが有効であるが，社会学的研究でも暗黙のうちに社会心理学的側面を包含したすぐれた集団行動研究の1つに Smelser—1962 がある。この点の解説については Brown—1965, 第14章を参照されたい。

常反応強化され，成員の安定的な期待になる (1970, p. 176)。」といっているが，この考え方は構造的接近の人間行動へのはたらきかけの特色を簡潔に示している。

以上のような動機的接近，あるいは組織心理学的接近と構造的接近，あるいは組織社会学的接近の特色の比較から，組織論の類型化を試みる。類型化にあたって問題になる1つの理論は Simon の意思決定論である。意思決定論の分析単位は個人にあり，Simonの接近法が組織における人間行動としての個人の意思決定プロセスの社会心理学的分析を試みている。しかしながら，ここで Simon 理論を構造理論に含めて展望する理由は，①個人の動機を問題にしない (Simon にとって人間は情報プロセッシング・システムにすぎない (1969)。)，②意思決定は組織構造のデザインと密接な関係をもつ，③情報・意思決定のプロセスを含むサイバネティックス的接近法は，全体組織と環境との相互作用の分析にも利用できる（例えば，Cyert=March の企業の行動科学的理論は Simon 理論の組織レベルへの拡張でもある）からである。[3]

構造的接近は多くの理論を含むが，理論のなかで組織にとって環境が所与であるか，あるいは環境との相互作用を認めるかによってクローズド・システム・モデルかオープン・システム・モデルかに分けられる。前者には，例えば Weber のビュロクラシー，古典的管理論，その後の静態的構造論，後者には，Woodward, Thompson, Perrow 等の技術学派, Burns=Stalker, Lawrence=Lorsch 等の組織と環境学派の研究が含まれる。

以上の点を要約して，組織論を動機対構造の2次元で類型化すると図1—1のようになる。

---

3) Simon は個人の意思決定行動の社会心理学的接近をとりながらも，それを個人の動機の問題に帰着することなく，組織の構造の問題へ拡張させることを試みたことは注目すべき点である。Simon 理論が構造的接近法としてもとらえられる点についてはさらに第3章第2節において説明する。

図 1—1　組織論の類型

	構造	
動機	クローズド・システム	オープン・システム
成員の動機は問題としない	Weberのビュロクラシー 古典的管理論 静態的組織構造論	意思決定論 技術学派 組織＝環境学派
成員の動機を問題にする	人間関係論[4]	

　図1—1の空欄は組織における成員の動機づけから組織の構造と環境との相互作用におよぶ統合的理論モデルを示唆しているが，そのような理論は今日まだ存在していない。その理論は分析レベルでいえば，組織における個人，小集団，全組織，環境との相互作用の全レベルを包含する理論でなければならない。現在までの組織論研究者は組織における人間の動機（行動を含む）あるいは組織構造（機能を含む）のどちらかの側面に，また分析レベルは個人，小集団，組織のいずれかのレベルに焦点を合わせた理論モデル・ビルディングを行なってきているのである。

　以上の組織論の類型化を念頭において次に組織論が現在までに組織の運動法則について何を明らかにしてきたかを分析レベルを考慮しながら展望する。

---

[4]　人間関係論は広く Mayo とハーバード・グループから Lewin を起源とし Likert にいたるミシガン・グループの理論を包含する。ミシガン・グループの理論のなかには，動機づけとオープン・システムの両側面を考慮している理論，例えば Katz-Kahn—1966 もあるが，Katz-Kahn にとってのオープン・システムは小集団であり，したがって環境は組織であって，組織全体と環境との相互作用までを研究対象とはしていない。

第2章　動機づけ理論の展開

第1節　ホーソン工場再訪問

　単独の実証研究でホーソン工場実験ほど学界，産業界に広い影響を与えた研究は他に類を見ないといわれる。実際，ウエスタン・エレクトリック会社のホーソン工場（シカゴ）で1927年から1932年の約5年間にわたって行われた作業者の生産性向上を規定する原因変数追求のための一連の産業心理学的実験の結果を解釈して Elton Mayo が展開したいわゆる人間関係論は，Taylor 以来の科学的管理法に代わって1950年代の米国産業界に1つのイデオロギーとして広く普及した。

　Mayo の主唱した人間関係論は，しかしながら，実験の厳密な解釈というよりはその拡張としての文明批評的性格が強いので，経営組織論の立場からは，Mayo の産業文明の政治的，社会的批評と実際のホーソン工場実験とその組織論におよぼした影響は分けて考えることが必要である。社会科学者が実験の調査結果の社会的意義を強調し，そこから1つの主義主張を展開してはいけない論理的理由は何もない。しかしながら，Sofer が指摘するごとく，この場合にもその提言が実際調査結果によって支持されたのか，また科学的見地から結果の解釈が特定の価値観に影響されていないかを検討することが必要である (1972, p. 72)。ここでは実証科学としての組織論の立場から Mayo と彼のハーバード・グループによるホーソン工場実験とそれの組織論におよぼした影響を考察することにする。

　結論から先にいえば，ホーソン工場実験では，Mayo の主張する作業者の生産性を向上させるためには，作業条件の改善，経済的欲求の充足よりも

人間としての社会的欲求の充足が必要であるという仮説は最後まで厳密に実証されることはなかった。有名な非公式組織の存在は，当初の実験の仮説にはなかった実験の副産物としての発見であった。ホーソン工場実験の意義は，むしろ作業者の生産性におよぼす原因変数の発見と追求の試行錯誤の過程のなかで，集団の形成，作業者の態度と生産性の因果関係を示唆し，同時に多種多様な調査手法を実行して，経営組織研究における実証主義の伝統をうえつけた点に求められるのである。

ホーソン工場実験についてはいくつかの文献 (Whitehead—1938, Roethlisberger=Dickson—1939, Homans—1951, Landsberger—1958) があるので，ホーソン工場実験が実際に何を行なったか，そしてその後の経営組織論の発展に何を課題として残したかをこれらの文献から考察することにする。これらの文献はいずれも実験の客観的報告あるいは分析を試みたもので，例えば Roethlisberger=Dickson の書 (1939) について Landsberger は産業文明のもつ人間的，社会的，政治的問題の診断を行う Mayo の一連の著作 (1933, 1945) に比べて，「ドグマチックなスタイルで書かれてもいなければ，最後まで直接に発見したこと以上の一般化も行わない (1958, pp. 48—49)。」態度に貫かれた実験記録の性格をもつ文献であると評価している。

ホーソン工場は継電器組立実験室（2年2ヵ月），第2回継電器組立作業グループ（7ヵ月），雲母剝離作業実験室（2年1ヵ月），面接計画（3ヵ年)，配電器巻線作業観察室（7ヵ月）の5段階からなる。もともとホーソン工場実験は産業心理学的立場から作業条件の変化が生産性にどういう影響をおよぼすかという単純な因果関係の分析に始まった。この実験が正式にハーバード経営大学院との協力のもとに始まるまえに，すでに照明の生産性におよぼす影響が調査されていたが，照明度の増減にかかわらず生産高が増加するので，調査者は困惑し，この継電器組立実験室を行うことになったのである。

ホーソン工場実験のなかでも最も重要な位置を占める継電器組立実験室

(The Relay Assembly Test Room) は休憩時間を原因（独立）変数，生産高を結果（従属）変数とする統制実験手段で表2—1のようなスケジュールをもっていた。[1]

　第1期から第3期までは導入期で，第1期は5人の女子作業者が後の生産高との比較のために元の職場にいたまま生産高が本人には知らされずに記録された。第2期に6人の作業者（うち1名は段取工）が隔離されたテスト室に入り，第3期では元の職場での部門別集団奨励給からテスト集団の奨励給へ移行された。実際に休憩時間の長短が生産高におよぼす実験が行われるのは第Ⅱ期になる第4期〜第6期で，第7期には午前，午後の休憩時間にスナックが支給された。第Ⅲ期は作業時間短縮と前回条件の再現で特徴づけられ，第8期および第9期では作業時間短縮が行われ，第10期は第7期の再現，第11期は土曜午前の作業休み，第12期は第1〜第3，第13期は第7，第10期の再現であった。

　この26ヵ月におよぶ実験の結果はおどろくべきものであった。生産高は平均時間当りでも週間当りでも週を重ねるにつれ（第3期より始まり，第7期以降ことに顕著）ほとんど間断なく増加していき，実験の後半（第12期，13期）には生産高は実験当初に比べて約30％増を示すにいたった。そしてこの生産高増加はある期は前回条件の再現であり（第12，第13期），ある期は事実上作業が

---

[1] 継電器組立実験室の重要性については，例えば Whitehead—1938 はこの実験結果の統計分析にささげられている。また古典的な統制実験手法とは，実験とコントロールの両グループをつくり，特定の原因変数を導入し，その前後の結果の差を両グループについて比較するという方法をとる（下図）。

	前　　後	結果の差の比較
実験グループ	X　X_1	$X_1-X=$差
コントロール・グループ	X'　X'_1	$X'_1-X'=$差

　しかしながら，ホーソン工場の実験計画では，厳密な意味でのコントロール・グループを設けなかったので，このことがまた，実験結果の解釈を混乱させたのである（Carey—1967）。

表 2-1 継電器組立実験室実験スケジュール

実験期間					休憩時間	
実験ステージ	期	実験の主な特徴	実験月日	期の長さ	AM	PM
導入期	第1期	通常の部門(職場)	4/25～5/10, 1927年	2週間	ナシ	ナシ
	2	実験室への導入	5/10～6/11	5	ナシ	ナシ
	3	特別集団賃金(奨励給)の適用	6/13～8/6	8	ナシ	ナシ
	4	5分間休憩の2回導入	8/8～9/10	5	10:00	2:00
	5	10分間休憩の2回導入	9/12～10/8	4	10:00	2:00
第Ⅱ期: 休憩時間操作	6	5分間休憩の6回導入	10/10～11/5	4	8:45 10:00 11:20	2:00 3:15 4:30
	7	15分間休憩(AM), 10分間休憩(PM)にスナック支給	11/7～1/21	11	9:30	2:30
	8	第7期と同様, ただし4:30作業終了	1/23～3/10, 1928年	7	9:30	2:30
	9	第7期と同様, ただし4:30作業終了	3/12～4/7	4	9:30	2:30
第Ⅲ期: 休憩時間, 作業時間操作および前回条件の再現	10	第7期と同様	4/9～6/30	12	9:30	2:30
	11	第7期と同様, ただし土曜日作業休み	7/2～9/1	9	9:30	2:30
	12	第1～第3期と同様(スナック, 休憩ナシ)	9/13～11/24	12	ナシ	ナシ
	13	第7期と同様, ただし作業者はスナック自分持ち, 会社は飲物支給	11/26～6/29, 1929年	31	9:30	2:30

Roethlisberger=Dickson-1939, p. 30 より作成。

延長された (第12期) にもかかわらず起ったのである。この現象の説明のために生産性と原因変数 (作業方法, 材料の変更, 疲労, 単調, 作業室温度, 睡眠時間, 天候の変化, 女子作業者の健康診断の結果等) 間の関係が種々の角度から統計的に分析されたが, その結果はどの原因変数との関係も統計的に有意ではなかった。[2]

一方実験者は無意識のうちに作業者を動機づけるような状況をつくりあげてしまう。選ばれた女子作業者は実験にあたってマネジメントの関心を受け, 同僚からもうらやまれ, 実験室へ隔離されることによって特別の集団を形成していることを自覚する。実験では競争をするのではなく, 好きなように働くようにいわれる。「好きなように働く (work like we feel)」という許可は作業条件の革命として作業者に受入れられ, 感情的にはマグナカルタや独立宣言のような力をもって作業者の態度を無意識のうちに変革したのである。そして, 6人の作業者のひとりびとりは数千人の従業員のなかから選ばれた1人として, まさに作業者から工場幹部の協力者に昇格された者として実験室へやってきたのである (Whitehead—1938, p. 104)。実験室には監督者の代わりに実験の観察者がおかれたが, 彼は彼女たちの相談役になり休憩時間の導入方法等の決定に彼女たちの意見を聞いたことがまた彼女たちを満足させた。

このような状況のなかで職場から選んだバラバラの女子作業者たちはやがていくつかの集団独自の運動を示すようになる。女子作業者たちは実験室に魅力を感じ, 仲間たち相互に友情を発展させる。集団への帰属意識が高まるにつれて, 彼女たちは集団を維持し, 集団の課題を達成しようとする徴候を示すようになる。とくに, 実験の途中の第7期で作業者 1A と 2A が作業中の話が多くなり, 実験に非協力的で集団の他の成員と対立するにいたり, 実験者はついにこの2名を職場に戻し, 新しい2名 (作業者1および2) と入替

---

2) この点の統計分析については Whitehead—1938 に詳しい。

えることにした。そして，この新入りのうちの1人，作業者2はもっとも作業速度が早く，強力な性格をあわせもって第8期以降この集団の自主的リーダーとなって継電器組立実験室の生産高向上の牽引車の役割を果たすのである。[3]

---

3) ホーソン工場実験は今日では神話化されたきらいがあるが，実験に参加した女子作業者は平均年齢21.5歳のわれわれがどこにでも見かける女子作業者たちである。彼女たちが集団への魅力，集団維持機能，集団の課題達成機能を発展させていく過程を Roethlisberger=Dickson は次のように鮮明に描いている (1939)。
　作業者 1A：他の職場ではわたしたちとこんなにうまくいかない人もいるので，ここが好きだわ。
　作業者 4：わたしはここではもとの職場のような作業段取りの変更がないので，ここで働くのが好きよ（第3期，p. 38）。
　最初の休憩時間から女子たちはすぐ休憩室へ行き，作業開始1分前に実験室へ戻るしきたりをすすんでつくった（第4期，p. 43）。
　観察者は作業者3に昨日の生産高が低かった事実を告げた。作業者3は答えた。それが何さ。たいしたことはないわ。明日を見てちょうだい。うめ合わせをするわ（第4期，p. 46）。
　作業者に彼女たちのかせぎ高が告げられると……
　作業者 1A：80％，やったわ！　そして月曜日も。素晴しいじゃない？。
　作業者 2A：わあ，昨日は80％やったんだわ。今日は90％はやらなくちゃ……
　　　　　　（第5期，p. 47）。
　（組立上の問題点にぶつかったときに作業者は声を上げることになっていたが，作業者 1A と 2A が話に夢中になってこれを忘れるということが起った（筆者注））。このことの他の女子作業者におよぼした影響は興味のあるものであった。作業者3はこの違反者と話すことを拒んだ。段取工と作業者4は作業者 1A と 2A を実験室からでていかせないなら自分たちが出ていくといいだし，ついになんらかの行為が必要な事態にいたった（第7期，pp. 54—55）。（こうして作業者 1A, 2A と作業者1，2の入替えが行われた（筆者注））。
　敵対的競争に代わって共通の目標に向かって一致した努力があった……
　作業者2：いつでもここで働きたいわ。だって他の職場ではわれわれが一生懸命働いていると誰かが手を抜いているから。ここでは誰かが病気になるとわれわれが作業スピードを上げるし，わたしが病気になると他の仲間が作業速度を上げてくれる（第13期，p. 73）。
　第13期では女子たちは集団全体のために相互に助け合うようになった。彼女た

実験途上で被実験者の一部を作業速度の速い作業者に入替えたことは継電器組立実験室の継続性と客観性に疑問を抱かせることになるのは当然のことである。実際最近でも，例えば Carey はこの実験結果は人間関係論の仮説を示唆しているのではなく，むしろ経済的欲求の充足が生産性に結びつくという伝統的な仮説を支持していると痛烈な批判をしている (1967)。その理由は途中から代わった作業者2はこの集団の自主的リーダーとなり，常に作業目標達成の推進役になったが，この作業者を動機づけたのは，本人の家庭の経済的圧迫からくる高賃金獲得のためであったとしている[4]。彼はまた，5人のサンプル数では統計的に信頼できる結果をもたらすには少なすぎ，ホーソン工場実験からの仮説の一般化はできないとしている。Carey の批判の妥当性はとにかくとして，ホーソン工場実験のなかでも重要な位置を占める継電器組立実験室は厳密な統制実験ではなかったことは注目すべきことである。Whitehead も認めているように，実験者は「実験の成功が産業における人間的要素を理解することにあるのか，実験室の生産性を向上させることにある

ちは共通の感情と忠誠心で一体となった。彼女たちは作業者2をリーダーにした (p. 86)。

4) 実際作業者2は実験期間中の大半は家族収入の中心者であった。実験参加寸前に妹，母の死，父の一時的失業，弟たちの学費等異常に大きな経済的負担が彼女にかかった。

Whitehead はこういっている。「1月28日までは監督者は一方において秩序の維持と他方において集団の成員の数人の協力を得ることで苦労した。作業者2が集団に参加したとき彼女の家の生計はほとんど彼女にかかっていた。そして2～3週間して彼女の父は職を失い一時的に失業状態になった。こうして，性来の責任感に加えて貧困という要因が彼女に加わり，作業者2は集団の他の成員に生産高を上げるよう働きかけ始めた。この作業者は2つの強い忠誠を示した。1つは彼女の家庭に，もう1つは実験室に……。彼女なりに解釈したこの2つの忠誠は同等に生産高の大きな向上に貢献し，彼女は2つの目的を同時に達成すべきと考えた。全般的に，作業者2は他の成員たちの間に，時々反発を示されたが，より大きな仕事への興味をかきたてることに成功したのである (1938, pp. 122—123)。」

のかを決してはっきり理解していなかった。もし生産性が上がらなければ誰もこの実験が正当化されるとは思わなかったであろう。そして，実際これらの2つの目的はからみ合わされたのである……(1938, p. 123, 注2)。」

継電器組立実験室の実験者たちは，後になって，長期間にわたる実験のなかで調査者側で無意識のうちに友好的な監督方法，集団意思決定への参画，集団成員の入替えを通じて彼女たちを動機づけるような社会的状況をつくりあげてしまい（これをホーソン効果 (Hawthorne Effects) という），これがなんらかの形で生産性向上に影響を与えたのではないかということにばくぜんと気づいた。しかしながら，継電器組立実験室ではこれらの要因は明確に原因変数として統制実験に使われることはなかったのである。[5]

生産高向上の原因変数についての確証が得られないため，第2回継電器組立作業グループ (The Second Relay Assembly Group) では原因変数として継電器組立実験室でとりあげた集団奨励給を採用したが，生産高は継電器組立実験室の30％増よりはるかに少ない13％増にとどまる。実験者はまた賃金支払方式だけが生産高を規定する唯一の要因ではなく他の原因変数が存在することに気づき次の原因変数を追求することになる。

第3段階の雲母剝離作業実験室 (The Mica Splitting Test Room) では賃金支払方式を変えずに継電器組立実験室でとりあげた休憩時間の生産高におよぼす影響の実験を行なったが，生産高は向上した後低下し，個人別出来高のバラツキは大きく，作業者は小集団としての特徴を発展させなかったなど前2回の実験結果に比べて一番不可解であった。実験者はこの原因は不況が始ま

---

[5] 継電器組立実験室での主な統制実験は13期で終了したが，実験は1933年この実験に参加した女子作業者全員（作業者2は会社にも最も遅くまでとどまったが）が不況のため解雇されるまで継続された。そして，実験室の閉鎖間近に全員の生産高が急激に低下した。1～2年後小さな店で細々と生計を営んでいる作業者2に急激な生産高低下の理由が問われたとき彼女の答えは「われわれは誇りを失ったのです (We lost our pride)。」であった (Whitehead—1938, p. 185)。

り実験参加者の間にも不安感があったこと，女子作業者は継電器組立実験室の場合に比べ異質のメンバーから構成され，親密な人間関係で結ばれた独立した集団を形成できなかったことではないかとしている。しかしながら，これらの試行錯誤的な実験からホーソン工場実験者は実験者が無意識のうちに実験室の社会的条件を変化させたこと，工場外の社会的条件の変化による実験への影響があることに気づき，生産高向上の原因変数の多様性とこれらを一定に保つことの不可能性から特定の原因変数をとりだして結果を説明することが困難であることを認識して実験手法を全く放棄した面接計画に重点移行することになる。

第4段階の面接計画 (The Interviewing Program) は実際は継電器組立実験室より先に監督者訓練の事例収集のために開始されたが，今までの一連の実験から従業員の心理と社会的要因の関連，従業員の不満と生産高におよぼす影響を調査することの必要性を痛感し，この調査にそれを盛込むことになる。継電器組立実験室から雲母剝離作業実験室まではいずれも実験手法であったが，今度の態度調査では実験手法を完全に捨てて，ただ従業員に会って話を聞くという方法をとった。この面接計画は，今日臨床心理学でいう非誘導カウンセリングを行なったものである。この計画の実施によって，約10,000人の面接が行われ，80項目に対し実に86,000の不満や意見が集められた。深層心理的面接の結果は一般に個人の心理的変数の状態はわかるが，そのうちのどの変数が具体的にどの現象をうみだしたのかの関係づけが困難であるように，この調査から従来調査してきた変数間の因果関係を明確にすることはできなかったが，ここで初めて従業員の不満および作業効率の低下について図2—1のようなモデルを呈示することになる。

このモデルは有機体説に基づく一種の均衡モデルである。不満あるいは生産性の減少は有機体内での個人の均衡が破れた時に起るので，この均衡には工場外の社会的条件，仕事の物理的条件，仕事の社会的条件（集団，監督方

34　第1部　組織論の展開

図 2—1　従業員の不満を解釈する体系 (Roethlisberger-Dickson—1939, p. 327)

均衡の干渉源

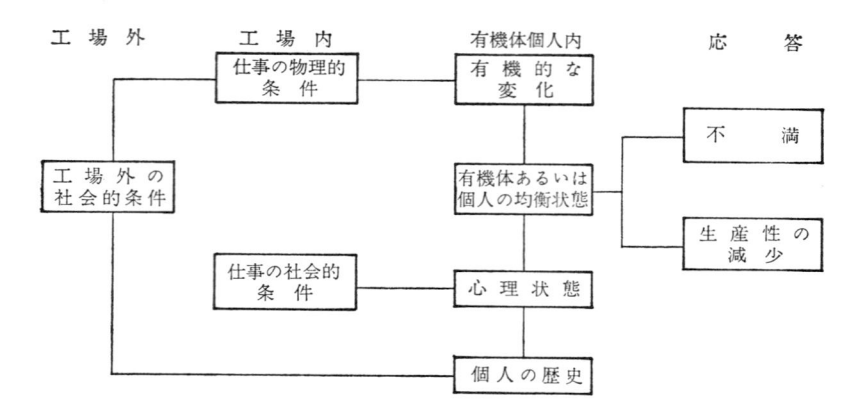

```
工　場　外       工　場　内       有機体個人内            応　　答
             ┌─仕事の物理的─┬─有機的な──┐
             │   条　件    │  変　化   │       ┌─ 不　　満
工 場 外 の ──┤            │           │       │
社 会 的 条件  │            ├─有機体あるいは──┤
             │            │ 個人の均衡状態   │
             │            │           │       └─ 生産性の
             │            │           │           減　少
             ├─仕事の社会的─┼─心 理 状 態
             │   条　件    │
                          └─個人の歴史
```

法等），有機的変化，個人の歴史，心理が相互に関係し合っていると仮定するのである。このモデルは独立変数と従属変数の因果関係を明確にして説明するというよりは，均衡は，これだけの変数から成り，それは相互に関連し合う変数のシステムとしてとらえられるという考え方である。Roethlisberger-Dickson はこう述べている。「この考え方は，人間の状況についての簡単な因果分析に代えて相互に依存し合う要素の相互関係の考え方を導入するものである。つまり，図の構成要素の1つの変化が他の要素の変化をもたらし，以前の均衡に戻るか，あるいは新しい均衡を確立するまで，一時点の不均衡をつくりだすのである (1939, p. 326)。[6]」彼らのモデルは，不均衡の要因として社会的条件（工場外と仕事の社会条件）を重視しているようにみえるが，実はどの変数も同等に重要で相互に均衡に貢献しているという考え方である。このように因果関係を厳密に規定することなく単純な有機体均衡モデルに到

---

6) 有機体の均衡説は当時の生理学者 Henderson および社会学者 Pareto の影響によるものである。

達したことは，彼らの実験で変数の構成とその関係分析に成功しなかったことを考えれば，当然の帰結であったといえよう。

面接計画の結果，実験者は社会的条件の作業者個人におよぼす影響に注目したが，今度は仕事の社会的条件の1つである集団に焦点を向け，実際の作業場における集団を観察することを始める。これが有名な非公式集団の存在を発見した配電器巻線作業観察室（The Bank Wiring Observation Room）であるが，今までの実験計画や面接計画は集団が重要であることを発見しながらも調査の重点が個人にあったのに対し，はじめて集団に重点をおき集団における成員の相互作用を調査することになる。

集団機能の特性を研究する最も簡単な方法は，現実に機能する集団を見守ること（観察手法）である。彼らは観察手法をとるかたわら集団の成員に質問することによって集団間のコミュニケーション・ネットワークの調査（今日のソシオメトリーに類似した手法）も行なった。観察の結果実験者は非公式集団に生産高規制の集団規範が存在し，この規範としての出来高を上回る違反屋（rate-busters）と下回るだまし屋（chiselers）に集団の制裁が加えられることを発見した。職場における作業集団の形成はある場合には継電器組立実験室のように生産高を向上させ，ある場合には配電器巻線作業観察室のように生産高を規制する「もろ刃のやいば」であることに気づく。継電器組立実験室では女子作業者はマネジメントの関心を集めたのに対し，配電器巻線作業観察室の作業者にはマネジメントとの友好的関係をもたなかった。このことがまた集団との一体感と集団とマネジメントとの関係が生産高向上の重要な規定要因であるという仮説を示唆しているように思われたのである。

以上のごとく，一連のホーソン工場実験を振返ってみると，この実験は職場における社会的条件の充足，例えば作業集団の形成，マネジメントの作業者に対する関心，支持的な監督方法等が生産高向上の原因変数になることを示唆したが，いずれの実験の場合も原因変数と結果変数の関係を厳密に実証

したことはなかった。継電器組立実験室では女子作業者の生産高が集団との一体感からくる動機づけであることも，生産高向上のどれだけが集団の形成によるものか，あるいは他の要因によるものかを示さなかった。生産高向上の重要な規定要因は作業者2をリーダーとする凝集性の高い集団の形成であることが[7]，継電器組立実験室の場合の実験結果を最もよく説明できるように思われるが，実験は作業条件と生産高の関係分析に重点がおかれ，集団は当初の仮説では説明のつかない残差変数 (a residual variable) でしかなかったのである。実験の最後に配電器巻線作業室で個人より集団に重点をおき成員間の関係，上司との関係，会話の詳細な記録等の分析を行なったが，この実験でも当初から明確な仮説を立て，検証するという組織的ステップをとった実験ではなく，非公式集団と生産高規制も残差変数としての発見だったのである。

実験の科学的な実証とは別に，文明批評としての Mayo の人間関係論は，Taylor 以来の科学的管理法に代わって，1950年代の米国産業界を吹きまくった。Mayo は現代の機械文明は，人間の社会的連帯を破壊し，人間は社会的アノミー (anomie) の状態にあるので，産業においても人間の社会的欲求を充足することが必要であるとする。そして，人間の動機づけの要因を賃金から社会的欲求の充足に転換することを主張したのである (1933)。しかし，Mayo の主張は，正確な実験結果からの提言というよりは，むしろ飛躍した文明批評の性格をもつものであって，Roethlisberger のいうように「Mayo は組織的にものを考える人ではなかった。彼は自分のアイデアを勢いよく表現するけれども，決して厳密に表現することはなかった。……彼のアイデアでさえも往々に実験室で厳密にテストされるべき仮説というよりは，畑

---

7) 集団の凝集性，集団圧力，リーダーシップ等の集団の運動法則に関する概念はホーソン工場実験者によって明確に定義されなかった。これらは後のグループ・ダイナミックス研究者によって明らかにされるのである。

で耕されるべき種の性格を持つものであった (Mayo —1945, p. ix)。」。

　Mayo の主張に対しては当初より①外部，すなわち経済的要因を無視している，②階級闘争を無視し，現状維持を強調している，③労働組合を無視している，④操作的である，⑤アノミーを強調しすぎ，会社が共同体の役を果たすことを強調しすぎる等の批判があったが，今日彼の理論自体余り問題にならないので，ここではこれ以上ふれないことにする。[8]それならば，ホーソン工場実験の貢献を組織論の領域に限った場合それはどこにあったのか。それは次の点に要約されると考える。

　第1に，人間が集団を形成し，相互作用を営むと，集団内の条件によっては作業者を動機づけ生産高を向上あるいは低下させうることを実証を通じて指摘したことはきわめて重要である。調査者はなぜそうなるのかという因果関係を説明することはできなかったが，職場において集団を形成することが生産高変化の原因変数そのものになりうることを示唆し，このことが後に小集団理論の展開をうながすのである。

　第2に，この実験のなかで原因変数（集団，監督方法，作業条件等）と結果変数（生産高）の他に作業者の態度という仲介変数が存在することを発見したことである。調査者は態度が原因変数を結ぶ媒介変数であることを明確に位置づけることも，態度を測定することもできなかったが，作業者の動機づけ理論には仲介変数としての態度を考慮しなければならないことを指摘したのである。[9]

　第3に，原因変数を追求する過程であらゆる調査方法を実験し，このことが経営組織論の方法論の発展を推進し，実証科学としての組織論の確立に貢献したことである。継電器組立実験室から雲母剥離作業実験室までの実験

---

8) これら批判の要約については Landsberger—1958, 3章を参照されたい。
9) ホーソン工場実験者の態度概念が初歩的なレベルにとどまっている点については Whitehead—1938, 27章を参照されたい。

手法，面接計画における臨床的面接手法（非誘導カウンセリング）と内容分析 (content analysis)，配電器巻線作業観察室調査における観察手法とソシオメトリー（作業者間のコミュニケーション・ネットワークの分析）等多様な調査手法がここで使用され，行動科学における方法論の確立に寄与したのである。Homans は「実証調査に関しては，Elton Mayo の社会学に対する貢献は Lewin の心理学に対する貢献に匹敵する (1967)。」といっている。[10]

これらの貢献は組織論の大きな潮流から見ると，人間の動機づけ理論に対する接近法が産業心理学的接近から社会心理学的接近に方向転換することを意味する。すなわち，第1の小集団研究への方向づけは個人の行動が他人の行動によって影響される仕方の研究を対面的な相互作用の可能な小集団において行うことを示し，この小集団における相互作用の研究はまさに社会心理学的世界のエッセンスである。第2の仲介変数としての態度の発見については，態度は個人となんらかの対象との動的な社会的関係において成立する社会心理学的存在なので，態度理論は社会心理学の主要研究対象領域となっていくのである。ホーソン工場実験の結果は暗黙のうちに人間の動機づけ理論における社会心理学者の台頭する土壌を提供したのであった。

第2節　Kurt Lewin とグループ・ダイナミックス

Mayo によってホーソン工場実験の実際の結果から飛躍した形で普及した人間関係は，明確な理論モデルの体系がないために，社会的存在としての人間を理解することが重要であると示唆したが，経営の問題として何を具体

---

10) ホーソン工場の継電器組立実験室は作業条件の個人におよぼす影響を調査するという明らかに産業心理学的発想で行われたが，Mayo の作業者の社会的欲求充足を広く産業と企業の社会的組織のなかでとらえた場合それは産業社会学の研究領域でもある。

的に，どうすればよいかということに十分応えられなかった。したがって，人間関係論は理論モデルとしてではなく，人間関係の技術として現実に適用されざるをえなかった。人事相談制度，会議，提案制度，監督者訓練等がこれである。しかしながら，これらの人間関係の技術は産業の病弊をなおす特効薬としてまたたく間に普及した (Argyris—1957) が，それはやがて一時的流行のように衰退の道をたどっていった。ホーソン工場実験からウエスタン・エレクトリック会社に制度化されたカウンセリング・プログラムも1955年には撤廃されていった。[1] ホーソン工場実験で発見した非公式組織の存在にしても，非公式組織が作業者の動機づけの理論的土壌になることはできなかった。作業者にとっての現実の世界の大半は仕事に結びついた公式組織にあり，非公式組織それ自体の分析のなかからは作業者の情感の充足以上に積極的な動機づけの要因を見出すことは困難であったのである。

　Mayo とハーバード・グループの展開した受容的な人間関係論はやがてミシガン・グループの積極的な人的資源開発の人間関係論に変容していくことになる。ミシガン・グループの人間関係論を後期人間関係論と呼ぶならば，その最も基本的な特徴はそれが集団の運動法則の上に成立している点である。ホーソン工場実験によって示唆された人間関係を体系化するためには，小集団論，および人間の態度，動機づけに関する精密な理論とその測定手法の開発が必要であった。まず集団についての理論構築には，集団の成員をバラバラな「個人」として扱うのではなく，成員の相互作用，あるいは態度形成の動的なプロセスのなかでとらえ，そこから集団管理の原理原則，例えばリーダーシップあるいは成員の統制のあり方をひき出していくことが必要である。つぎに態度理論についても態度は個人となんらかの対象との関係において成り立つ社会的存在であると同時に，直接観察できない媒介変数であるので，態

---

1) この過程の詳細については斎藤—1973を参照されたい。

度理論を発展させるにはその測定手法の開発が必要である。これらのことは人間関係の理論としての完成が個人心理学というよりは社会心理学の発展に待つことを示していた。Landsberger は人間関係論の発展は，1950年代の理論的・方法論的科学主義の台頭のなかで事例研究法をとるハーバード・グループから実験社会心理学の手法をとるミシガン・グループへ移行し，ミシガン・グループの考え方はグループ・ダイナミックスを創始した Kurt Lewin にその起源を求めることができると指摘している (1967)。

Mayo とハーバード・グループからミシガン・グループの人間関係論への移行は作業者の社会的欲求充足という受容的人間関係から自己実現欲の充足という積極的人間関係，作業者の非公式組織における動機づけから公式組織における動機づけへ変容していくことになる。ミシガン・グループの人間関係論の最も基本的な特徴はそれが集団の運動法則の上に成立している点にある。われわれは後期人間関係論の最も代表的な理論として Likert 理論を考えているが，それはバラバラの個人が集団という「場」を形成したときに，その「場」に生ずる力としての集団現象，例えば凝集性，集団圧力，リーダーシップ等の上に構築されている社会心理学的人間関係論である。そして，Likert 理論は Kurt Lewin と彼の創始したグループ・ダイナミックスの成果の上に構築されているのである。ここでは Kurt Lewin の場理論の基本的な考え方とグループ・ダイナミックスが明らかにした集団の運動法則との関連において Likert 理論の本質を追求していくことにする。

1. Kurt Lewin の場理論

ゲシタルト心理学の展開者としての Lewin の提唱した場理論 (field theory) は，独自の理論体系というよりも，むしろセオリー・ビルディングの方法として最もよく特徴づけられる。それは Lewin のいうように，因果関係を分析し，科学的概念構成を樹立する方法と考えられる (1951)。Lewin は人間行

動の因果分析の基本的な考え方としての全体観 (holism) をゲシタルト心理学から継承している。すべてのゲシタルト心理学者 (Lewin にとって，とくに Wertheimer, Koffka, Köhler) にとって，事象の因果関係についての共通の見方は，あるものの全体はその部分の集計とは異なるということである。あるものの全体はその部分を別々に切り離した以上のものであり，全体はまとまりのある全体 (organized wholes, または organization), すなわちゲシタルトそのものとしてみることによってはじめて理解されるというのである。このような接近法は知覚の全体像を重視するという点で当時の要素主義的内観主義と，認識を重視するという点で機械主義的行動主義と真っ向から対立するものであった。

　ゲシタルトの現象は自然科学の世界にも見られる現象である。例えば，われわれはすぐ化学の化合を思いうかべる。酸素と水素を化合すると水ができるが，水はそのなかに酸素や水素のもとの性質をもたない異なる全体である。同様に，人間の1つ1つの知覚が総合されるならば，個々の知覚の単なる加算的集計とは異なる新しい全体像が生れる。[2] ゲシタルト心理学者は，このように全体が部分を支配するという見方で，人間の心理現象や究極的には人間行動を説明しようとし，この全体像を心理学の分析単位とすべきであると主張したのである。

　このゲシタルト心理学では，われわれの経験はバラバラの要素的感覚によって合成されたモザイクではなく，意味のある全体がまず存在するという全

---

2) 例えば，われわれが音楽を聞くときにメロディはまず1つ1つの音が感覚され，結合されて成立するのではなく，音があたえられると同時に，組織化された全体としてのメロディが経験されるのである。メロディは1つ1つの感覚を集めた集計以上の性質をそなえている，それ自体で基本的な心理的存在なのである。また，われわれが建物を見るときに，バラバラの木材，レンガ，ガラス，草を見るのではなく，それらが組織化された家を認識するのである。

体観で分析される。しかしながら，ゲシタルト心理学の全体観が個人の認識のしかたというきわめてミクロのレベルでとらえられていたため，それは結局，個人心理学の問題に帰着する。全体観は個人と環境との相互作用の全体にも，個人の集合としての集団現象の全体にも適用することができる接近法である。全体観を個人の知覚現象から個人の行動へ，個人の行動から集団行動へ拡張する仕事が Lewin に残されていたのである。

　ゲシタルト心理学の後継者としての Lewin の全体観は個人心理学の領域から始まったが，Lewin の全体観で説明しようとする現象は個人の認識のしかたよりもむしろ個人の行動にあった。かれ以前のゲシタルト心理学者ももちろんのこと，究極的には個人行動に関心をもってはいたが，かれらの関心は生理学的色彩をまだ残存させた個人の知覚体系の説明に重点がおかれていた（例えば Köhler は人間の全体的知覚をうみだす根源を脳髄中枢過程にもとめていた)。Lewin は行動理論を構築するのにこのような生理学的接近をとらず，行動を力学的特性をもつ場 (field) という概念で論理的に説明しようと試みた。彼は相互に依存していると考えられる共存する事実の全体を場と定義した (Lewin—1951)。

　Lewin によれば，人間行動（動作だけでなく思考もふくめて）は一定の単位時間の場における変化 $\left(\frac{dx}{dt}\right)$ としてとらえられる。Lewin はこの場を生活空間と名づけたので，彼の心理学は生活空間 (life space) の心理学ともいわれる。生活空間はある時点にいる人と彼によって主観的に認識された心理的環境の全体を意味する。ここでわざわざ主観的な環境というのは個人の生活空間において同じ現象が人によって異なって認識されるからであり，人の行動に影響を与えるのは誰でもなく彼自身がその時に知覚した環境だからである。[3]

---

3) Mark Twain のミシシッピィ河上の生活では船上の乗客は風景を楽しむが，水先案内人にとっては乗客の賞嘆するV型の2つの丘は急角度に回る信号であり，

一定時における人の行動を説明するために，人とその時点における彼の環境の両方を考える必要があるという主張には，おそらく今日誰にも異存はないであろう。問題は人の生活空間，すなわち人と環境との間にどのような力が働いて行動を生起させるかということである。

Lewin の考え方によれば，環境はさまざまな力の相互作用の全体として行動生起の場を形成するが，[4]場の基本的原理は最少エネルギーの均衡状態を志向することである。そして，人間の認知現象は与えられた環境のもとで，刺激に対してできるだけ構造の安定した，力学的に均衡した現象を表現することを意図し，そのような認知現象の均衡志向が行動に影響をおよぼすことになる。[5]したがって，生活空間は人（P）と心理的環境（E）の2つの領域に分れるが，P が E のなかで安定していれば生活空間における力学的体系は均衡状態にあり，生活空間に変化は起らず，したがって P の行動は生起しない。しかし P が E のなかで安定を失い，均衡状態がくずれ，P が均衡にもどそうとすると，P が緊張体系をそなえてくる。つまり，生活空間におけ

　　河の真中の美しい波は危険な岩を意味しているのであり，彼らひとりひとりのその時の行動は彼がその時に認識した心理的環境が決定するのである。(Lewin—1951)。

4) 行動が心理的場におけるさまざまな力の相互作用の全体によって規定されるのは，場の因果性 (field-causation) ということで，この場合の因果関係は B が A に規定されるというよりは，B は a, b, c, d, e, f, g,……という一連の同時に働いている全体の要因によって規定されるという考え方である (Mey—1972, p.11)。事象はただ1つの原因変数によって起るのではなく，通常相互に働く多くの力によってひき起されるのである。Lewin の理論は基本的に多変数因果法則 (the principle of multiple causation) によって特徴づけられる (Neel—1969, p. 296)。Lewin が心理的場の状況を記述するのに物理学からベクトルの概念を借用したのは，それによってある個人のその時の行動に働くすべての力の方向を記述できると考えたからである (Lana—1969, p. 85)。

5) このような考え方は，基本的には認知理論におけるバランス理論と変りはない。ゲシタルト心理学および Lewin の考え方は，Heider, Cartwriaht, Harary 等によって態度変化の均衡理論として展開されていった。

る P の内部領域に緊張 (Tension) が生起する。こうして P の内部領域に緊張が生じると，それに対応して E の側に P の要求の目標になる誘意性 (valence) が発生し，それに伴って緊張解除を意図する行動へ移行 (locomotion) する。誘意性とは P 側の生活環境に存在する目標あるいは魅力である。誘意性は正と負の2つに分けられるが，正の誘意性は P をそれにひきつける (pull) 性質をもっており，負の誘意性は P をそれから遠ざける (push) 性質をもっている。これらの誘意性の記号の組合せによって，行動発生の源泉としてのさまざまの力の均衡，不均衡が生れるのである。誘意性が発生するのは場における一定の方向と強さをもった力としてのベクトルが作用するからである。このようにして Lewin は一方では P と，他方ではいずれかの誘意性をもつ対象との力学的な場としての生活空間を明らかにしていけば，行動は理解されるとし，このような考え方の適用としてコンフリクトと行動との関係を実証していった (1948)。

　Lewin の生活空間の概念は当初個人行動を説明するフレームとして展開してきたが，彼は晩年にいたり個人行動から集団行動の分析に関心を示していった。彼は場理論と力学観をこれまで個人心理学の枠内で取扱っていたが，それを社会心理学の領域に導入することにつとめた。この場合彼の生活空間の心理学はなんらかの修正を必要とされるが，彼は個人に生活空間があるように集団のレベルにも集団生活空間があるとして，個人の生活空間を集団の生活空間にまで拡張することを試みた。個人の生活空間を集団の生活空間に拡張した場合，集団生活空間は集団の各成員と各成員が共通に認知している環境を包含し，共通に認知された環境は各成員の行動を規定するような力をそのなかに含んでいるという見方がとれる（末永編—1971, pp. 153—154）。こうして Lewin は個人のつくる場から集団のつくる場を問題にして，個人ではなく集団を分析単位とするグループ・ダイナミックスを創始した。グループ・ダイナミックスでは個人が集団を構成したとき共通に認知された集団と

いう場が相互依存関係にある各成員にどのような力を発揮するのか，そしてその力はどのような条件に左右されるのかといった力学的問題が理論的・実証的に研究されたのである[6]。

Lewin はこういっている。「集団はその成員の総和以上のもの，さらに正確にいうと，総和とは異なるものであるということは今日広く認められている。集団はそれ自身の特有な構造，特有な目標，および他集団との特有な関係をもっている。集団の本質をなすものは成員たちの類似性や非類似性ではなく，成員たちの相互依存性である。集団は「力学的全体」として特徴づけられる……(1948, 末永訳, p. 111)」。

ゲシタルト心理学の全体観は，元来個人の認知現象から個人の生活空間までのびたが，Lewin がこの考えを個人から集団の生活空間に拡張し，集団を分析単位とし，成員のダイナミックな相互作用の研究を通じてバラバラの個人には見られない集団の運動法則の究明に向ったとき，彼の組織論に対する貢献は決定的になったのである。組織の運動は個人の運動の単なる加算的合計だけからでは説明できないからである[7]。

2. グループ・ダイナミックスと集団の運動法則

Lewin によって創始されたグループ・ダイナミックスは，彼の後継者たちの手によって多くの研究がなされ，1950年代に1つの頂点に達した（例えば，Cartwright=Zander のグループ・ダイナミックスの初版は1953年に出版された）[8]。そ

---

[6] 例えば，集団規範がどの成員にも共通に認知され，受容されていれば，集団生活空間は実在し，各成員の行動を規定する要因をそのなかに含んでいると考えられる。後述する Sherif および Asch の斉一性への集団圧力の研究は，各成員の判断が共通の場として認知された集団生活空間に規定されることを示したよい実験例である。

[7] ゲシタルト心理学および Lewin の場理論の紹介については，さらに 相良―1942, Guillaume―1937, Köhler―1969, Mey―1972 を参照されたい。

れでは、グループ・ダイナミックスは集団の運動法則について何を明らかにしたのか。ここでは、集団の運動に関する概念のうち、主に集団凝集性、集団圧力、集団目標、およびリーダーシップの研究を展望し、それらの概念の相互関係を明らかにすることを試みる。

(1) 集団凝集性

集団の凝集性とは、集団の成員に集団にとどまるように働きかけるすべての力の合成されたものである (Festinger—1950)[9]。集団にとどまるように働きかける力は個人にとって集団への魅力、Lewin の概念でいえば、誘意性である。この場合、集団は個人の生活空間のなかの1つの対象であり、この対象のもつ誘意性は個人の要求の性質、強さ、そして彼の集団が彼の要求をどれほど満足させることができるかという認知によってきまる。

集団への魅力は、より具体的には、(1)成員に対する友情あるいは忠誠心の強さ、(2)集団に対する満足の度合い、(3)集団との一体感あるいは帰属感、(4)集団にとどまりたいという欲求等のインディケータで表現することができる。このような具体的なインディケータから、われわれは、直観的に凝集性の強い集団を成員が「わたくし」というよりも「われわれ」という感情 (feeling of we-ness) で表現し、他の仲間への忠誠心と一体感が強く、成員がすすんで集団の福祉のために貢献するように動機づけられている集団を想定することができる。ここでのわれわれの関心は、このような凝集性の強い集団はどのようにしてつくられるのか。そして一度強い凝集性をもつにいたった集団は

---

8) Lewin がグループ・ダイナミックス研究に直接たずさわった人々 (例えば、Cartwright, Zander, Festinger, Heider, Lippitt, Bavelas, French, Jr. 等) の他に McGregor, Bennis, Argyris, Likert の後期人間関係者にも多くの影響をおよぼしている点については、Marrow—1969 を参照されたい。

9) 以下に展開する集団凝集性の概念と内容については主に Cartwright=Zander—1960, 1968 および Cartwright—1968 を参照している。

成員に対しどのような影響力を行使し，どのような成果をうみだすのかということである。

まず，魅力ある集団をつくりあげるためには，4つの決定要因が考えられる。それは(1)集団の誘因特性，(2)成員の動機的基盤，(3)個人の結果に対する期待，(4)個人の比較レベルである (Cartwright—1968)。

第1は，集団それ自体がもっている個人に魅力を感じさせるような特性の存在である。例えば，①成員が集団内で受容される，認められる，あるいは価値づけられる (Dittes—1959, Kelley—1951, Jackson—1959)，②成員に魅力がある—その条件として成員間にひんぱんな相互作用がある (Homans—1950)，③成員間に類似性（価値観，興味，態度，信念，能力）がある (Zander=Havelin—1960)，④集団は成員を引きつける，あるいは成員と一体となった明確な目標あるいは目的をもつ (Raven=Rietsema—1957)，⑤集団の成員が協調的関係にある (Deutsch—1949)，⑥集団が他集団と競争したり，他集団から共通の脅威をうける (Sherif—1956)，⑦集団が成員に達成可能な仕事，活動，責任を提供する (Horwitz—1954)，⑧集団内で民主的リーダーシップが発揮される (White=Lippitt—1960)，⑨集団が分権的コミュニケーション・ネットワークをもつ (Bavelas—1950)，⑩大集団よりも小集団である—成員の数が増加するにつれて，集団異質性（感情，利害，貢献度等の）が生じ，相互作用の頻度，したがって一体感が減少する (Indik—1965) 等。このような特性を集団がもっている場合に，成員に対する集団の魅力は高まり，凝集性の高い集団が形成される。

第2は，個人が集団の魅力へ動機づけられるためには，個人は集団に参加することによって満たされるべき動機をもたなければならない。金銭，安全，友情あるいは愛情，社会的評価，その他集団によって満たされる価値等への欲求がこれである。

第3は，個人が集団に参加することによって彼の欲求がどの程度満たされ

るかについての期待あるいは主観確率の存在である。集団に参加することによる報酬とコストを勘案して，報酬が要求される貢献と同等あるいはそれ以上であれば個人は集団にとどまると考えられる (Thibaut=Kelley—1959)。

第4は，比較レベル，すなわち集団の一員になることによって得られる結果のレベルである。個人は集団へ参加することによって得られる期待利益を評価する場合に彼は集団参加期待利益を判定する標準を採用するのである (Thibaut=Kelley—1959)。

以上の要因によって集団凝集性がうみだされると，集団凝集性は，今度は独立変数として，(1)集団維持機能，(2)成員に対する集団圧力，(3)集団参加と忠誠，(4)個人的安全，(5)自己評価をうみだすことになる。

集団凝集性は，第1に，成員に集団維持機能を発揮させる。集団凝集性は特定集団の魅力と代替集団参加の魅力から生れてくる力からなっている。したがって，成員が特定集団に強い魅力を感じていればいるほど，成員の移動は少ない。また逆に，他集団参加への誘因が強くなればなるほど，成員が特定集団を去る可能性が強くなる。凝集性の高い集団は単に集団にとどまる確率が高いだけではなく，集団維持のために，集団目標達成にも積極的な責任を果たすようになる。

第2に，凝集性の強い集団の成員は自らすすんで他の成員に影響をおよぼすとともに他の成員の意見もすすんで聞き，受容することが多い（しばしば自分の考えも変える傾向が強い）。このことから，凝集性の強い集団は成員に集団規範へ同調させる集団圧力をうみだすのである。集団の凝集性が強いほど，集団の役割と集団目標，集団意思決定，集団の役割と仕事の割当を容易に受入れることになる。これは後述する Likert 理論の本質を理解するうえにきわめて重要な点である。

第3に，凝集性は成員に集団生活への積極的参加をうながし，集団への忠誠心を強化させる。

第4に，凝集性は成員間のひんぱんな相互作用を前提とするが，頻度の高い相互作用を通して，個人は他の成員に受容され，相互信頼と自信を強め，集団のなかで自己の安全と自己尊重 (self-esteem) を発展させるのである。

さて，以上の結果は図2—2のごとく要約される。集団凝集性は，この場合，従属変数と独立変数の2つの機能を果たしているのである。

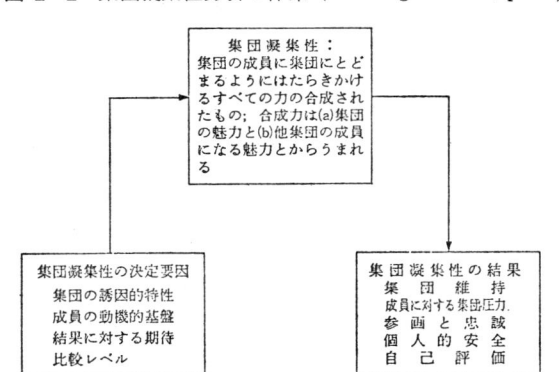

図 2—2　集団凝集性分析の体系 (Cartwright—1968, p. 92)

```
                     ┌─────────────────┐
                     │  集団凝集性：     │
                     │ 集団の成員に集団にと│
                     │ どまるようにはたら │
                     │ きかけるすべての力 │
                     │ の合成されたもの； │
                     │ 合成力は(a)集団の  │
                     │ 魅力と(b)他集団の成│
                     │ 員になる魅力とから │
                     │ うまれる           │
                     └─────────────────┘
      ↑                                    ↓
┌──────────────┐              ┌──────────────┐
│集団凝集性の決定要因│              │ 集団凝集性の結果 │
│ 集団の誘因的特性  │              │  集 団 維 持   │
│ 成員の動機的基盤  │              │ 成員に対する集団圧力│
│ 結果に対する期待  │              │  参画と忠誠    │
│ 比較レベル       │              │  個人的安全    │
└──────────────┘              │  自　己　評　価  │
                                └──────────────┘
```

(2) 集 団 圧 力

集団凝集性がうみだすいくつかの力のなかでひろく研究され，また後に展開する後期人間関係論の本質との関連において非常に重要な集団の力は，成員に対する斉一性 (uniformity) あるいは同調性 (conformity) への圧力である[10]。集団圧力は集団という「場」あるいは集団生活空間において個人を超えた新しい力が生れることを示すのに絶好のテーマとしてグループ・ダイナミックスの創始期から最も広範囲に研究されてきた領域である。

---

10) 斉一性と同調性は同義に扱うが厳密にいうと，斉一性とは規範あるいは標準に関係した行動の斉一性であり，同調性は他人の命令あるいは示唆に従うことである (Barrett-Tannenbaum—1971)。

集団の斉一性への圧力については2つの古典的な研究がある。SherifとAschの研究がそれである。Sherifはゲシタルト心理学に影響されて，個人の状況の認識は彼がその「場」にもってくる準拠枠 (frame of reference)，すなわち社会的規範によって影響されると考え，規範がどのようにして発展するかを明らかにしようと試みた。彼はこのために個人が集団に何の準拠枠をもち込まないような不安定な状況においたときに，個人間の相互作用は，はたして特定の集団状況に固有の規範をつくりあげるか否かを明らかにしようとした (1936)。

Sherifはこの研究のために心理学で自動運動効果 (autokinetic effect) といわれる現象をとりあげた。われわれが暗室で静止した光点を凝視しているとやがてこの光点が動くように見えてくる。この実験では暗室のなかで，まず被験者に単独で光点の動いた距離を判断させた。このテストを100回繰返すと，被験者は光点の運動距離についての判断値を彼固有の一定範囲に収斂していった。[11] つぎに収斂値の異なる被験者を集団（2～3人）にして，各自の判断値を声に出して報告させる実験を100回繰返すと，被験者の判断は彼が前

---

11) 暗室での光点は，次図のように全く動いていない。実験者は箱の穴にかかるシャッターを開閉して，灯をコントロールした。灯がシャッターで遮閉されて消されてから，被験者は灯点が何インチ動いたかという質問をうけたのである (Sherif-Sherif—1956)。

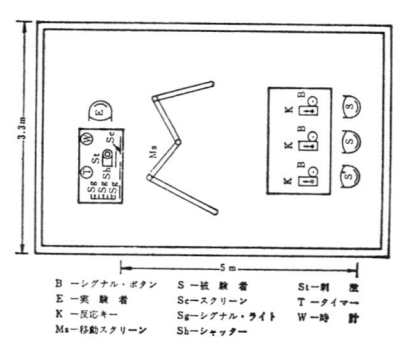

B —シグナル・ボタン　S —被験者　St—判定
E —実験者　　　　　Sc—スクリーン　T —タイマー
K —反応キー　　　　Sg—シグナル・ライト　W —時計
Ms—移動スクリーン　Sh—シャッター

にもっていた個人に固有の判断値から集団に固有の範囲の判断値に収斂していったのである。また，被験者にはじめて集団場面を経験させて，それから被験者個人の判断を行わせると，彼の判断は図2—3のごとく集団での判断値と変らない値を繰返していった。

図 2—3 光点の見える距離に関する判断値（中央値）の収斂と持続 (Sherif, 1936)　(a)(b)は2人集団，(c)(d)は3人集団の場合（水原編—1971, p. 210 より転載）

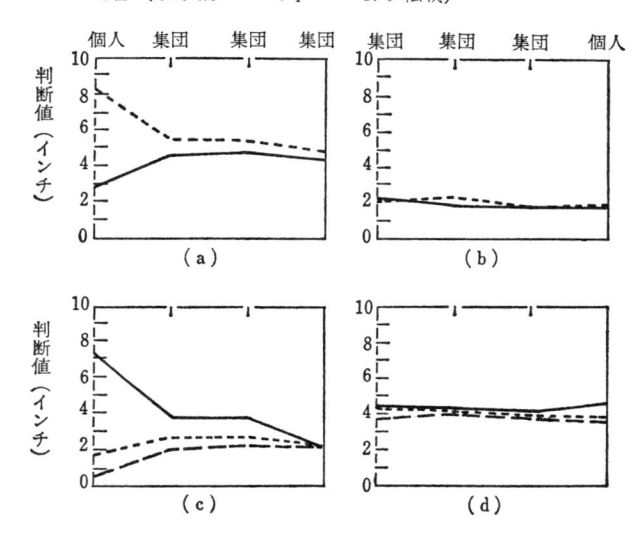

Sherif は，この実験の結果は判断のための準拠枠が集団の成員に共有されたことを示しており，ここに社会規範の原型があると考えた。彼の研究は集団圧力の実在性を示唆し，その後の集団規範あるいは集団の同調性への圧力の先駆的研究となった。

Sherif の同調性への圧力の実験は非常にあいまいな状況（暗室）におけるはっきりしない現象（自動運動効果は錯覚であって，正解はない）に対する個人の判断に関連していたが，Asch の研究では，これと反対に容易に正解のできる個人の判断について実験を行なった（1951）。それは被験者に2枚のカー

ドを示し，両方のカードに記された線分の長さを比較するという簡単なものであった。[12]

　実験は7人から9人の大学の男子学生たちで集団を形成し，3本の線分のなかでどれが標準の線分と同じ長さであるかを判定させた。集団の成員はそれぞれのテーブルを囲んで着席し，答えを全員の前で発表することになっていた。集団は被験者以外は全員サクラで，サクラはわざと間違った解答をするように実験者と打合せがすんでいた。したがって，サクラ（反対者）のなかに個人をおき，個人がサクラによってどのように影響されるかを観察した。結果は123人中37％が集団の間違った解答に同調した。一方，個人が単独で対応する線分を判定した場合は12回中平均0.08回しか間違いがなかったのである。図2-4は集団における他人の存在が個人の判断に影響をおよぼしていることを示している。

　SherifとAschの研究は，集団という場は個人が集団の他の成員と相互作用を行うにつれて，個人の行動（判断も含めて）に同調するような圧力をうみだすことを指摘した。より重要なことは，SherifおよびAschの実験で創造した集団は一時的な実験のために集めた烏合の衆である。彼らは成員間でひんぱんな相互作用をもった凝集性の高い集団ではなく，一時的に解散することの予測された成員間に，友情も集団への一体感もなく，また集団規範に違反しても何の制裁もない集団であった。それにもかかわらず，バラバラ

---

12) Aschの実験では，次図のように2枚のカードの線分を比較し，比較カードのなかのどの線分が標準の線分と同一かを判断させた（Asch—1955）。

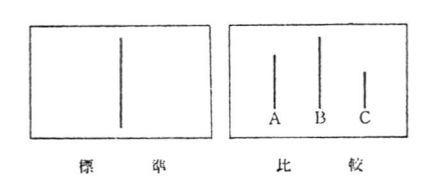

標準　　　比較

図 2—4 Aschの実験結果 (1955)：(a)の実線は反対者がいない場合の単独解答，破線は反対者がいた場合の単独解答。(b)の実線は反対者がいた場合の単独解答，破線はパートナーを1人得た場合の共同解答（1人の支持者がいた場合は，単独で多数と対する場合より誤りが少ない）。(c)は反対者の数の大きさが，被験者に影響をおよぼすことを示している。(d)は6回目以降パートナーが反対者に回った場合の誤りを破線，パートナーが部屋を去った場合の誤りを実線で示している（パートナーが反対者に回った場合のほうが誤りが大きい）。

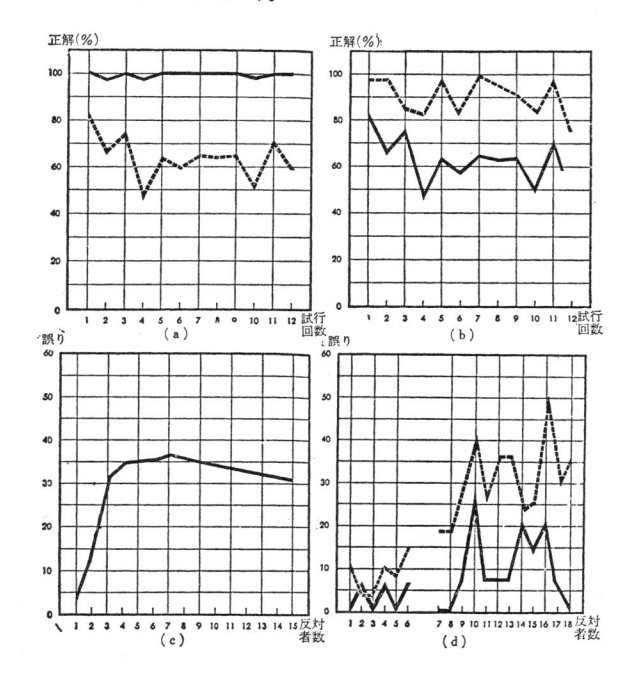

の個人が集団を形成するときに，同調性への集団圧力が自然に発生することを観察できたのである。われわれは，もしこの集団が凝集性の高い集団であったならば，集団の成員に対する圧力はきわめて強くなると容易に仮定することができる。個人が集団に対する魅力に引かれていればいるほど，集団は

個人の意見，判断，態度に影響力を与えるのである。

　Sherif と Asch の集団の同調性への圧力は，主に個人の判断に関連していたが，その後グループ・ダイナミックスは集団圧力の行動におよぼす影響も明らかにしていった。また，Lewin および Coch-French, Jr. の古典的実験では集団の意思決定参加が成員の態度変化へ圧力を加えることが明らかにされたのである（Lewin—1947, Coch=French, Jr.—1948）。態度変化をひき起す集団圧力の研究成果は今日組織開発におけるグループ・トレーニングの理論的基盤を提供している。

　(3)　集　団　目　標

　集団目標は改めて論ずるまでもない概念であるが，Lewin の概念を拡張すればそれは 1 つの望ましい位置へ集団移行（group locomotion）させるように集団活動を方向づけるものである。「集団目標は 1 つの実体としてその集団にとって好ましい位置を明確にし，それの獲得に向って集団行為を導くものである（Cartwright-Zander—1960, 三隅＝佐々木訳編, p. 416)。」。

　われわれがここで問題にするのは集団目標の成員におよぼす影響である。集団目標の受容は成員がその集団に引きつけられている程度，すなわち凝集性の強さに依存することがすでに指摘されたが，集団目標自体は成員に対する影響力の源泉になりうる。Horwitz は 1 つの集団目標が成員に十分受容されている場合，その集団目標は成員の行動に影響を与える力をもつことを示唆した（1954）。集団の目標設定への参加は成員の動機づけを促進するが，Raven=Rietsema は目標とそれへの通路について明確な理解をもっている成員が集団目標に密接な関与を示し，集団感情に共感し，集団からの影響を容易に受入れることを明らかにした（1957）。Deutsch は集団目標の存在によって生ずる協力は成員間の相互依存性を強化し，成員は相互に他成員からの影響を受容しやすい傾向があることを指摘している（1949）。さらに，集団目標は

集団が成員に業績標準を与えるので，成員は集団目標によって自己評価を行うようになり (Rasmussen=Zander—1954)，成員の業績が集団の成功との関係で評価されればされるほど，その成員の要求水準は集団標準と同調するようになるのである。

これらの結果は集団目標の受容は集団凝集性の関数であり，集団目標は集団影響力（リーダーシップも影響力である）の源泉であり，集団の同調性圧力にも影響をおよぼすことを示唆している。

(4) リーダーシップ

われわれは集団凝集性は成員が集団に引かれる魅力であり，凝集性の高い集団は成員に対して強い集団圧力をうみだすことを知った。成員が集団に引かれていればいるほど，集団維持のための規範に喜んで従うと考えられるからである。だが，集団はまた生存するために，なんらかの成果をうみださなければならない。つまり，集団は集団維持機能と同時に課題達成機能を果たさなければならないのである。[13] もし，集団維持のための規範が，集団目標実現のための規範に向けられれば，成員は集団の目標達成に向って強く動機づけられるはずである。高い凝集力は集団目標追求のため高いモラールの前兆であるといわれるように (Applewhite—1965, 3章)，集団目標の受容も，成員がその集団に引きつけられている程度に依存する。凝集性の高い集団は成員に集団目標受容の強い圧力を潜在的に発揮できる集団なのである。問題は集団の1人以上の成員が目標達成に向って，成員を統制，援助することであ

---

13) グループ・ダイナミックスではリーダーシップを集団維持と課題達成，ミシガン・グループの初期のリーダーシップ研究では従業員志向と生産志向，オハイオ州立大では配慮 (consideration) と構造設定 (initiating structure) のそれぞれ2次元でとらえている。リーダーシップに人と仕事の2側面があるとの指摘はいずれも共通である。

り，これがリーダーシップである。

　リーダーシップは集団の目標達成を援助する行為であり，それは集団目標の設定，目標への集団移行，成員間の相互作用の質の改善，集団凝集性の向上，集団資源の利用を援助するために，集団成員によってなされる活動から構成されている。そして，リーダーシップは集団の1人または多数の成員によって遂行されるのである（Cartwright=Zander—1960, 25章）。リーダーシップを個人の特性としてとらえる立場もあるが[14]，それは，むしろ集団の相互作用の特性として考えられる。

　リーダーシップが集団現象であるという考え方はフォロアーの積極的な役割期待を意味する。リーダーとフォロアーは共同者であって，リーディングとフォローイングの概念は相互依存関係にあり，相互に定義し合うものである。リーダーとフォロアーは高い頻度の役割交代を行い，積極的なフォロアーはリーダーシップ行為をひんぱんに率先する。リーディングの行為は状況，仕事，集団内認知，相互作用で変化するし，リーディングの行為は集団のどのメンバーでも行えるのである（Gibb—1954）。リーダーシップが状況によって変るということは，例えば飛行機が飛んでいるときのパイロットはすぐれた集団のリーダーでありうるが，飛行機が墜落し，生存者救済の道を見いだすという課題達成には最も不適切なリーダーになりうる（Cartwright=Zander—1960, 25章）。

　リーダーシップは集団の目標達成を援助する行為であると定義したが，その本質は集団目標および集団圧力という概念と密接な関係がある。集団目標の達成は，Lewinの概念を使用すれば，望ましい位置としての集団目標へ向って集団移行の通路をつくる活動であり，集団目標とその目標への通路につ

---

[14] いわゆるリーダーシップの資質的接近（traits approach）である。この接近の内容については，例えば，Stogdill (1948) を参照されたい。この接近法は人格特性の科学的分析と測定が困難であるところから衰退していった。

いて明確に認識している集団の成員は集団からの影響をよりよく受容した。

　集団目標それ自体は集団成員に対する影響力の源泉であり，それが成員に受容されている場合にその集団目標は集団成員の行動に影響力をもつことができる。したがって，集団目標は集団圧力とウラハラの関係にあり，リーダーシップは集団の目標達成に向って成員に影響を与える，あるいは統制することである。

　リーダーシップ行動においては，リーダーは成員の指示，調整，説得，集団目標への動機づけ，人間関係の維持等を通じて，目標達成のために影響力を行使するので，リーダーシップ・プロセスは本質的にコントロール・プロセスである。Tannenbaumは統制を1人以上の人が1人以上の他人の行動に意図的に影響を与えるプロセスであると定義しているが (1968, p. 5)，リーダーシップは成員に対する影響 (influence)，統制 (control)，勢力 (power) という概念と本質的に同じ概念である (Cartwright—1965)[15]。また，リーダーシップは監督者対部下の1対1の関係にかぎらず，集団における複数の人間の相互作用としてとらえることができる[16]。このことは影響，統制，勢力の方向が一方向的ではなく相互的であり，相互的な勢力の量はリーダーとフォロアーのゼロ和ゲームの関係ではなく，リーダーとフォロアーが共同して勢力の総

---

15) 統制という言葉には，ビュロクラシーという言葉と同様にわるい語感がある。人間関係論者は，一般に統制という言葉をさけてきたし，ミシガン・グループは「統制」より「影響」という言葉を好んで使うが，影響は本質的に統制のことである。

16) リーダーシップを個人の監督者対部下の関係でとらえてきた接近法の代表的立場にはオハイオ州立大学のリーダーシップ研究（例えば，Stogdill=Coons eds.—1957)，および初期のミシガン・グループの研究 (Kahn=Katz—1953, Likert—1958, Kahn—1960) があり，それぞれ集団よりは監督者個人のリーダーシップ・スタイルに関心を示していた。人間関係論においてリーダーシップを集団現象としてとらえる考え方は後述する Likert—1961 によってとられ，後期ミシガン・グループの研究は集団を中心に展開することになる。

量を増加させることができることを意味する (Tannenbaum—1968)。これが仲間同士のリーダーシップ (peer leadership) であり，分布されたリーダーシップ (distributed leadership) である。したがって，集団全体が成員に対して統制，すなわちリーダーシップを行使するのである。「集団は重要な社会的報酬（支配，受容，尊敬）あるいは制裁（追放，嘲笑）を行使できるので，集団規範に基づいて成員を統制し，したがって，本質的に成員に対しリーダーシップを発揮することができるのである (Barrett=Tannenbaum—1971, p. 28)。」。このように考えると，効果的なリーダーシップは，高いアウトプット，すなわち，高い集団業績をうみだすための成員の統制プロセスということができる。

　ここで重要なことは，高い業績をうみだす集団は単に成員の動機づけやモラールが高いということだけで特徴づけられないことである。強い動機づけが高い生産性を規定することは，今日においてなお十分に実証されていない仮説である。例えば，Vroom は多くの実証研究の結果から動機づけと業績の関係は，ある点までは増加関数の関係にあるが，その点をすぎると，それ以上の動機づけは，むしろ低生産性をまねくといっている。すなわち，動機づけの量と業績の関係は逆U関数である。その理由は，高い動機づけのレベルでは，①目標達成に直接関連する狭い分野の認知行動しかとらないので，新しい仕事や困難な仕事では関連情報を見のがしやすい，②成果を損うような強い心配あるいは他の強い感情に支配されやすい，というのである (1964, pp. 204—209)。しかしながら，リーダーもフォロアーも双方が高い影響力あるいは統制力をもち合う集団あるいは組織は，生産性が高いことが多く実証されているのである（例えば，Tannenbaum—1968, Marrow 他—1967)。

(5) 集団運動の分析モデル

　ここで，グループ・ダイナミックスの展開してきた集団の運動法則に関す

る概念とそれらの関係を集約する[17]。最初に，われわれは凝集性の高い集団を創造するいくつかの要因を知った。そして，ひとたび，凝集性の強い集団が形成されると，その集団は成員に対しいろいろな力（集団維持，成員に対する圧力，参画と忠誠，個人的安全，自己評価）をうみだすが，とくに，斉一性への集団圧力と成員の集団目標の受容が重要である。凝集性の低い集団でさえ，斉一性への集団圧力を発揮することを Sherif と Asch の実験は示したが，集団圧力と集団目標受容の強さは，凝集性の強い集団において一層強化される

図 2—5 集団運動の分析モデル

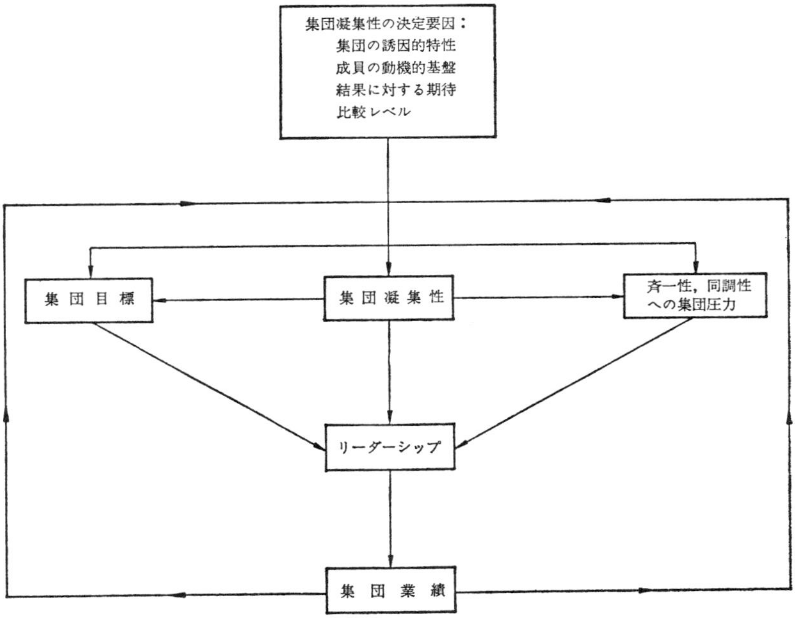

```
         ┌──────────────┐
         │集団凝集性の決定要因：│
         │ 集団の誘因的特性  │
         │ 成員の動機的基盤  │
         │ 結果に対する期待  │
         │   比較レベル    │
         └──────────────┘
                │
                ▼
┌──────┐   ┌──────┐   ┌─────────┐
│集団目標│   │集団凝集性│   │斉一性,同調性│
│    │   │    │   │への集団圧力 │
└──────┘   └──────┘   └─────────┘
        ╲     │     ╱
         ╲    ▼    ╱
          ┌──────┐
          │リーダーシップ│
          └──────┘
                │
                ▼
          ┌──────┐
          │集団業績 │
          └──────┘
```

---

17) グループ・ダイナミックスの弱点は，実証研究にかたよりすぎて集団運動法則のモデルを示していないことである。今日存在するどの理論もまだグループ・ダイナミックスの実証データを十分に組織化していない（Shaw—1971）。この試みの1つとしては March-Simon—1958, 3章を参照されたい。

であろう。

　集団圧力は集団目標達成に向けられたとき，それはリーダーシップそのものである。集団圧力，集団凝集性および集団目標は，有効な統制，すなわちリーダーシップの基盤をうみだすであろう。そして，リーダーシップは集団業績に影響を与え，その結果は再び集団凝集性へフィードバックされる。高い業績をあげた集団はますます凝集性が強化されるのである。これらの関係は図2—5のようにモデル化することができよう。

　集団運動のこれらの概念間の関係は，Lewin の場理論からいえば，概念間の時間的順序による方向づけというよりはさまざまの力が同時的に働く相互作用の全体が行動を規定するという多変数因果法則（multiple causation）で特徴づけられる。例えば玉突台上の多数の玉が瞬時にぶつかり合って全体の相互作用を形成する場面を想定されたい。したがって，集団運動の個々の概念は，むしろ相互に密接に関係づけられた全体としてとらえられるべきかもしれない。しかしながら，図2—5のような概念間の方向づけを行うことによって，集団運動の中心的概念としての集団凝集性の存在が明らかになってくる。集団凝集性は集団圧力，集団目標，リーダーシップ現象の潜在的源泉になる力となるのである。そうであるならば，グループ・ダイナミックスの成果として集団凝集性を中心とする集団運動のメカニズムを組織論のなかにビルト・インすることが動機づけ理論にとって重要な課題になるはずであった。

第3節　Likert 理　論

　後期人間関係論は Miles によれば受身的人間関係（human relation）よりも積極的人的資源（human resources）の開発に関心を示す人間関係論と定義されるが，そのなかで最も影響を与えた理論モデルは McGregor と Likert のそれである。しかしながら，McGregor のモデルは，まだモデルといいがた

いほど概念間の関係が明示されていない (1960)。彼の主な貢献は人間の自己実現欲を人間の動機づけの最高位におく Maslow の欲求の階層説 (1954) に基づいて，ビュロクラシーを象徴するX理論に対比して参画的人間関係を象徴するY理論を提唱したことにあるが，彼の理論（むしろ仮説というべきであるが）は具体的な人間管理のモデルを提示するにいたらなかった[1]。これに対して Likert モデルはグループ・ダイナミックスの集団研究とサーベイ・リサーチ・センターのリーダーシップ研究の成果の上に成立している最も体系的，かつ実践的モデルである[2]。

Likert は，その初期においてはまだ人間関係の中枢に集団をすえていなかった。初期のミシガン・グループのリーダーシップ研究の関心は，むしろ個人の自主性に関連する諸変数，例えば，民主的監督，少ないルール，少ない圧力，に関心を示していた（例えば，Kahn=Katz—1953）。しかし，Likert が1961年に出版したマネジメントの新しいパターン (New Patterns of Management) では，彼はわざわざ自己の理論を新しいパターンという表現で特徴づけた。そこでは従来の人間関係論と比べて，新たな視角が提供されていたのである。

---

1) McGregor の遺稿 (1967) でもこのことは実現されていない。
2) 後期人間関係論者にはさらに Argyris と Bennis がいる。Argyris と Bennis は個人と組織の不一致および不一致の統合についての理論を提唱したが (Argyris—1964, Bennis—1966)，かれらの理論は比較的抽象レベルの高い批評的性格をもつもので，その理論の実際性と操作性の点において弱点をもつ。例えば，Argyris の混合モデル (Mix Model) がどれほど実際的かを検討されたい (1964)。もっとも両者とも一方においてグループ・ダイナミックスの一展開であるきわめて実務的なTグループ・トレーニングを中心とする組織開発に走っていったが，組織開発は人間管理の技術論的色彩が強く，1つの体系的理論とはいい難い。やはり，その理論体系の統合性において，また，その理論の操作性と実際性において，後期人間関係論を Likert 理論で代表させることが妥当であろう。このような立場についてはさらに Perrow—1972 を参照されたい。

Likert によれば新しいマネジメントのパターンは次の4つの原則の上に成立する。

第1は支持的関係の原則である。これは心理的な原則である。管理者は部下に対し真の関心を示し，集団内の各構成員が上役および仲間から支持され，人間としての重要性や価値が認められ，自己の能力が十分発揮されていると信じるような相互作用をつくりあげることである。

Likert によれば「組織体のなかの人間が自分の経歴，価値，欲求，期待のすべてについて組織のあらゆる相互作用，人間関係のなかで支持されるという実感をもつこと，さらにいえば，人間としての尊厳性を自覚し，かつ信じ続けること，これを組織体のリーダーシップやその他のやり方によって最大限にもたらせるようにするのが"支持関係の原理"である (1967, 三隅訳, p. 53)。」としている。

われわれは，グループ・ダイナミックスにおいて，集団の凝集性の決定的要因のいくつかのなかで，成員が集団において受容され，価値が認められたときに，集団に強い魅力を感じることを知った。支持的関係の原則は，凝集性の高い集団をつくりあげるための原則であることにほかならない。

第2は，小集団を全組織のビルディング・ブロックとし，集団的意思決定を行う原則である。これは組織のデザインの原則である。組織を小集団でおおいつくすために，小集団を組織のビルディング・ブロックとし，ブロック間の連係を「連結ピン linking pin」で行うという考え方である[3]。こうすることによって集団の成員の参画による意思決定が可能になり，グループ・ダイナミックスの示したように集団目標への参加は成員の動機を促進するのであ

---

[3] Likert の構想は全組織を集団をビルディング・ブロックとして構築することであるが，連結ピンは次ページの図のように小集団としてのビルディング・ブロックをクギのようにつなぎ，上下のコミュニケーション・センターの役割を果たし，この機能は経営者，管理者，監督者等のいわゆるリーダーによって果たされる（次ページの図では作業集団の大きさを4人としている）。

る。

　ここで重要なことは，Likert が個人に代えて集団を前面に押出しているということである。これまでの人間関係論者は人間の社会的欲求充足の必要性を重要視しながらも，組織における「個人」に焦点を合わせてきたが，Likert 理論では，組織のビルディング・ブロックは個人ではなく集団である。個人は「集団」のためにあり，成員間の相互作用は集団においてのみ可能であるので，集団管理を組織活動の中心とすべきことを主張するのである。Likert によれば，「組織はその構成員が個人としてではなく，高い業績目標を有する高度に効率的な作業集団の成員として働くときに，最高の機能を発揮するのであろう。したがって管理者は，かかる高度に効率的な集団を作りあげ，そしてこの集団を，その成員を種々な集団に重複的に所属させることによって，1つの全組織へと結合するように努力しなければならない (1961, 三隅訳, p. 141)。」。

　組織を小集団の上に成立させることは Likert 理論の根本であるが，Argyris, Bennis のように集団を単に成員の態度変化のために利用することよりも（Tグループ・トレーニング），成員間の相互作用を構造的に可能にするように集団を組織のなかにビルト・インしたところに Likert 理論の意義がある。こうすることによって，集団の自然の運動法則を利用した組織における継続的な人間管理がはじめて可能になる。後に Likert は連結ピンを事業部間にまで拡張するのであるが (1967)，われわれの考察したグループ・ダイナミックスとの関連でいえば，連結ピンは統制の場としての集団を構造的に形成する

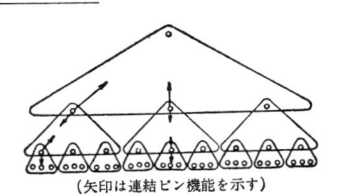

（矢印は連結ピン機能を示す）

ことなのである。

　Likertにとって小集団は成員がそこで「自分の時間の大部分を過し，そして，個人的価値観を獲得し維持しようと強く熱望する場所である（1961，三隅訳，p. 140）。」したがって，支持的原則によって集団において認められ，支持されている成員は集団の目標と価値とに一致して行動するように強く動機づけられている。われわれはすでにグループ・ダイナミックスが凝集性の強い集団の成員は集団の目標を容易に受入れ，集団との一体感を促進することを知ったが，Likertはさらにここで成員の参画による集団意思決定を構造的に行えるようにしているのである。こうすることによって集団における他の成員の共有する目的は「私の目的」になり，個人と集団の目的，ひいては価値の統合が可能になるのである。ここにLewin（1939）以来の民主的リーダーシップ研究の考え方が集団における意思決定への参画という形で具体化しているのである。[4]

　第3は高い目標の原則である。従来の人間関係論が作業者にセンチメンタルな関心を示すべきであるとする受容的な主張に代わって，ここでは高い業績目標をかかげることが人間の自己実現欲を満たし，生産性を向上させるために必要であることを主張している。この原則には暗黙のうちに積極的な人間開発の姿勢がある。MilesがMcGregor，Likertに代表される人間関係論が未開拓資源（untapped resources）としての人間を積極的に開発しようとする意図をもつので，これを人的資源モデルとして，従来の人間関係モデルと区別したゆえんである（1965）。

　われわれは，すでに凝集性の高い集団は成員にすすんで目標の受容を行わ

4）Likertはこのことにふれていないが，Barnard（1938）の一般的・抽象的に提言した組織の価値と個人の価値の統合（Barnardはその方法について何もいわなかったが）が連結ピンに支えられた集団意思決定によって可能であることを示したとも考えられる。

せる力を発揮し，明確な目標をもち目標への集団移行の道が明確である集団は成員が集団目標に密接に関与し，集団からの影響を容易に受入れることを知ったのである。

第4は態度測定の原則である。Likertが彼の理論は実証科学的であると自負したとき，その基盤として最も重要なことは，ホーソン工場実験者が厳密に測定することのできなかった仲介変数としての態度の測定手法を開発したことによる。媒介変数としての態度を測定し，結果を原因変数の操作にフィードバックすることによって，態度理論の検定と実証科学的な従業員の態度管理が統計的に可能になるのである。

彼はいわゆるLikertスケールを発展させ，経営の型を独善的専制型（後にシステム1と改称），温情的専制型（システム2），協議的（システム3），参加的集団（システム4）の順にスケール化し，それぞれの経営の型を特徴づける項目（変数）からなる質問票を完成した。この質問票はリーダーシップ過程の特性（5項目），動機づけの力の特性（7項目），コミュニケーションの過程の特性（14項目），相互作用—影響過程の特性（6項目），意思決定過程の特性（8項目），目標の決定や命令の特性（2項目），統制過程の特性（6項目），業績目標と訓練（3項目）の合計51項目から構成される。これを定期的に従業員に記入させることによって，彼らに認知された経営の型が専制的（システム1，2）であるのか，参加的（システム4）であるのかがわかり，原因変数—媒介変数—結果変数間の最適な組合せも発見することができる。この手法を発展させたことによって，Likert理論は科学的実証主義と主張することができたのである。そして，重要なことはLikertはこの項目の作成にはCartwright=Zanderのグループ・ダイナミックス（1960）を参考にしていることを明言していることである（1961,三隅訳，p. 299）。

以上の4原則がLikert理論の核心をなすのであるが，Likertはさらに以上の4原則に含まれる変数間の因果関係を，システム1または2（専制的経営）

図 2—6 システム1または2と，システム4における変数間関係の単純化された図式 (Likert—1967, 三隅訳, p. 172)

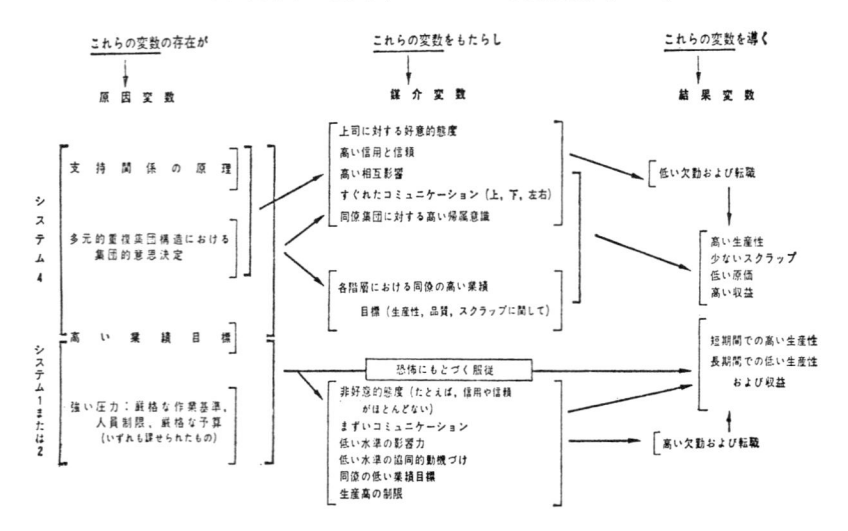

およびシステム4（参画的経営）との関連において，図2—6のように示している。

ここで注目すべきは，Likert が態度に関連する変数を媒介変数として位置づけるとともに，原因変数の組合せによっては生産性の高低がありうることの因果関係をはっきりさせていることである。つまり，ホーソン工場実験者は，なぜ継電器組立工場実験室の集団が生産高を上昇させ，一方，配電器巻線作業観察室の集団が生産高制限を行なったかを説明できなかったが，このモデルは両者の関係を明らかにしている。

ここで Likert 理論をグループ・ダイナミックスの明らかにしてきた集団の運動法則との関連において要約すれば，まずそれは小集団を組織のビルディング・ブロックとする原則によって組織の全成員の集団における相互作用を構造的に可能にした。同時に集団における成員は支持的関係の原則によって集団に受容され，集団意思決定に参画することによって個人と集団の目標

と価値が同一化される。このような集団は潜在的に強い凝集性をもっているが、強い集団凝集性は目標の受容と集団圧力をうみだすが、前者については高い目標の原則をかかげている。凝集性，目標の受容，そして集団圧力はリーダーシップの基盤を形成するが，ここでの問題は Likert 理論における成員に対する圧力，すなわち統制の性質である。

　French-Raven は，社会的権力の基盤を報償力，強制力，合法力，同一力，専門力に類型化しているが，なかでも同一力 (referent power) の力の範囲が最も広いとしている。同一力というのは，人が他人，集団，規範，役割等に同一性 (identification) を認めたときに拘束される力であり，同一性というのは，成員の対象に対する一体感 (a feeling of oneness) である (1959)。そして，一体感は凝集性の高い集団の成員ほど強いのである。

　統制理論の立場で別の表現をすれば，個人の友情，愛情，忠誠に基づく自己統制は同一力に基づく統制と考えられる。成員が集団に同一性を認めたときに，集団の目標は自己の目標に同化し，目標の達成に向って強く動機づけられると同時に，成員相互に強い自発的な自己統制が働くのである。同一力に基づく統制は成員を最も強く，深く統制するが，一体感に基づくので成員は統制されていると思わない。[5] 成員相互に強い統制の働く集団は生産性が高

---

5) 同一力に基づく統制は愛情に基づく統制といいかえてもよい。おそらく最も凝集性の強い集団は家族であろうが，Lewin は結婚における葛藤について分析を行なっている (1940)。彼によれば，個人は自己の生活空間のなかに自由運動空間をもつことを望むが，夫婦間の愛情は相互の人格の周辺層 (peripheral layers) のみならず中心層 (central layers) にも影響を与え，相互の自由運動空間に侵入し，この領域をせばめていく。集団が小さく，しかも親密である結婚集団の特性からしてこの集団の内部に自由運動空間という私的領域を確保することは困難である。このような自由の放棄は結婚のために自らの自由を犠牲にしてフラストレーションに走るか，あるいは結婚を自分自身の生活の一部分として取入れ，相手の目標と自分の目標を同一化するかによってなされる。後者の場合集団の成員は自らすすんで自由を放棄し，自由の制限からくるコンフリクトを認知しないので

いことがすでに指摘されており，Tannenbaum によれば Likert モデルは統制のネットワーク・システムを意味するといっている (1968, p. 21)。

　従来組織論における統制の基盤は合法力 (legitimate power) であったが，同一力に基づく自発的な自己統制は組織における人間統制パターンの理想であり，Likert は同一力，つまり一体感による拘束力をうみだすためにグループ・ダイナミックス研究が示唆した集団の運動を利用することを主唱したと考えられる。これらの点について，Likert は「高い生産性を上げている作業集団の作業者たちは同僚集団への強い忠誠心を示し，相互によく助け合うばかりでなく，そのような相互助力を各人の**自発性**においてなすのである。忠誠心の強い集団が示すこのような**互助への自発性**は，監督者のリーダーシップによってもたらされるところの，好ましい人間関係に由来しているものと思われる。このような雰囲気は，監督における**集団的手法**を用いて，総合的業績に対する集団全体としての責任感を育成するようなリーダーシップにより作り上げられていくもののようである (1961, p. 48, ——筆者)。」としており，さらにこういっている。「われわれは，集団が強い力をもちうることを知っている。新しい理論は，このことを考慮に入れ，人的資源の開発と動員のために，集団の潜在力を建設的に活用しようと試みているのである (Likert—1961, 三隅訳, p. 214)。」。Likert 理論の本質は，凝集性の高い集団の運動が自然にうみだす同一力に基づく統制，すなわち同一力に基づく同僚全員のリーダーシップを組織のなかにビルト・インしたこと，これである。[6]

　　　　ある。ある程度の自由の放棄は，集団の成員になる場合の必要条件であるが，集団と個人の目標が一体化した凝集性の強い集団の場合には成員は自由を制限されたとは思わずに自発的に強い自己統制を発揮する。組織における個人目標と組織目標，個人の自由と組織の統制との統合は米国組織論，とくに人間関係論者の課題であったが，Likert は凝集性の強い集団においてこれが可能であると考えたともいえる。彼の連結ピンの構想は組織家族群 (organizational families) の形成と考えることができるのである。

第4節　集団志向の人間関係論批判

Landsberger は「今日では Likert と McGregor は人間的で楽天的な初期の理論を守っている数少ない人々である (1967, p. 3)」といっているが，現在でも人間関係論の経営組織論における影響を考えるとこの表現には誇張がある。しかしながら，われわれは人間の動機づけ，満足，幸福と生産性向上の関係は規範として存在しても，まだ確証されない仮説であり，また今日，企業の組織活動は多岐にわたり，人間の動機づけだけではその行動を説明することができないほどに複雑化していることを認めなければならない。われわれは Likert 理論についてもいくつかの批判がなされていることを知っている。

Strauss は Likert 理論について，①人間の幸福が生産性に結びつくという仮説からして規範的であり，楽観的すぎる，②集団における対面的関係だけでは組織全体の活動は説明できない，③個人の目標と集団の目標の調和は与えられたものと仮定しているが，個人と集団，そして全体組織の目標の間にはコンフリクトが存在するのが通常である，④個人の自由，独立を犠牲にして集団参加と相互作用を強調しすぎる，⑤経営の問題のなかで人の面のみしか見ていない，⑥集団管理の原則が，人，文化，技術の差を無視してあらゆる場合に適用される唯一の最善な方法としている等，ジャーナリスティックな批判をしている (1968)。Perrow はさらにシステム4の実証結果（生命保険会社のセールスマン管理と Weldon 会社）[1]は方法論と解釈の点で疑問があると

---

6) Likert 理論の本質が同一力に基づく統制にある点については，筆者はミシガン・グループの一員である Arnold Tannenbaum 教授の講座に参加し御指導と示唆を受けた。

1) わが国のソニー厚木工場における作業集団を中心とする参画的経営の実施は日

している。すなわち，①生命保険会社のセールスマンの事例では，会社の目標を受入れたことと，生産性の相関関係があいまいである，②生命保険のセールスマンの組織は成員の独立性が高く，会社の資源分配をめぐって相互に競争関係がない等，特殊な組織であるので，これで通常の組織を代表するサンプルとしては不適当である，③Weldon 会社の生産性向上の要因については，システム4導入の効果より，古典的なマネジメントテクニックの影響が大きかった，というのである (1972, pp. 129—131)。

ここでは，しかしながら総花的な批判ではなく，問題を第1に Likert 理論における動機づけと生産性の関係について，第2にその集団管理の一般性について，第3に連結ピンに見られる人間の動機づけ志向の組織設計について考えてみる。

動機づけ理論は第1章において指摘したように，仲介変数としての態度をその理論モデルのなかに明確に位置づけ，直接これに働きかける接近法をとることを特色とする。この場合に吟味すべき基本的な問題点は態度が簡単に変化するのか，そして，態度変化は直接生産性向上に結びつくのかということである。Likert は1967年の著書ではモラールと生産性の正の相関についてあまりにも単純な仮定をしたとして，時間変数の重要性を導入した。この時間的要素の重要性は多くの実証研究の結果はじめて気づいたことであるといっているが，時間変数導入の基本的な考え方は原因変数を操作しても媒介変数を経て成果変数に結びつくには時間がかかるというのである。Likert はシステム1（専制的経営）が短期的な業績向上をもたらすことを認めながらも，長期的にはシステム4（参画的経営）が生産性向上において勝ると主張している（図2—7参照）。

本的特質をもつ世界的にすぐれた集団志向の人間関係論の実践であったと考えられる（小林—1966）。この点の詳細については，Yamashita—1970 を参照されたい。

図 2—7a　システムへの変容とその影響（システム1からシステム4への変化は原因変数の操作の後に媒介変数が時間的ズレを伴ってついていく。態度変数の変化は6カ月から1年，場合によっては2年もおくれてついていくが，態度変数の改善につれて業績の改善の動きが見えてくる。）

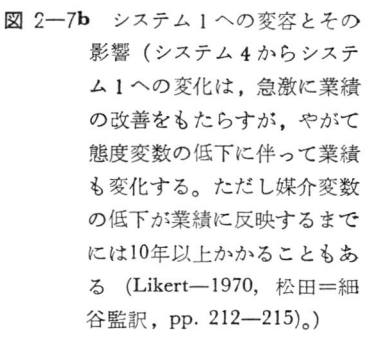

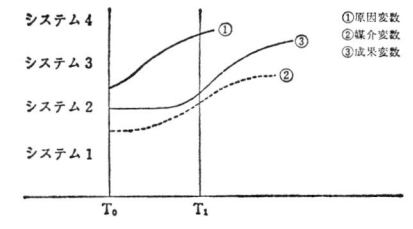

図 2—7b　システム1への変容とその影響（システム4からシステム1への変化は，急激に業績の改善をもたらすが，やがて態度変数の低下に伴って業績も変化する。ただし媒介変数の低下が業績に反映するまでには10年以上かかることもある（Likert—1970, 松田＝細谷監訳, pp. 212—215)。）

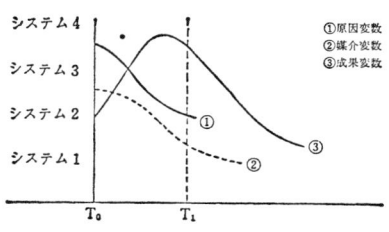

しかしながら，参画的経営が長期的には専制的経営に比べてその生産性において凌駕するということは現時点においてはまだ十分実証されていない仮説である。Likert 理論は実証科学的人間関係論として展開されながらも，動機づけ理論が潜在的にもっている規範的主張，あるいは人間性に対する1つのロマンティシズムから完全にのがれることはできなかったのである。

第2の問題点は Likert のシステム4があらゆる場合に適用されうるとす

---

2) Likert はシステム4からシステム1に移行した場合媒介変数の低下が生産性の低下をもたらすまでには何年もかかり，大企業においては10年以上かかることもあるとしている。彼はさらに企業内の特定の部門，部課，事業部がシステム4的傾向を強くもつというケースは非常に多いが，完全にシステム4といえる会社はまずないことを認めている（テキサス・インスツルメンツ，スコット・マイアースハーウッド社等はシステム4に傾斜しているが）。この理由の1つは，システム4のモデルは1961年に発表し，まだ今日までの期間が短く，この間にシステム2あるいはシステム3を用いて今日の座をえたトップ・マネジメントに基本的変容を求めることが本来無理であるとしている（1970）。

る一般化についてである。集団管理の成功は,成員の欲求,個性,仕事の内容,生産技術,社会,地域,文化,成員の個性等によって左右されるのではないかという疑問が起るのである。しかし,Likertは「これらの結果が首尾一貫していることは,システム4が広く適用できるということである。……特定の会社がシステム4を導入する際に必要な具体的な手続は,その会社の仕事内容と伝統によって異なる。しかしながら,本章で述べたとおり,システム4の基本的原理は,**どのような状況においても変るものではない**(1967, 三隅訳, pp. 87—88,太字筆者)。」と主張し,集団管理の適用される条件の差を考慮しないで,その普遍妥当性を強調している。

しかしながら,参画的人間管理の普遍妥当性は今日種々の面から理論的にも挑戦を受けている。組織における成員の自己実現欲の充足が人間の動機づけの基本であるとする考え方はLikert, McGregor以外に多くの動機づけ論者 (Morse=Weiss—1955, Argyris—1957, 1964, Maslow—1954, Kornhauser—1965, Herzberg—1966 等) によっても主張されてきたが,実証研究の結果は自己実現欲と動機づけの関係が仮定されているほど単純でないことがわかり,彼らのなかでも仮定の修正が行われている。例えば,Herzbergは職場の満足と不満足は1次元の両極ではなく,それぞれが別々の次元を形成し,職務満足は内在的要因 (intrinsic factor)—達成,完成,承認,責任,挑戦的仕事等によって決定されるが,職務不満足は外生的要因 (extrinsic factor)—会社政策と管理,監督技術,労働条件,人間関係等によって決定されると仮定する。内在的要因は仕事の内容,外生的要因は仕事の環境にそれぞれ関係しているが,前者が真の動機づけ要因 (motivating factor) であるのに対し,後者は衛生要因 (hygiene factor) である。したがって,Herzbergによればマネジメントは従業員の真の動機づけのために,組織における外生的要因のみでなく内在的要因の充足を行うべきであるとするのであるが,彼の理論は人間管理のあり方に専制的管理,参画的管理の中間に衛生的管理の余地があるという中道論

を示している。従業員は衛生的要因が満足されるものであるならば，Y理論がなくても順当な仕事 (fair day's work) を継続的に行うことができると考えられるのである。Argyris も1957年に展開した組織と個人の不一致の源泉としての組織における自己実現欲の不足を強く批判したが，1964年には多くの従業員がルーテインで非挑戦的な仕事にもおおかた適応していることを認めざるをえなかった (Strauss—1970)[3]。また，Dubin は今日仕事よりは家庭あるいはコミュニティに生きがいを見いだしている人々が増加していることを指摘している (1965)。

　仕事の内容あるいは生産技術が作業者，あるいは作業集団の満足感やリーダーシップの型に影響をおよぼすという点については，多くの実証研究がある。例えば，Blauner は作業者の疎外感は産業(生産技術)別に異なることを発見した。疎外感は自動車工場のベルトコンベアーで働く人に一番高く，自由な自己実現の機会の多い印刷工あるいは装置産業の保守作業者に低かった(1964)。Fiedler は集団でのリーダーシップのあり方は，リーダー，課題，状況の3要素の組合せによって最適に決まることを実証した (1967)。地域社会，文化の作業者におよぼす影響については，Turner=Lawrence は都市にいる労働者よりも，田舎に住む作業者のほうが，より責任感の強い仕事に意欲的に取組もうとする態度が強いことを発見し，これはプロテスタントの倫理が田舎に強いのではないかと指摘したが (1965)，Hulin=Blood もほぼ同様の結果を得ている (1968)。McClelland はマネジメントの国際比較研究で個人の仕事の完成欲がプロテスタントの国々のマネジメントに強いことを示し (1962)，Whyte はペルーにおいてはシステム1的な細かな監督が職務満足と正の相関があることを発見した (1969)。人の個性が仕事に対する満足感に与える影響については，Vroom は仕事に対する満足感は作業者の個性と仕事

---

[3]　職務満足がそれほど重要かという議論についてはさらに Strauss—1963 を参照されたい。

の性質によることを実証している (1962)。理論的な仮説としても，ミシガン・グループの一員である Tannenbaum は，集団管理に向く個性があることを指摘している (1950)。

このような研究の成果から，Likert 理論は一定の必要条件が満たされたときにはじめて効果的に働くと考えることが妥当であるかもしれない。参画的集団管理と生産性の関係は，Likert が想定するよりもはるかに複雑であり，システム4の成否は集団を構成する人の欲求，個性，仕事の内容，技術，社会，地域，文化等に左右されるものであり，彼の主張する普遍妥当な集団管理の困難性を示唆しているのである。

第3に Likert 理論についてより重要な点は，この理論は内部志向の組織設計に終始しているということである。このことは Likert が，彼のモデルにおける原因変数を企業の管理者が操作できるものだけにかぎっていることからも明らかである。彼はこういっている。「このリストはもちろん組織の成功に影響を与える重要な原因変数のすべてを含んでいるものではない。……組織における経営管理者が選択できる活動に関する項目だけが含まれている。すなわち組織が選択できないような項目は，このリストには含まれていない。たとえば，外国との競争，産業界一般の状態，国際情勢などは，結果

---

4) 唯一最善の動機づけ理論の立場より個人の場の認知あるいは期待によって動機づけの強さが異なるという動機づけの個人差を考慮に入れた理論モデルには Vroom (1964) および Porter=Lawler—1968 がある。彼らの考え方は Lewin の場理論（認知理論としての場理論であって，グループ・ダイナミックスの取上げた集団の場理論ではない）に影響を受けているが，そのモデルは個人の動機づけモデルであって集団のそれではない。彼らのモデルは個人の動機づけの規定要因を多変数的に取扱い，Maslow, McGregor, Argyris 等にない個人の期待 (expectancy) を重視しているが，組織の運動は個人の運動とは異なるので，個人の動機モデルが組織内相互作用をどうモデル内に組込むかが今後の課題であろう。われわれは個人に関するモデルを改めて展望しなかったが，Vroom, Porter-Lawler 等のモデルの今後の展開には注目すべきである。

変数のみならず，おそらく媒介変数にも影響を与えるであろう。しかしこれらの要因は企業の管理者が操作しうる影響力の限界をこえている (1967, 三隅訳, p. 175)。」

しかし，企業の組織をデザインするときに内部の成員の動機づけのみを考えることは，経営戦略にとって必ずしも最適ではない。なぜならホーソン工場実験において対象とした組織は現場管理組織である。生産志向の時代では生産管理が重要であり，そのための内部成員の動機づけが経営の中心であり，内部志向の組織設計の原則が説明力をもちえた。しかしながら，企業をとりまく環境の変化が激しい市場志向の時代にあっては，企業全体としていかに環境に適応するかが重要な課題となり，そのためには個々の部門あるいは集団よりは，それらが総合した複合組織 (complex organization) 全体としての外部志向の組織設計が必要になってくるのである。[5] Likert は管理部門の組織も対象としたが，彼はオープン・システムとしての全体組織を強調することはしなかった。社会心理学者としての彼は全体組織を集団の類似性においてとらえていたのである。

---

5) 北野は社会心理学者による組織設計について「リッカートの「集団型」ハイアラーキーと「連結ピン」の構想は，小集団におけるリーダーシップの研究から出発している。たとえ小集団を包含している組織が考慮にはいるとしても，それは集団の視点から眺望され，あくまで外界として扱われる。そこには全体としてまとまった組織の観念が欠けている (1965, p. 164)。」としている。また岡本はリッカートの組織設計に対する疑問をこう述べている。「複合的組織全体が連結ピンの原理にもとづいて，多数の小集団によっておおいつくされるということは形式的には可能であるけれども果たしてそのような複合的な組織は存続しうるのであろうか。変化する外部環境との間に相互作用をもつ複合的組織が，存続しうるのは，それが単なる情緒的一体化によって同質化された集団の複合体だからではない。適切に目標を定式化し，それを達成する手段を合理的に選択する合理的な意思決定者が伝達体系を通して相互に結びつけられ，管理者の調整活動や影響力を通して統合されていくといった，複合的組織的意思決定のシステムであるからではないだろうか (1971, pp. 60—61)。」

組織がそのおかれた環境に最適な構造を志向するというのは新しい考え方である。次章後半において展開する主として社会学者による研究はいずれもオープン・システムとしての組織がおかれた環境に対応することが，企業の生存にとって基本的に重要であることを示唆している。このことは組織の成員の動機づけのために組織を小集団に分解する内部志向の組織設計から，組織全体として組織をとりまく環境に対して，いかにして最適な応答を示すべきか（組織の有機化，流動化，分権化，分化と統合化等）を組織設計の基本とする外部志向の組織設計への転換を必要としているのである。理論構築の面から見ると，今日対面関係から，全体組織活動におよぶ現象を一元的に説明できる理論は完成していない。しかし，環境対組織の問題は，人間の動機づけから出発して集団を分析単位として部分から全体へ積上げていくよりも，複合組織そのものを分析単位として環境との相互作用を研究し，そこから内部組織の構造を最適に決定する，つまり全体から部分を考えるほうがより的確に説明できるのである。小集団を分析単位として，全体の組織設計を人間の動機づけだけから考えることではもはや今日企業の組織構造を説明することはできない。この点に Likert 理論の大きな限界があると考えられる。Likert は，かつて Lewin の影響を受けて「……集団は目標や価値をもち，意思決定を行う。集団は個人としては示しえない特性をもっている（1961，三隅訳，p. 214）。」といった。組織もまた集団の単なる加算的集計とは異なる全体，すなわちゲシタルトを形成するのである。

---

6) 組織全体の構造，風土を考慮に入れたマクロ的な動機づけ理論がないわけではない。例えば，Katz-Kahn—1966, Litwin-Stringer (1968)。しかしながら，彼らの分析単位の重点は，集団あるいは個人であって，主な環境は集団，個人にとっての組織である。ここからは，組織と環境との相互作用の分析，そこから組織内の構造と相互作用のあり方を決めていくという全体観的視角はでてこないのである。

第3章　構造理論の展開

第1節　ビュロクラシー理論

1. **Max Weber** のビュロクラシー

　Weber のセオリー・ビルディングの接近法の特色は，まず選択した概念の理想型を構築し，それの経験的現実との対比から現象の理解あるいは説明を行おうとする点にある。ある概念の現実的投影はその理想型の混合と変形であるので，理想型と現実との「差」を発見し，そこからこの「差」を規定している原因変数を追求していくという考え方である。社会科学におけるセオリー・ビルディングは通常社会現象における差 (difference, variation) の認識から始まるので，Weber の理想型は概念的形態と現実の状態との「差」を分析することによって，それらをよりよく理解あるいは説明するための概念的道具である。Weber の「支配の社会学」におけるカリスマ支配，伝統支配，法支配の類型も，ビュロクラシーの理想型もこのような接近法に基づいたものである。

　Weber の提唱したビュロクラシーは法支配の型に類型化される合理的な管理機構であり，その理想型は次の組織特性をもつものであった。[1)]

---

1) Weber のビュロクラシーは，Henderson=Parsons trans.—1947, pp. 324—340, Gerth=Mills trans. and ed.—1946, pp. 196—244 に基づく。Weber のビュロクラシーの詳細についてはさらに，Mouzelis—1967, 岡本—1968, Perrow—1972を参照されたい。

　Weber の方法論としての理想型は最もすぐれた中範囲理論の1つであるプロテスタンティズムの倫理と資本主義の精神においても適用される。彼の仮説は職業における合理的・禁欲的精神態度（資本主義の精神）は救済の手段としての職

(1)職務担当者の機能が規則によって規定されている持続的な組織体である。

(2)組織における職務は規定された権限の範囲内で行われる。この権限は分業化された機能を遂行するための義務，権限，強制手段を含み，その内容と行使が明確に規定されている。

(3)職，位の組織はハイアラキーの原則に従い，上位の職位が下位の職位を監督する。

(4)職務の管理は規則によって行われるので，規則が完全に，合理的に適用されるために管理スタッフに専門的な訓練が必要である。

(5)管理スタッフは生産手段や管理手段の所有から完全に分離されている。個人と組織の財産は完全に分離され，私用のために組織の財産を使用することはできない。

(6)職位を完全に占有する者はいない。

(7)管理行為，意思決定，規則は定式化され，文書に記録される。文書管理を行う職務担当者機能の持続的組織体がオフィス (Bureau) を形成し，オフィスがすべての近代組織行為の中心である。

以上の点がビュロクラシーの構造と機能上の特性であるが，ビュロクラシーの管理スタッフもその理想型において，①人格的に自由で非人格的な職務上の義務にのみ服従する，②明確に秩序づけられた職務の階層のなかに位置

業（天職）という考え方およびこの考え方に基づいて行動する心理的起動力によって規定されるというのであった。この関係を明らかにするためには心理的起動力を最大にするような理想的宗派の特性を考える。例えば，信者の教会（入会は任意で，行為による救いの証による入門），神との直接対決による救済（教会による救いの完全放棄），非修道的組織（信徒による入門と牧師任命）等の構造的特性（宗派の理想的インディケータ）がカルヴィニズムにすべて存在することを教会の歴史的資料分析を通じて明らかにしたのであった。社会学者としてのWeber は行動の心理的起動力を測定するのに，直接心理的変数ではなくそれを規定する構造変数の測定によって行なっている点にも注目されたい。Weber の方法論の詳細については Weber—1904 を参照されたい。

づけられる，③明確に規定された合法的な職務権限をもつ，④自由契約により原則として自由選抜である，⑤専門的資格によって選抜され，最も合理的な場合には選抜は試験あるいは専門的訓練を証明する免状，あるいは両者の併用によって行われる，⑥貨幣による固定的な俸給をもらい，多くの場合年金をもらう権利がある。通常辞任するのは自由であり，俸給は主に階層によってランクづけられている，⑦職務は唯一の，少なくとも主要な職業と見なされる，⑧職務は履歴を形成し，昇進は先任権あるいは業績，あるいは両者によるが，それは上司の判断によって決定される，⑨管理手段の所有から完全に分離され，職位を占有することなく働く，⑩厳格で組織的な職務規律と統制に服する，等の特徴をもつものであった。

　Weberはこのような組織特性を備えたビュロクラシーが政府の行政機構のみならず，企業，政党，宗教（例えば，カトリック教会），軍隊等の組織にも妥当することを主張している。そして，われわれが認識しなければならないことはWeberの提唱したビュロクラシーは最も合理的・効率的な組織としてのそれであり，少なくともそれは「官僚制」という言葉が一般の人々にとってわるい語感をもつような組織構造を意味するものではなかったことである[2]。Weberはビュロクラシーが人間の統制を遂行する手段のなかで知られている最も合理的な手段であり，正確性，安定性，規律の厳格性，信頼性において他のいかなる組織形態をも凌駕する。したがって，ビュロクラシーは組織の管理者にとって結果の予測性を著しく高めるとともに，広範囲の効率と統制において優れており，あらゆる種類の業務に適用することができるとしているのである。

　ここでWeberのビュロクラシーの特性をPerrowに基づいて整理するこ

---

2) ビュロクラシーの訳語である「官僚制」という言葉にはすでにビュロクラシーの逆機能面のみを強調するわるい語感ができあがっているので，ここではビュロクラシーという言葉をそのまま使用する。

とにする。Perrow は以上に述べてきた Weber のビュロクラシーは，(1)組織の構造と機能，(2)報償手段，(3)個人の保護の3グループの特性を含んでいるといっている (1972, pp. 59—60)[3]。

第1の組織の構造と機能に関する特性については，ビュロクラシーにおいて職務は持続的に行われることを基本とし，職務の階層があり，上位の職位が下位の職位を統制し，職位は専門的訓練に基礎をおく組織的な分業を伴い，分業は担当者の職務と責任権限の範囲を規定する。職務の遂行は規則と文書管理によって行われる。このグループの諸特性は Weber モデルにおいて(1)個人の職務遂行の統制メカニズムを提供し，(2)専門化と同時に相互の役割調整手段を提供している。

第2の報償に関する特性については，ビュロクラシーにおいては担当者はランクづけされた固定的な俸給をうけ，生産手段，管理手段を私有せず，職務を占有せず，私事と私有財産を組織のそれと混同せず，職務を唯一の，あるいは主要な職業とする。報償が俸給であり，役割が明確に分離していることはカリスマ的，伝統的管理と著しい対照をなしている。

最後に，他の管理形態と異なり，ビュロクラシーにおいては個人の権利が保護されている。これは担当者の供給源を確保するのみならず組織以外の目的のために権力が恣意的に乱用されることを防ぐために必要である。担当者は自ら職務に奉仕し，任命される。職務への奉仕は経歴を形成し，昇進は先任権あるいは業績に基づいてなされる。担当者は職務上の義務に関してのみ権威に服し，強制力ははっきりした根拠がある場合にのみ執行されるのであ

---

[3] Weber の方法論の1つの特徴は概念の理想型（例えば，ビュロクラシー，プロテスタンティズムの倫理）を多変数で構成する点にある。このため，往々にして彼の概念は因子分析によって変数の整理ができるとヤユ的にいわれる。最近におけるビュロクラシー研究の1つの方向は後述するように組織構造の次元を明確化することに向けられている。

る。

　Weber のビュロクラシー理論は1940年代に入って当時体系的な組織理論のなかった時代に Barnard 理論とともに米国の組織論研究者に組織一般論として大きな示唆を与えたのである[4]。

2. ビュロクラシーの逆機能

　Weber の提唱したビュロクラシーは組織構造の最初の体系的概念であったが，彼のビュロクラシーは支配と服従の関係を軸とする社会構造の壮大な比較分析のなかでの支配構造あるいは行政機構としてのそれであり，具体的な個々の組織の構造特性としてのビュロクラシーではなかった。したがって，その後の組織論研究者の課題はビュロクラシーを現実の個々の組織，例えば，企業あるいは工場にとっての操作的な概念として追求することであった。そして，主として1950年代以降のビュロクラシー研究は大別して2つの方向に展開してきたと考えられる。

　第1の方向は，支配あるいは権威としてのビュロクラシーから組織のタイプとしてのビュロクラシー研究を行うことであった。つまり，ここでの研究者の関心は個々の組織構造特性の研究であり，社会の支配構造としてのビュロクラシー概念を個別組織にとって操作的な組織構造としてのビュロクラシーに変換することであった。第2の方向は，ビュロクラシーの概念を個別組織におろしてくる過程のなかで，Weber の予期しなかったビュロクラシーの逆機能を指摘することであった。前者の方向は次節で取扱うので，ここで

---

4) Weber の著作が英語に翻訳されたのは1940年代後半である。Barnard の「経営者の役割 (The Function of the Executive)」が出版されたのは1938年であるが，実際に組織論研究者に影響を与えたのは40年代になってからである。Weber のビュロクラシーが Barnard と対比されてとらえられている点については，例えば Hopkins—1962 を参照されたい。

は後者の方向のビュロクラシーの逆機能研究を考察することにする。

Weber は近代社会組織のビュロクラシー化が不可避的に進行することを指摘はしたが，ビュロクラシー機能の否定的側面の分析は未解決のままに残した。機能主義的接近法に逆機能分析も含め，ビュロクラシー批判の先鞭をつけたのは Merton である (1940)[5]。Merton によれば，合理的組織の理想はあらゆる分野の組織活動が組織目標と機能的に結びつくようにその細目が明

---

5) Merton のいう逆機能の考え方は彼の定義する機能主義方法論の特色を示している。機能分析は一般に，(1)あらゆる社会・文化的項目（慣例，信念，行動様式，制度）の機能は全社会の機能的統一に貢献している（社会の機能的統一の公準），(2)それらの項目はすべて積極的機能を果たす（普遍的機能主義の公準），(3)それらの項目は活動的全体のなかで不可欠の部分をなす（不可欠性の公準）という3つの公準の上に成立していると考えられる。このような考え方は主に生物学の有機体の維持に対する部分的機能の相互依存性というシステム的思考を反映しているが，これらの公準からは部分と全体との相互作用の結果としての均衡あるいは調和を暗黙のうちに強調している。機能分析がしばしば，(1)社会構造の変化より調和，動態よりも静態に焦点をおきすぎている，(2)機能は目的を想定してはじめて意味をもつが，機能の観点から社会構造をみると保守的目的論におちいるという批判をうけるのはこのためである。Merton は第1の点については，機能分析にダイナミズムを導入するために機能分析は社会構造の機能（体系の適応，調整を促す観察結果）と逆機能（体系の適応，調整を減ずる観察結果）の両面の分析を包含すべきであるという。そして，社会構造の両機能の集計結果の正味差引勘定 (the net balance of the aggregate of consequences) が逆機能的であればこれが社会変動のきっかけ要因になると考える。第2の目的（動機）という主観的目的論と機能という客観的結果の区別をするために顕在的機能 (manifest functions) と潜在的機能 (latent functions) という概念を導入する。前者は体系の調整，適応に貢献する客観的結果であり，後者は意図されず，認知されないものである。この区別による効果の1つは非合理的な社会形式の分析を明らかにできることであり，彼はホーソン工場実験者が人為的・社会的状況の実験者におよぼした潜在的機能の役割分析，作業者のカウンセリングによる潜在的機能探求の必要性を認識した例をあげている。Merton のビュロクラシーの逆機能の分析は彼の定義する機能主義的接近法の適用であった。彼の接近法の詳細については，Merton—1957, 1章, 佐藤—1966, 6章等を参照されたい。

確に規定され，職務間要素の摩擦，衝動的行為，個人的関係や非合理的配慮が完全に排除された組織活動の予測性と信頼性の高い組織である。ビュロクラシーはこのような組織の理想型の具現であり，完全組織である。

　しかしながら，このような理想型組織にはその長所が逆に欠点あるいは盲点となるような逆機能として作用することがある。例えば，(1)ビュロクラシーが効果を発揮するためには，組織反応の信頼性と規則の厳守が要求されるが，このような規則の厳守はやがて規則を組織目的と関係なく絶対化，神聖化し，予測の立たない変化した条件のもとでは臨機応変の処置がとれない。(2)規則を守らせるための刺激剤（例えば，勤続年数による昇任，年金，昇給）はかえって規則厳守の関心を過大にして，臆病，保守性，技術主義を誘発する。(3)先任順の昇進は集団内同僚間の競争，攻撃を少なくし，集団に共通の運命感あるいは集団精神を助長するが，集団の安全が脅かされそうになると，組織の顧客や組織内上位の管理者を助けるよりも自らの集団の利益を擁護するようになる(これはビュロクラシーにおける非公式防御組織の一例である)。(4)ビュロクラシー構造の特徴である人間関係の非人格化は個人的関係や非合理的配慮を除外するが，この原則の無条件の信奉は個々のケースのもつ特殊性をしばしば無視することになり，パーソナルな意義をもった問題，緊急を要する個々の問題処理に対処できない。(5)ビュロクラシー構造における職員は組織内部の地位にかかわりなく構造全体の権力と威光の代表者として行為するので，「人民の公僕」といわれながら顧客と職員の関係が逆転して顧客中心のサービスを十分に発揮できない。(6)ビュロクラシーはインパーソナルな公式組織であるがためにパーソナルな関係を含む第1次集団の基準では遂行できない合理性を発揮することができるが，構造上はインパーソナルな関係が要求されているのにパーソナルな関係がとって代わった場合に汚職，情実，えこひいき，ご機嫌とりという反作用をひき起すことがある。これらの点がMertonがビュロクラシーの予期しない結果 (unanticipated consequences)，す

なわち逆機能 (dysfunctions) と名づけた現象である。[6]

　Merton のビュロクラシー批判は基本的には政府ビュロクラシーを念頭においたものであった。ビュロクラシーを一般的政府レベルから個々の具体的な組織の事例研究のレベルにおろしてビュロクラシーの逆機能ないし潜在的機能の分析を試みたのは，Selznick (1949), Gouldner (1954), Blau (1955)等であったが，ここでは Gouldner を中心に考察していくことにする。

　Gouldner の関心は合理的組織であるビュロクラシーの効率が規則の つくられ方，すなわち，それが強制に基づくのか，あるいは同意に基づくのかによって異なるものであるという基本的認識のもとで，Weber が暗黙のうちに仮定した「政府ビュロクラシー」を具体的な監督者と作業者間の緊張関係に重点をおいた「工場ビュロクラシー」のレベルで明らかにしようとしたことにある (1954, 序章)。[7] 3年間にわたって調査した有名なジェネラル石膏会社の一工場の事例はこのような問題意識から始まった。

　その工場は平穏で田園的な町に位置していた。住民はお互いに顔見知りで友好的，そして，かれらの態度は一般に保守的，宗教心にあつく，倹約家という典型的な田舎町に住む人々のそれであり，工場はこのような地域社会のライフ・スタイルと調和を保ちながら存在していた。工場の仕事は石膏石の採掘と建物の部屋の仕切りに使用される石膏ボードの製造であり，従業員は地上勤務者および鉱夫を含め約225人であった。工場は Gouldner によって

---

6) 最近におけるビュロクラシー批判の再展開については，例えば Thompson—1965 を参照されたい。

7) Gouldner の接近法は Merton の機能分析に影響され，Weber はビュロクラシーの安定性，信頼性，結果の予測性，大規模操作性等の顕在的機能の分析に終始したが，ビュロクラシーの存続の完全な証明は意図せざる潜在的機能の結果も含まなければならないと主張している（序章）。彼の社会システムへの接近法もシステムの機能的調和の分析のみならず，システムの緊張，矛盾を内在する変化の分析にも関心を示している (1959)。

「寛大型」と名づけられたように規則のルーズな従業員管理で特徴づけられた。従業員は工場の材料，機械，製品を私用に利用したり，出勤，退勤の勤怠時間の打刻も従業員の都合によっては多少の早退も認められるほどであった。農繁期や狩猟シーズンには欠勤者も多かった。従業員はめったに解雇されることはなかったし，病気，捻挫，事故によるケガでも起せばサンプル室と呼ばれる暖かい軽作業を主とする部屋に完全に直るまで勤務することが許された。工場の各部門ではそれぞれボウリング・チームを持ち，会社は選手のユニフォームを購入支給していた。人事担当者は従業員の採用に当っては町の規範に従って従業員間の縁故採用を主としていたので，工場従業員の約4割は親類，友人関係にあった。工場はまさに「1つの大きくて幸福な家族」のようであった。しかしながら，工場の業績は向上せず，市場における競争では低い地位に甘んじていた。この石膏工場は従業員のモラールは高いが，生産性は低いことで特徴づけられたのである。

このようなときに工場長の"Old Doug"（従業員が愛称でこう呼んでいた）が死亡したので，本社は生産性を高めコスト・ダウンを推進するために攻撃的・精力的な新工場長 Peele を派遣した。彼は規則による管理を遂行するために新規則を施行し（書類による作業報告，厳格な勤怠管理等），ダイナマイト1箱を私用しようとした12年勤続の作業者を解雇し，人事担当者を含めて前工場長の副官たち (old lieutenants) を更迭し，客観的な人事評価を行える人事担当者および監督者たちを登用した。こうして新工場長は工場のビュロクラシー化を推進していった。彼のビュロクラシーは地上勤務者に対しては容易に進行したが，鉱夫に対しては成功しなかった。やがて彼は山猫争議に出合うことになる。

Gouldner の事例研究は一工場の観察に基づくもので，彼の理論の一般化は限定されている。また事例研究の性質から彼の研究は特定の仮説の検証というよりは，むしろ仮説の発見のための調査であった。Gouldner はこの石

石膏工場のビュロクラシー化のプロセスの観察から Weber の一般的ビュロクラシーを3つのパターン，すなわち，擬似 (mock) ビュロクラシー，代表的 (representative) ビュロクラシー，懲罰中心的 (punishment-centered) ビュロクラシーに類型化し，それぞれのパターンを次のように特徴づけた。

表 3—1　ビュロクラシーの3類型の関連要因の要約
(1954, pp. 216—217 より作成)

擬似ビュロクラシー	代表的ビュロクラシー	懲罰中心的ビュロクラシー
(1)規則はマネジメントによって強制されないし，労働者も服従しない。	(1)規則はマネジメント，労働者双方によって強制される。	(1)規則は労働者かマネジメントのどちらか一方によって強制され，他方はこれを回避する。
(2)通常双方の集団間にコンフリクトを伴わない。	(2)若干の緊張をうみだすが公然のコンフリクトはない。	(2)相対的に大きな緊張とコンフリクトを伴う。
(3)双方の規則違反や無視は関係者の非公式の感情によって支持される。	(3)規則は非公式の感情，相互参加，起案，労働者とマネジメントの教育によって双方に支持される。	(3)罰によって強制され，労働者あるいはマネジメントのどちらかの非公式の感情によって支持される。

擬似ビュロクラシーの典型的例は「禁煙」に関する規則である。この規則の起案は保険会社によるもので，労使双方は参加せず，したがって，自分たちの規則であるとは思わず，自分たちの価値で規則を合法化することもない。この規則の強制は双方の価値を傷つける（強制されても，管理部門は許されてよいと考えるから，工場における平等観を損う）。規則違反は人間性の統制不可能な欲求と考えられ，双方で違反することはむしろ両者の地位の差をなくし，地位の増加と考えられる。

代表的ビュロクラシーでは安全管理に関する規則に代表されるように，規則は労働者，マネジメント双方の参加によって起案され，双方とも自らの規則と考える。通常双方の価値からこの規則を合法化する。マネジメントは安全管理を生産の点から，労働者は自己の安全福祉の点から，それぞれこの規則を合法化する。したがって，この規則違反は双方の価値を犯すことになり，違反は善意の不注意として「事故」とされる。規則違反は監督者と作業者双

方の地位を傷つけ,規則遵守が双方の地位を増進させると考えられる。

　懲罰中心的ビュロクラシーでは規則は労働者あるいはマネジメントどちらかの圧力から生れ,双方共同で起案されるものではない。起案に参加しなかった側はこの規則を他の側から強制されたものとして受取る。例えば,この工場で行われている「入札制度」(苦情処理の一環として労働組合が起案した規則で,特定の部門で仕事の空席ができた場合にその部門の作業者に告示し,公募の機会を与える規則)を監督者は会社側が労働者側から遵守することを強制されていると考えている。この場合監督者か作業者のどちらか一方の側だけが規則を合法的だと考え,他方は便宜的に規則を合法的であると譲歩している。「入札制度」について作業者は仕事の配分にえこひいきが入ることを除くから公平であると考えているのに対し,監督者はこの規則を破った場合の反応をおそれて同調しているにすぎない。違反はどちらか一方の側の価値を傷つけ,明確な意図のもとに行われると解釈される。規則の遵守あるいは違反は作業者のどちらか一方の地位の増強につながり,他方は地位の損失につながるのである。

　Gouldner はこれらビュロクラシーの類型と Weber 理論のそれを比較分析している。その結果 Weber のビュロクラシーには,実は代表的ビュロクラシーと懲罰中心的ビュロクラシーの両側面が含まれており,Weber の専門家によるビュロクラシーは代表的ビュロクラシーに,権威に基づくビュロクラシーは懲罰中心的ビュロクラシーにそれぞれ類似していることが明らかにされた。例えば,代表的ビュロクラシーでは安全管理の専門知識と技術的ノウハウによって事故を未然に防止し,規則の遵守と維持を会議,ポスター,討論を通じた知識を組織内に普及させることによって推進するのである。一方,懲罰中心的ビュロクラシーでは,例えば,監督者は欠勤の禁止について欠勤者に対しその原因を説明させる前に監督者自身の職能に伴う権限から彼に罰を申しわたすことができる。監督者は計画的欠勤は役職上禁止する権限

があると考えており，この場合 Merton の指摘するような規則のための規則の遵守現象が起るのである。

　代表的ビュロクラシーでは，また，専門力の権威の他にその権威が従業員の目的と価値を促進するというコンセンサスを必要とし，この意味において代表的ビュロクラシーは規則の合法化の源泉としての民主主義的プロセスを含んでいる。Weber のビュロクラシーにとって権威は同意に基づいているから合法的なのではなく，合法的であるから同意が伴うので，ここでは権威に対する同意は所与であり，権威の源泉の社会的プロセスは組織的な分析対象となっていなかった。Gouldner の代表的ビュロクラシーの特性は合法的権威の潜在的基盤が目的と価値のコンセンサスから生れてくる同意にある点にあるが，懲罰中心的ビュロクラシーの特性は目的の不一致から生れ，従属は目的それ自体として強調され，権限は職務に付帯するものとして合法化される点にある。ここから Gouldner は代表的ビュロクラシーが肯定されるのに対し，Weber のビュロクラシーの逆機能が生れるのは懲罰中心的ビュロクラシーであることを指摘したのであった。

　Gouldner はさらにビュロクラシーの類型化に基づいて，Weber のビュロクラシーの基本である規則についてジェネラル石膏会社の一工場の事例研究のなかから次のような仮説を展開した（1954，結章）。

1.　新しいビュロクラシー的規則の作成あるいは既存の規則強制は，社会的地位を与えられた人々（マネジメントあるいは労働者）が相互にお互いの役割義務を遂行していないと認めたときに行われる。したがって，ビュロクラシー的手段は社会的関係の挫折に対する対応策，双方の期待がかみ合わなかった場合に起る緊張に対する防御処理である。
　(1)　一方の側は他方の不履行が「不注意」に基づくと判断した場合，対応策は代表的ビュロクラシーの形をとる。

(2) 一方の側は他方の不履行が「計画的」,「意図的」であると判断した場合,対策は懲罰中心的ビュロクラシーの形をとる。

例えば,(1)の仮説は安全管理に関する規則の制定施行の例に見られ,(2)の仮説は新工場長 Peele の懲罰中心的ビュロクラシー化推進の意図が,彼が前工場長の副官たちや一般作業者を「なまけ者」であると判断し,彼らの反抗に対抗するためであったことに示唆されている。

2. ビュロクラシー的規則の制定あるいは維持はこれらの処置が(1)得策である(所期の目的を遂行することができる),(2)合法的である(道義的に正しい)と認められた状況のもとにおいてのみ行われる。

例えば,石膏工場の鉱坑で働く鉱夫は常に危険に当面しており,違反は危険な条件のもとでの当然の反応であると考えられている。欠勤あるいは飲酒は鉱夫にとって「独立」の証であり,これを禁止しようとするビュロクラシー的努力は合法化されない。また鉱夫は「無頼漢」と考えられているので,彼らに細かなビュロクラシー的統制に服させようとすることは不適当である。

3. ビュロクラシー化が安定したルーティンに定着するかどうかは,ビュロクラシー化に対する従属者の反抗の程度による。反抗する力は(1)ビュロクラシー的処置により破壊される信念体系に対する執着,(2)反抗を合法化する条件,(3)反抗を得策とする条件,(4)従属者の地位がビュロクラシー化によって損われる程度,(5)反抗者間の非公式の団結力の強さの関数である。

この仮説は坑内勤務者と地上勤務者との対比から明らかであった。地上勤務者は新工場長のビュロクラシー化の合理的側面により容易に順応したのに対し,鉱夫は「伝統的」価値観に固執し,坑内の危険条件から自ら意思決定する権利があると考え,仲間との非公式の連帯感からビュロクラシー化をうけつけなかった。この仮説はビュロクラシーの不可避性というペシミズムに対し,ビュロクラシーに対するレジスタンスが可能であることを示し,事実鉱夫の場合ビュロクラシー化に対するレジスタンスは成功したのである。

4. ビュロクラシー化が安定したルーティンに定着するかどうかは，ビュロクラシー的な規則制定後，それらが実際にどのような結果をうみだしているかによる。すなわち，規則の(1)説明機能（作業者の仕事と上司との関係の細目指示），(2)スクリーニング機能（監督者は作業者に対する権威をパーソナルな関係ではなく，規則による関係からであるとかばうことができる），(3)遠隔制御機能（いちいち現場チェックによる統制の必要はない），(4)懲罰合法化機能，(5)余裕機能（監督者が作業者の非公式の協力を得るため，監督者の裁量によって規則の強制を調節し，規則を武器に利用する），(6)冷淡維持機能（規則は作業者の最低の受容範囲のレベルしか強制できないので，作業者はそれを利用してサボルことができる），が組織内で機能している状態によって規定される。ビュロクラシー組織はホメオスタティック（均衡維持的）システムであって，規則の制定は自動的にビュロクラシー組織の生存を保証しない。

5. ビュロクラシー的規則は，(1)厳格な監督から生れてくる緊張を緩和する，(2)異なる価値体系の保持者間の相互作用，合法性判定のあいまいな基準，他方に対する一方的な期待，友好的・非公式的な相互作用の衰退，命令系統の中断，コミュニケーションの短絡，マネジメントの合法性に対する挑戦，従属動機の退化等から生れてくる組織全体の緊張を削減させる，(3)厳格な監督がもたらす緊張を防ぐ限りにおいて機能することができる。

6. 内部緊張，「繁文縟礼」に対する不満は仮ビュロクラシーあるいは代表的ビュロクラシーよりも懲罰中心的ビュロクラシーから生ずる現象である。

Gouldner の貢献は(1)Weber のビュロクラシー一般論を実証研究の可能な中範囲の理論として社会レベル（政府ビュロクラシー）から組織レベル（工場ビュロクラシー）におろして展開したこと[8]，(2)工場ビュロクラシーの事例研

---

8) Merton は社会学において中範囲の理論が最も開花したのはビュロクラシー研

究のなかから，ビュロクラシーにはいくつかの類型があること，そして(3)ビュロクラシーの逆機能現象が発生するのは懲罰中心的ビュロクラシーにおいてであることを指摘したことにあった。方法論的には彼の接近法は Merton の機能分析を継承し，(1)システムを緊張，矛盾を内在する相互依存体系としてとらえ(例えば，ビュロクラシーの緊張関係の程度による3類型)，(2)顕在的機能のみならず，潜在的機能の結果（新工場長 Peele のビュロクラシー化の予期せざる緊張と反抗，手続,規則の制度の制定に伴う組織の潜在的ビュロクラシー化の進行）を彼の事例研究に導入したことであった。

第2節　ビュロクラシーの復活

　Merton 以降のビュロクラシー研究は政府ビュロクラシーから個別組織のビュロクラシー研究におりてくる過程のなかでビュロクラシーの機能分析，とくに逆機能分析に焦点を集め，ビュロクラシーが組織の成員を機械的に扱う意図しない結果として行動の硬直性を強化させることを指摘した。これらのビュロクラシーの逆機能分析は，やがて折からの人間関係論の台頭とあいまって公式組織の合理性と非人格性の予期せざる逆機能の過剰とも思われる批判に向っていった。この結果今日でもなお組織論研究者の一部にとってビュロクラシーは汚い言葉 (a dirty word) であり，それは厳格な規則と統制，職位の階層，職務の細分化，専門化，非人格性，変化に対する硬直性等を意味しているほどである (Perrow—1970, p. 50)。

　しかしながら，われわれは現実の組織を客観的に観察すると，ビュロクラ

　　究の分野においてであることを指摘したが (1968), Selznik, Blau の研究も Gouldner 同様ビュロクラシー一般論を具体的な個別組織のレベルで操作化し，その逆機能の研究を行なったのである。これらの研究の比較については，例えば，佐藤—1966を参照されたい。

シーは Bennis がその崩壊を熱烈に予測したほど瀕死状態にはなく (1966)，むしろ今日最も支配的組織現象であることを認めざるをえない。最近におけるビュロクラシーの再評価のきっかけ刺激は主として公式組織における組織構造特性の多変量的分析および環境適応的な組織構造研究の台頭から到来した。

1. 組織構造の多変量解析

逆機能分析から離れたビュロクラシー研究者の組織特性研究の関心は第1に，組織構造特性，例えば統制範囲，階層数，専門化，規則，非人格性等の概念を操作的にとらえること，第2に，例えば Gouldner がすでに Weber のビュロクラシーにはいくつかのタイプが存在すると指摘したごとく，ビュロクラシーの類型を組織構造の多変量分析を通じて明らかにすること，そして第3に，Gouldner, Blau, Selznick の事例研究より広い理論の一般化を図るために多数サンプル組織を比較分析することである。これらの接近法の特色は，「現代組織理論の主要課題はとくに組織間の差異が系統的に研究できるようにより洗練された概念と方法論的手段を発展させることである (Pugh 他―1968)。」という言葉に象徴されるように比較組織論 (comparative organi-

表 3―2 主要著者に指摘されたビュロクラシーの特性

ビュロクラシーの要素	Weber	Friedrich	Merton	Udy	Heady	Parsons	Berger	Michels	Dimock
権威の階層	×	×	×	×	×	×	×	×	×
分業	×	×	×	×	×	×	―	×	×
技術的に有能な担当者	×	×	×	×	×	―	×	×	―
職務規定の手続	×	×	×	―	×	―	×	―	×
担当者を統制する規則	×	×	×	―	―	―	×	×	―
職務の限定的権威	×	―	×	―	×	×	―	―	―
職務による差別報酬	×	―	―	×	―	―	―	―	―
人的接触の非人格性	―	―	×	―	―	―	―	―	―
所有と分離した執行	×	―	―	―	―	―	―	―	―
文書によるコミュニケーションの重視	×	―	―	―	―	―	―	―	―
合理的規律	×	―	―	―	―	―	―	―	―

(Hall―1963)

zations)の領域の開拓を志向している。

Hall は Weber とその後の研究者の指摘したビュロクラシーの要素を表3—2のように要約している。これらの研究者は Weber のビュロクラシーの理想型，つまりその要素全部が同時に組織に存在していれば組織は真のビュロクラシーになるという特性の集合に新しい要素を付加したわけではなく（ただし Merton を除く），むしろ理想型のなかのかぎられた集合を研究対象としている。しかしながら，彼らのなかには組織がビュロクラシーであるというときに，その組織は Weber の理想型のようにその要素すべてを同等にもたなければならないのか，つまり，ビュロクラシーは多変量で構成された単一の全体現象であるのかという点に疑問をもつ研究者がいた。例えば，上記 Udy はビュロクラシーの理想型のなかから7項目を選択し，それぞれ次のように操作化した (1959)。

表 3—3　ビュロクラシー概念の要素と操作化

要　素	操　作　化
A. 階層的権威構造	3段階以上の権威レベル
B. 専門化スタッフ	肉体作業以外の活動に専任する成員
C. 差別化された報酬	担当職務による報酬の大きさ
D. 限定的目標	原材料生産のみへの関与
E. 成果重視	完成仕事量に基づく報酬量
F. 部分的参加	限定的相互合意に基づく参加
G. 給付的報酬	上位の職位による下位の職位に対する参加代償としての金銭あるいは物品

そして，彼は Weber のビュロクラシー概念にはビュロクラシー的（上記 A～C），合理的（D～G）の2つの相互に独立した集群があることを指摘し，150の公式組織の上記インディケータの比較分析（7変数間の相関分析）からビュロクラシー概念は2次元の概念であることを示し，ビュロクラシー的次元と合理的次元は同一組織内に理想型として同等に存在するのではなく，一方が高ければ他方が低いという負の関係にあることを実証した。また，Hall は10組織の組織構造の比較分析からビュロクラシーの程度が6つの構成要素

において異なることを指摘した (1963)。すなわち，表3—4のとおりビュロクラシーの要素間の相関係数は権威階層が全体のビュロクラシー化に関係があることを示唆しているが，どの関係も有意でなかった。したがって，Weberの理想型のように1つの要素のビュロクラシーの程度が高ければ，他の次元のビュロクラシー特性も同等に高くなると仮定することはできなかったのである。[1]

表 3—4 要素間のランク・オーダー相関係数（N＝10組織）

	権威階層	分業	規則	手続	非人格性
分　　　業	.419				
規　　　則	.594	.134			
手　　　続	.660	.678	.167		
非 人 格 性	.678	.266	.194	.624	
技術的資格	－.032	－.300	627	－.303	.170

注：各組織のランキングは各要素において最高ビュロクラシー的から最低ビュロクラシー的の順であった（Hall—1963）。

ここからビュロクラシーは多次元の概念であって，「次元は実際の組織では独立に変化するのであり，ビュロクラシーの概念それ自体を単一の概念 (a unitary concept) として扱うことはできない (Hall—1972, p. 67)。」という主張が生れてきた。つまり，Weber のビュロクラシーの理想型はビュロクラシーという組織現象を特性づけるときに同時に生起しなければならない要素の集団を意味し，それはビュロクラシーの全体的視角を提供することができ

---

1) Hall のビュロクラシー6構成要素はそれぞれ5ポイントにスケール化した質問票で測定された。例えば，権威の階層スケール：「他人のチェックを受けずに人は意思決定できる」，分業スケール：「この組織で人が好むのは仕事の多様性である」，規則の体系スケール：「お茶の休憩時間も厳格に規定されている」，手続の体系スケール：「われわれは常に厳格な日常手続に従わなければならない」，非人格性スケール：「われわれは礼儀正しく振舞うよう，ただし常にひかえめであるよう期待されている」，技術的資格スケール：「従業員は定期的に業績を評価される」等である。表3—4は上記各構成項目の質問票の応答値による10組織のランク，オーダーを項目間で有意な差（0.05信頼区間）があるかどうかを調べたものである。

るが，現実の組織はビュロクラシー特性を多様に発展させているので，ビュロクラシー概念をいくつかの次元に分解して特性比較を行うことが組織構造の理解と説明により大きな洞察力を与えることができるというのである。

ビュロクラシーの多次元性をさらに精緻な多変量解析によって実証しようとした一連の研究にアストン調査（Aston Study）がある[2]。Pugh とアストン大学における同僚は組織論の文献調査から組織構造の6つの基本的次元，(1)専門化，(2)標準化，(3)形式化，(4)集権化，(5)構成化，および(6)柔軟性を仮定し，(1)から(5)までの次元に触れる64のインディケータを提唱した（1963）[3]。そ

表 3—5 組織構造基本変数の主成分分析（グラフ回転）

		因子 I 活動の構造化	因子 II 権威の集中	因子 III 作業のライン統制	因子 IV 支持的要素の大きさ
1	標準化	*0.89	−0.01	−0.21	0.10
2	役割専門化	*0.87	−0.33	0.01	−0.13
3	形式化	*0.87	0.14	−0.21	0.17
4	伝統主義	−0.41	0.18	0.32	−0.02
5	主要重役の伝統範囲	0.42	0.23	−0.07	−0.03
6	職能的専門化	*0.78	−0.47	−0.21	−0.17
7	非直接作業者(%)	0.58	−0.43	0.06	0.41
8	法的専門化	0.51	0.25	0.31	−0.43
9	垂直的統制範囲	*0.69	0.03	0.08	−0.54
10	事務担当者(%)	0.40	−0.09	0.42	*0.67
11	役割成果記録の公式化	*0.69	−0.05	*−0.64	0.13
12	部下比率	−0.05	−0.19	*−0.80	−0.06
13	選抜・昇進の標準化	0.40	0.59	0.50	0.09
14	直接作業監督者(%)	−0.23	*0.60	0.50	−0.22
15	集権	−0.33	*0.83	0.01	0.21
16	組織の自治	0.10	*−0.92	0.00	−0.13
	分 散(%)	33.06	18.47	12.96	8.20

(Pugh 他—1968, p. 85)
*=因子負荷の高い項目を示す

---

2) 一連のアストン研究には Pugh 他—1968, 1969a, 1969b, Hickson 他—1969, Hinings=Lee—1971, Inkson 他—1970, Child—1972 がある。

3) インディケータはスケールが与えられると変数になるが，各インディケータのスケールの詳細については Pugh 他—1968 の Appendix を参照されたい。

の後，かれらは52組織の比較構造分析を行い，64変数のうち最も基本的と思われる16変数の主成分分析から前表のように組織構造の4つの潜在的次元を抽出した（1968）。

因子Ⅰは活動の構造化（structuring of activities）．と名づけられ，標準化，形式化，専門化，垂直的統制範囲を含み，因子Ⅱ・権威の集中（concentration of authority）は組織の自治，集権，直接作業監督者の割合，選抜・昇進手続の標準化，因子Ⅲ・作業のライン統制（line control of workflow）は部下比率，役割成果記録の公式化，直接作業監督者の割合，選抜・昇進手続の標準化，因子Ⅳ・支持的要素の相対的大きさ（relative size of supportive component）は事務担当者の比率，垂直的統制範囲，非直接作業者の割合をそれぞれ含んでいた。これらの4因子のスコアで特定5組織の構造特性プロフィールを描いてみると図3—1のとおりであり，Udy, Hall 等の指摘したごとくビュロクラシーは多次元的概念であり，ビュロクラシー化の程度は4つの相互に独立する4次元上をさまざまに変化するのであった。

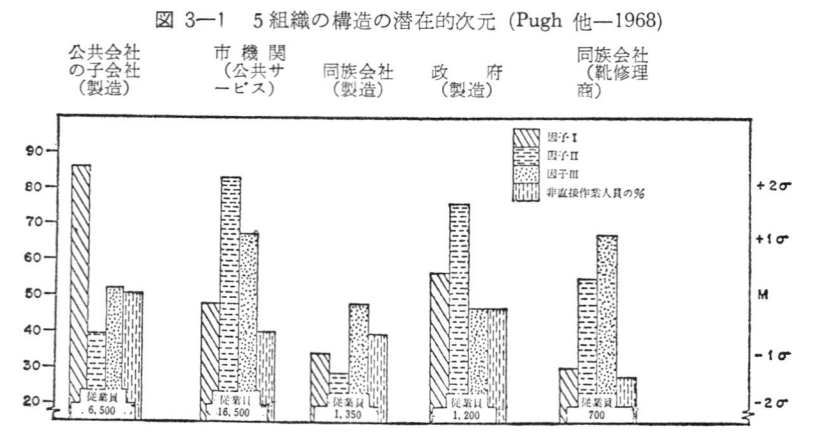

図 3—1 5組織の構造の潜在的次元（Pugh 他—1968）

かれらはこの研究から Weber のビュロクラシーの理想型による類型は不十分であるとして，最初の3次元（活動の構造化，権威の集中，作業のライン統

制)に基づく組織構造の7類型を提唱する (1969b)。完全 (full) ビュロクラシーは活動の構造化，権威の集中，非人的統制に高いタイプ，未成熟 (nascent) 完全ビュロクラシーは同様の特性をもつが，その程度は完全ビュロクラシーほど顕著でない。ワークフロー (workflow) ビュロクラシーは活動の構造化は高いが，他の2次元（権威の集中，非人的統制）は低い。52組織のうち15組織が最も多くこの類型に入った。未成熟 (nascent) ワークフロー・ビュロクラシーは同様の特性をもつが，ワークフロー・ビュロクラシーよりさらに低い。初期ワークフロー (preworkflow) ビュロクラシーは活動の構造化は低いが，権威の分散，非人的ライン統制のビュロクラシー的ワークフローをもつ。暗黙に構造化された組織 (implicitly structured organizations) は活動の構造化は低いが，分散された権威，ライン・コントロールが高く，人的 (personnel) ビュロクラシーは構造化は低く，ライン・コントロールと権威の集中に高いタイプである。この類型は図3—2のように示され，この類型による組織は表3—6のとおりであった。

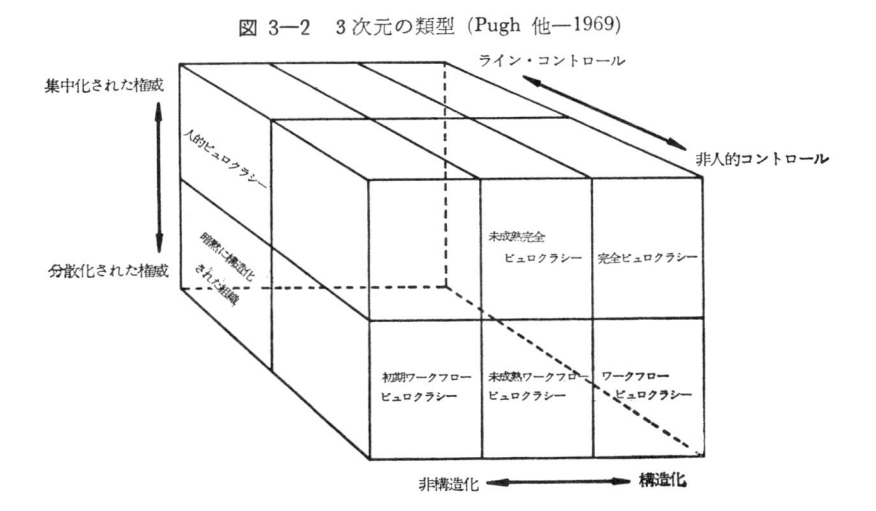

図 3—2　3次元の類型 (Pugh 他—1969)

表 3—6　組織の類型（N＝52）

完全ビュロクラシー（N＝1）	初期ワークフロー・ビュロクラシー（N＝11）
政府の修理部門*	金属部品製造会社（4社）
	自動車部品製造会社
未成熟完全ビュロクラシー（N＝4）	金属製品製造会社（2社）
土木工事会社	客車製造会社
磨き粉製造会社	エンジニアリング工具製造会社
地方自治体交通局	食料品製造会社
製紙会社	
	人的ビュロクラシー（N＝8）
ワークフロー・ビュロクラシー（N＝15）	政府調査局
自動車製造会社	地方自治体入浴局
食品製造会社	小売協組チェーン
菓子製造会社	地方自治体教育局
タイヤ製造会社	預金銀行
非鉄金属製造会社	地方自治体土木工事局
印刷会社	食料品製造会社
自動車部品製造会社（3社）	地方自治体水資源局
業務用自動車製造会社	
バス会社	暗黙に構造化された組織（N＝8）
ガラス製造会社	部品製造会社
金属自動車部品製造会社	小売協組チェーン
重電機器製造会社	デパートメント・ストア
航空機部品製造会社	保険会社
	研究開発部門
未成熟ワークフロー・ビュロクラシー（N＝5）	靴修理チェーン
金属製品製造会社	建築会社
部品製造会社	玩具製造会社
醸造所	
エンジニアリング部品製造会社	
家庭電機製造会社	

(Pugh 他—1969)

* 同様の類型による inkson 他の研究では政府所有の鉄道，電力会社が完全ビュロクラシーであった（1970）。

　彼らは，さらに組織構造の発展的変化は構造化と統制の2次元で起ることを示唆している。例えば，組織の成長，規模の拡大は構造化の進展に，コントロール次元は技術の発展によりライン・コントロールから非人的コントロールへ時間的に変化するが，権威の集中は組織の発展的変化というよりはそ

の歴史的要因に関係がある。このような組織構造の時間的変化の問題は組織の内部構造の分析だけでは不十分であり，やがて組織とそのおかれた環境との関係の分析に発展していくことになる（Pugh 他—1969）。

さて，われわれは最近におけるビュロクラシー，すなわち組織構造研究のいくつかを概観したが，これらの研究の組織論研究における意義は Weber の提唱した理想型としてのビュロクラシーが多次元的概念であり，組織は多様な形でその構造をビュロクラシー化することを明らかにし，その過程においてビュロクラシーの次元および操作的インディケータを開発し，組織構造研究の多変量的接近法を展開したことであった。動機づけ理論においておそらく概念，すなわち言葉の意味の次元およびインディケータが最も開拓されたのはリーダーシップ概念であると考えられるが，構造理論においてはこれら一連の研究がビュロクラシー概念の意味分析のあらゆる可能性を開拓しつ

---

4) この他の組織構造研究のなかで最近において重要なものに構造変数のなかからとくに統制範囲に焦点を合わせた一連の研究がある。統制範囲の研究が60年代に入って盛んになったのは構造変数のなかで最も測定が容易（部下の数を数えればよい）であるという理由にもよる。初期の研究は統制範囲が産業によって異なることを示唆していたが，その後の研究は監督的・技術的要因と統制範囲の関係分析が行われている。例えば，統制範囲が広くなる（暗黙のうちに分権的である）場合は，(1)部下が規制，技術によって監督される（Udell—1967），(2)部下が同様の機能を遂行する（Udell—1967），(3)部下が他の上司からの統制も受ける（Udell—1967），(4)仕事が複雑あるいは不安定ではない（Bell—1967, Woodward—1965），(5)上司が寛大な監督スタイルをとる（Worthy—1950）場合等である。しかしながら，最近 Blau は政府人事局（部下は大卒者）の調査において狭い統制範囲，したがって高い階層の組織が分権であることを発見した（1968）。その理由は学卒者はむしろ上司との密接な接触を望み，昇進の機会を望む等であるとしている。Blau の研究は統制範囲の広い，したがって階層の低い組織が分権的であるという従来の考え方に挑戦するものである。統制範囲は上司―部下関係のおかれた条件によって多様な形態をとりうるのである。

つあるといえるのである。

2. 新 Weber 派としての Simon 理論

われわれは最近における組織構造論の復活の一部として組織構造の精緻な比較分析の代表的研究を考察したが，Weber 以降組織論研究において構造的接近法をとってきた者にはすでに古典的管理論者（例えば，Taylor, Gulick, Mooney, Urwick 等）があった。今日この流れを継承する者は少ない（たぶんわずかに Koontz および O'Donnell であろう）。彼らの多くは実務家であり，Weber よりはむしろ Fayol の影響を受けながら現実の観察を通じて，管理論の原理原則を展開した。[5] 彼らの原理原則は Simon から理論を欠く逸話の集合と批判されながらも，実際的であると同時におどろくほど構造理論に近似していた。その後の構造的接近法をとる者のなかでわれわれが最も注目しなければならないのは Herbert Simon である。Simon 理論は人的行動と組織構造の両面を包摂する一般理論である。しかしながら，われわれがここで問題にするのは彼の理論の構造的側面である。

Perrow は意思決定論，コンフリクト論，技術学派を新 Weber 派（Neo-Weberian）と呼んでいる（1972）。彼によれば Simon および March は無意識のうちに Weber 理論の骨格の肉づけをしたという。その理由は次のとおりである（1972, 4章）。

(1) Simon 理論の半分は組織の社会心理学であるが，他半分は構造的接近法をとり，個人の意思決定より組織の意思決定を問題にしている。Simon 理論には2つの人間モデルが含まれているが，1つは組織の参加を決定し，また組織の目標を内面化し，集団との一体化を求め，さまざまな欲求とア

---

[5] 米国において Weber のビュロクラシー論は1940年代になって翻訳され，それまでは社会科学者，経営学者，実務家には影響を与えなかった（Perrow—1972, p. 61）。

スピレーションをもつ人間である。したがって組織は結局人間であり，人間の理解は社会心理学の問題である。組織についての命題は人間行動についての声明であるといわしめた人間像である。もう1つの人間モデルは合理的であることを志向しながらも，人間能力（とくに情報・意思決定能力）に限界があるために組織の影響，分業，コミュニケーション・チャネル，訓練，教化等の力によって意思決定できる人間である。この点からすれば組織は手段であり，個人は組織の手段である。そして，この仮定は組織変数（分業，コミュニケーション・システム等，これらは Weber モデルのビルディング・ブロックであるが，March=Simon は単に機械的モデルとして除いている）が個人行動に強い統制をおよぼすことを認め，組織行動の複雑性を説明するために個人行動モデルの単純化を行なっている。したがって，Simon モデルにとって組織構造という概念は重要な役割を演じている。個人の意思決定能力よりは意思決定前提（premises of decisions）が重要であり，意思決定前提はコミュニケーション構造，規則，標準化されたプログラム，選抜基準等組織構造変数をいうのである。[6]

(2) Simon（March を含む）は，しかしながら，単なる構造派ではない。かれらは組織における統制を構造派以上に洗練した。かれらは単なる規則，命令等による統制に加えて新たに不安定性吸収，組織的用語，プログラム化された仕事，手続的プログラム，原材料の標準化，コミュニケーション・チャネル使用の頻度，単位プログラムの相互依存性等のメカニズムを問題にする。これらのメカニズムは情報の内容と流れを規定し，意思決定前提を統制することによって組織行動をひかえめに統制する（unobtrusive control）のである。「したがって，March および Simon は古典的論者，とくに Weber の主流に参加し，この流れを大きく補足した。組織におけ

---

[6] March=Simon は組織構造を「比較的に安定し，変化の遅い組織における行動パターンの側面（1958, p. 170）」と定義している。

る人間の問題は人間が勝手気ままに動いてよいというのではなく，階層的統制，分業，職務規定，公平で非人的規則および標準等に沿って維持させる必要がある。問題はまた人間行動の合理性に現実の限界があることである。したがって，意思決定の基礎である意思決定前提および情報フローが統制されなければならないのである。その結果として，組織は単にビュロクラシーの周知の統制手段のみならず，コミュニケーション・チャネル，組織用語等々というとらえがたいひかえめの統制が必要なのである（Perrow—1972, p. 157)。」。

Simon 理論については多くが語られてきたので，われわれはここで Simon 理論の展望は再び行わない。しかしながら，Simon の接近法は Perrow の指摘するように基本的に構造的接近法の特性を備えている。にもかかわらず，Simon 理論の特性において重要なことは なぜ彼の理論の接近法が社会心理学的であるかという点を問いただすことである。

Simon は「社会科学者としてわれわれは人間行動の説明に関心をもっている。社会心理学の視角をとり，われわれは環境が個人としての人間にどのような影響を与え，彼がこれらの影響に対してどう応答するかに興味をもっている (March=Simon—1958, p. 2)。」といっているが，彼の社会心理学的接近法の特色は分析単位を個人におき，組織における個人の意思決定過程の分析を意図していることである。しかしながら，組織における意思決定過程は個人，集団，組織のすべてのレベルにまたがる包括的行動である。ここでの問題点は意思決定という概念はわれわれの分析フレームのどのレベルにも基本変数になりうるきわめて一般性の高い概念であることである。われわれが彼の理論を一般理論という理由の１つがここにある。しかしながら，個人の意思決定が集団，組織のレベルにおよぶ場合そこに相互作用が起るので，それぞれのレベルにおける意思決定は個人の意思決定の単なる加算的集計でと

らえるわけにはいかない。Mouzelis は「……Simon の主なフレームワークは組織についてのすべての理論を意思決定の心理学に還元する傾向がある。……しかしながら，組織現象を説明し，予測するためにどのような環境（組織）要因が個人に影響を与え，彼がそれにどう反応するかに焦点を合わせるだけで十分だろうか。そのような環境要因が集団として相互作用することはどうなのだろうか。これらは意思決定者個人の知覚と動機によってのみ研究されるべきなのだろうか。組織の研究を個人の社会心理学に還元することはその範囲が不必要で，誤ってさえいる方向に限定してしまうものである (1967, p. 137)。」と批判しているのである。

確かに Simon の意思決定論は個人に焦点を合わせている。従って，Lewin およびその後のグループ・ダイナミックス研究者が行なってきたように個人が他人とともに集団を形成し，成員間の相互作用のなかで各成員が共通に認知した環境（集団生活空間）が各成員の行動にいかなる影響をおよぼすかという集団の運動を問題にしていない。そのような他人との相互作用は個人のなかですべて濾過されている (screening) と考えられる。したがって，重要なのは結局個人の認知，動機と Perrow の指摘したような認知および情報処理能力に限界がある個人を援助あるいは統制する組織（情報）構造である。また，Simon が意思決定プロセスを問題にするとき，プロセスとはどういう実体かという問題が残る。プロセスはその定着した構造の段階でとらえることが実際的である。この点から，意思決定過程は意思決定構造と常にウラハラの関係にあるのである。Haas=Drabek は Simon を新古典派と呼び，「Simon 他は意思決定プロセスを研究焦点として選択した。かれらは意思決定における合理性を増大させる意思決定プロセスの特性と最適情報構造を明確にすることを試みた (1973—p. 32)。」と述べている。

つぎに Simon 理論が組織における個人の意思決定の社会心理学であるとすれば，個人の認知，動機はどのような人間像の上に成立しているかという

問題が残る。Simon の個人に対するイメージは動機づけ論者の仮定するような自己実現欲の充足を求める人間ではなく、認知能力に限界のある合理性志向の人間である。彼の仮定する人間像は、「人間は行動システムとして見た場合非常に簡単なものである。時間の変化とともに彼の行動が一見複雑に見えるのは大部分彼のいる環境の複雑性を反映している (Simon—1969, p. 25)。」という言葉に示唆されているように情報プロセッシング・システムにすぎない[7]。したがって、Simon 理論は組織の社会心理学的接近法をとりながら、人間関係論者に代表されるような人間の動機をそのなかにビルト・インしていない。このことは彼が組織目的の概念について組織目的と個人の動機を明確に区別している点からも明らかである。彼は組織論は人が組織に参加し、そこにとどまる意思決定を説明する動機理論とそのような人々によって構成される組織内の意思決定理論の2部分から構成されるが、組織に参加することは組織役割を受容することを意味するので、組織参加後の成員の役割遂行行動の説明には誘因—貢献以上の動機要因を必要としないと明言しているのである[8] (1964)。

Simon 理論が社会心理学的接近法をとりながらも、それは動機づけ理論よりも構造理論に近いことを知ったが、組織における人間行動をすべて意思決

---

7) Simon は海岸を歩くアリの観察から、アリの歩いた跡が不規則で、複雑であるが、そこに見られる複雑性はアリが歩いた海岸の複雑性を示しているのであって、アリの複雑性を示しているのではない。アリ同様1つの行動システムとして人間を見ると、それはきわめて単純であり、その行動の時間的複雑さは彼がおかれている環境の複雑さを反映しているにすぎない。このような仮説が人間全体にあてはまると信じていると Simon はいっている (1969, 2章)。このような人間像のさらに徹底した形として情報プロセッシング・システムとしての人間の問題解決モデルの展開を図っている点については Newell=Simon—1972 を参照されたい。

8) Simon 理論に誘因—貢献以上の動機が入ってこない点については土屋守章が指摘しているので、〔討論〕バーナード・サイモン理論をめぐって、東京大学、「経済学論集」1968年10月を参照されたい。

定という概念で説明できるという考え方はおそらく今日までの組織論のなかで最もすぐれた洞察であった。しかしながら，すでに指摘したように意思決定という概念は分析レベルによって異なるはずであるにもかかわらず，それによってすべてのレベルを包含する組織行動すべてを説明しようとすることは今日あまりにも大きく，一般性が高いといわざるをえない。それはある特定のレベルと領域における組織現象の理論化において深められることによってより大きな説明力をもちうるのである。後述する組織と環境関係の諸理論はわれわれの理論も含めて Simon の意思決定一般理論の影響を受け，組織構造―環境関係の中範囲理論を展開しているのである。

第3節　組織，技術，環境

　組織構造がそのおかれた環境に影響されるということに組織論研究者が気づいたことは比較的最近のことである。第2節において展望した組織構造研究は組織の状況変数 (contextual variables) の研究にすすむことが必要であることを示唆しながらも，基本的にはクローズド・システムとしてのビュロクラシーの静態分析を基本としていた。組織構造論の研究が最後に明らかにすべき組織の運動法則はオープン・システムとしての組織がその構造をいかに環境適応的に展開させるかについてである。組織―環境関係の研究のなかから環境を組織の技術的インプットのみに限定して取扱った技術学派を最初にとりあげ考察する。

1.　組 織 と 技 術
(1)　Woodward のサウス・エセックス研究

　最近における比較組織研究がかつての特定組織の事例研究から多数サンプル組織の比較研究に移行しつつあることはすでに指摘したが，Woodward の

サウス・エセックス研究はそのサンプル組織数（100社）と比較研究の大きさにおいて今日でも他の追随を許さない。そればかりではなく，彼女の研究から「技術が組織構造を規定する」という新しい命題が誕生したのである。Woodward は次のようにいっている。

> 今日産業社会学では製造会社の組織構造および組織過程は技術と因果関係にあることが一般的とされている。このような考え方は比較的新しいものであって，今世紀前半に展開された管理構造や行動に関する発想は組織の画一的な概念に基礎をおき，製造企業の運営方法には普遍的な唯一最善の方法があるという信念に基づいていた。したがって，組織論が技術的状況に適用された場合でも，組織論は伝統的に概念フレームの要素としての技術を無視してきたのである（ed.—1970, p. VIII）。

サウス・エセックス研究の当初の目的は古典的管理理論の組織形態（ライン，スタッフ，職能組織），組織構造特性（階層数，管理監督者の統制範囲，管理監督者比率等）と組織の規模あるいは業績の間の関係を明らかにすることであった。しかしながら，その結果は業績平均以上とされた企業20社の組織にはほとんど共通点がなく，「組織特性と他の特性との間にどのような関係も確立することができなかった。大学において経営問題に多大の時間と努力を費やしてきた調査チームにとって，企業の業績と一般に健全な組織構造との相互関係の欠如はとくに困惑するものであった（Woodward—1965, p. 34）。」。そこで，研究者たちは組織の技術変数に目を向ける。組織の社会的関係あるいは行動と技術との関係は すでに企業を社会・技術的 (socio-technical) システムと概[1]

---

[1] 組織を仕事の要求と個人の欲求が相互依存的な社会・技術的システムを形成している場と考える立場で，その研究は Tavistock グループを中心に展開した。その接近法については，例えば Trist-Bamforth—1951 を参照されたい。Woodward, Thompson, Perrow も広く社会・技術システム学派に包含されるが，彼らの関心は技術と組織構造の関係にある。Tavistock グループの関心は主に技術と作業者の態度および行動の関係にあり，同様の研究には Blauner—1964, Turner

念化した Tavistock グループあるいは Dubin (1959) によって提唱されていたが，社会技術システムという概念はほとんど抽象の域を出ていないので，問題は組織構造と技術との関係を明らかにするために技術という概念をどう操作化するかということであった。

　Woodward は技術を単品生産 (units & small batches)，大規模なバッチ生産および大量生産 (large-batch & mass-production)，装置生産 (process) の3分類とし，これにしたがって生産システムを次のように細分化した。

図 3—3　サウス・エセックスの企業における生産システム
(Woodward—1965, 矢島=中村訳, p.47)

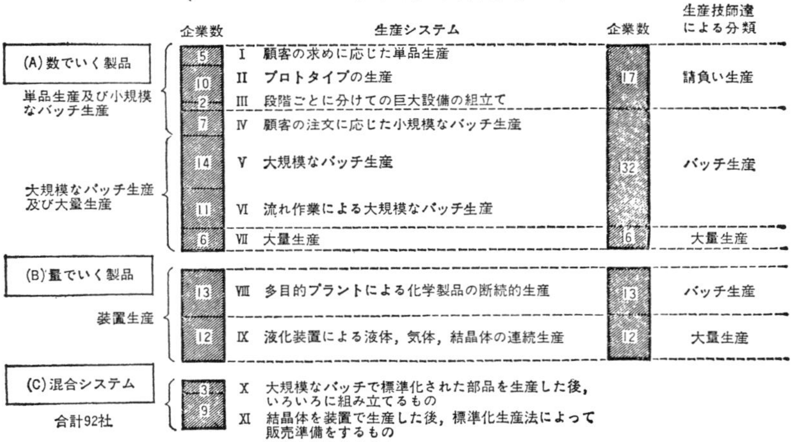

	企業数	生産システム	企業数	生産技師達による分類
(A)数でいく製品 単品生産及び小規模なバッチ生産	5	I 顧客の求めに応じた単品生産	17	請負い生産
	10	II プロトタイプの生産		
	2	III 段階ごとに分けての巨大設備の組立て		
大規模なバッチ生産及び大量生産	7	IV 顧客の注文に応じた小規模なバッチ生産	32	バッチ生産
	14	V 大規模なバッチ生産		
	11	VI 流れ作業による大規模なバッチ生産		
	6	VII 大量生産	6	大量生産
(B)量でいく製品 装置生産	13	VIII 多目的プラントによる化学製品の断続的生産	13	バッチ生産
	12	IX 液化装置による液体，気体，結晶体の連続生産	12	大量生産
(C)混合システム 合計92社	3	X 大規模なバッチで標準化された部品を生産した後，いろいろに組み立てるもの		
	9	XI 結晶体を装置で生産した後，標準化生産法によって販売準備をするもの		

　単品生産には，例えば注文服，電子工学設備のプロトタイプ製造，大量生産には自動車，鋳鉄産業，装置生産には石油，化学，製菓産業等がそれぞれ含まれていた。Woodward の技術の分類は技術をその複雑性でスケール化しており，技術的複雑性とは生産プロセスが統制でき，その結果が予測できる程度である (1958)。より正確には彼女の技術の分類は技術を(1)生産プロセ

―――――――――――
　=Lawrence—1965, Goldthorpe 他—1968, Wedderburn=Crompton—1971 等がある。

108　第1部　組織論の展開

スの発展段階, (2)生産プロセスに使用される用具間の相互関係, (3)作業の継続性, 反復性, 連続性の点からスケール化したことと同じである (Charns—1972)。例えば, 生産システムのⅠからⅨに移行するにつれて, 技術の新しさ, 生産用具の複雑性は増加する。一方, 技術は理解されやすく, 製造作業の統制は容易になる。バッチ生産よりも大量および装置生産の組織のほうがより

表 3—7　技術と組織構造特性との関係

組織構造特性	技術タイプ		
	単品	大量	装置
調査企業数	24	31	25
経営管理の階層			
中位数	3	4	6
範囲	2〜4	3〜8	2〜17
経営担当者の統制範囲*			
中位数	4	7	10
範囲	3〜7	4〜13	5〜19
第一線監督者の統制範囲			
中位数	23	49	13
従業員に対する管理・監督者比率			
範囲	1:22〜1:37	1:14〜1:18	1:7〜1:8
ライン管理に大卒者採用企業数	2	1	20
作業労働者に対するスタッフ比率			
（スタッフ1人に対する作業労働者数）			
中位数	8	5.5	2
間接労働者に対する直接労働者比率			
（間接労働者に対する直接労働者数）			
中位数	9	4	1
熟練労働者比率（対半熟練）の大きい企業数	9	0	10

* 中間管理者の統制範囲については Woodward は数値を示していないが, 単なる装置にすすむにつれて, 経営担当者の統制範囲とは逆に減少すると述べている。

(Woodward—1965, 4章より作成)

---

2)　Woodward の技術複雑性スケールでは技術の新しさ, 生産用具の複雑性は増加するが, 製造作業の統制は逆に容易になる点に注目されたい。後述するように

効率的に目標を設定し，達成できるし，作業遂行の阻害要因を少なくできる。単品生産，とくにプロトタイプの製造の場合は効果的統制を行うのが最も困難である。

　Woodward は，こうして技術を測定し，それと組織構造の関係を調査したが，その結果は表3—7に要約される。

　この表から考察される技術（独立変数）と組織構造（従属変数）の関係は，技術が複雑になる（Woodward の場合単品生産から装置へ移行する）につれて，責任権限の階層，経営担当者の統制範囲，管理監督者比率，スタッフ比率，直間比率は増大する。しかしながら，技術スケールの両極端（単品と装置）では，第一線監督者の統制範囲が少なく，熟練工の採用比率が高い点で大量生産に対比して共通点をもつ。さらに，彼女は技術スケールの両端は中間領域（大量生産）に比べて，Burns=Stalker のいう弾力的な「有機的」組織体制が大勢を占めているのに対し，大量生産ではライン・スタッフの役割分化が明確であり，生産管理手段の精緻化と報償制度の厳格性が高く，コミュニケーション方法は文書管理が徹底し(両端では口頭コミュニケーションが多い)，ビュロクラティックな「機械的」システムが支配的であることを発見した。

　さらに重要なことは，Woodward が技術と組織構造特性と企業業績の関係を調査した結果，業績の高い企業に共通の組織構造スコアはそれぞれの技術に属する組織構造スコアの中位数に集中し，業績の低い企業の組織構造スコ

　　技術複雑性は Woodward スケールの逆ではないかという批判もでてくるゆえんである。
3)　技術進歩につれてスタッフおよび直間比率が増加するのは直観的に理解できるが，組織階層が増大する1つの理由は，技術の不安定性（例えば，一度事故を起した場合の危険負担）の増大に対する統制機能が必要になるためとも解釈される。Woodward はこの理由については明示していない。
4)　装置において第一線監督者の統制範囲が少ないのは，おそらく装置技術は直接工を減少させるからであろう。装置における直接工は技術知識が高く大量生産の場合のフォアマンの役割を果たしているとも考えられる。

アはその範囲の両端に出ることを見いだしたことである。第一線監督者の統制範囲でこの点を見ると次表のとおりである。

表 3—8　業績別にみた第一線監督者の平均統制範囲

	10以下	11〜20	21〜30	31〜40	41〜50	51〜60	61〜70	71〜80	81〜90	その他	中位数	合計
単品生産および小規模なバッチ生産の全社												
平均	1	6	8	4	3	1	—	—	—	1	23	24
業績'平均より上'	—	—	4	1	—	—	—	—	—	—		5
業績'平均より下'	1	1	—	—	2	1	—	—	—	—		5
大規模なバッチ生産および大量生産の全社												
平均	—	1	2	5	9	4	5	1	3	1	49	31
業績'平均より上'	—	—	—	—	3	2	—	—	—	—		5
業績'平均より下'	—	1	1	1	—	—	—	1	2	—		6
装置生産の全社												
平均	6	12	5	2	—	—	—	—	—	—	13	25
業績'平均より上'	1	5	—	—	—	—	—	—	—	—		6
業績'平均より下'	1	—	1	2	—	—	—	—	—	—		4

(Woodward—1965, p. 69)

　Woodward はこれらの点を要約して，「経営担当者の統制範囲，命令系統の段階数，労務コスト，および先に示した各種労務構成に関する割合もすべて同様の傾向を示した。このように組織特性，技術，業績が結びついているという事実は生産システムが組織構造を決定する重要変数であるばかりでなく，各生産システムにはある特定の組織形態が最も適合することを示唆している。例えば，単品生産の場合低くて比較的底の広いピラミッドが圧倒的に多いばかりでなく，それが業績を確実に向上させているようであった。逆に装置生産の場合は高くて底の狭いピラミッドを必要としているのである。また興味ある点は Burns の分析的表現によれば大規模バッチ生産の範囲に入る企業で業績のよい企業は機械的管理システムをもつ傾向があったことである。逆にこの範囲外の企業で業績のよい企業は有機的システムをとる傾向

があったのである (1965, p. 71)。」と述べている。

 Woodward のサウス・エセックス研究の主な結論は Veblen がはじめて仮定した技術と企業内社会機構との関係 (1904) を経験的に実証できることを明らかにし[5] (1965, p. 50), この調査によって技術が組織構造を決定する唯一の重要変数であることを実証したのであった。

(2) Thompson, Perrow の組織―技術関係モデル

 James Thompson は製造技術以外の技術も包含する Woodward より広範囲の技術の類型を提唱した (1967, 2章)。連続技術 (long-linked technology), 仲介技術 (mediating technology), 集約技術 (intensive technology) の3類型である。連続技術は製造工程が連続的相互依存関係にある特性を備え, その代表的例は大量生産組立ラインである。仲介技術は相互依存関係にあるか, あるいはもちたいと希望する顧客を結ぶ役割を果たし, 例えば預金者と借入者を結びつける商業銀行, 共通のリスクをかける者を結びつける保険会社, 電話事業, 郵便局, 職業安定所等である。集約技術は特定対象物に変化を与えるために多様な技術を集約的に使用する技術であるが, 技術の選択, 組合せ, 適用順序は対象からのフィードバックによって決定される。集約技術は個別の注文技術でもある。例えば, 病院。救急事故の発生は医師, 薬局, 心理療法等のサービスとX線, 実験室, 家事, ホテル・サービス等特定の集約的組合せを必要とするが, その組合せと時間は救急患者の実際の状態によってのみ決定されるのである。建設業における作業, 戦場における戦闘チームの展

---

5) 技術が社会組織に重要な影響をおよぼすことを最初に指摘したのは Veblen であったが, その後の研究で主要なものには例えば Blauner のそれがある。彼は技術と組織における社会構造が疎外感を決定することを示したが (1964), 興味のある点は Blauner の技術の分類, クラフト, 大量生産, オートメーションは Woodward の技術スケールとほとんど近似していることである。

開等も同様の技術特性を備えている。

　Thompson は技術的合理性を意図した結果をうみだす因果関係のシステムと定義する (p. 18)。技術的合理性はクローズド・システムのもとで達成可能な概念である。組織は技術に関連するあらゆる変数を統制することができ，組織の中心技術を環境要因から隔離することができれば，完全技術性に近づくことができよう。しかしながら，現実には組織合理性の包含するインプット，技術，アウトプットという活動は相互依存関係にあり，インプットおよびアウトプット活動は環境の要素と相互依存関係にある。したがって，技術合理性はオープン・システムの論理を必要とし，組織は中心技術をインプットおよびアウトプット要素でとりかこみ，環境要因に緩衝する (buffering) ことによって技術合理性の達成を意図するのである。インプット・サイドにおける緩衝行為には材料購買操作，機械設備の定期的修理によるメインテナンス，組織成員の訓練等，アウトプット・サイドにおける緩衝行為には在庫操作等がある。不安定な環境のもとにある組織は緩衝の他に生産活動の平準化 (levelling) —特別販売促進 あるいは 売出し等もこの活動の一部である—，あるいは環境変動の予測化 (forecasting) 活動を行う。緩衝，平準化，予測化行為によって中心技術を環境要因の変動から保護できない場合，組織は割当化 (rationing) を図る。例えば，災害の場合の病院の投薬，看護婦の割当，メーカーによる人気製品の配給チャネルへの割当等である。割当化は技術が最大効率で運転されていないことを意味しているので，不幸な解決策である。

　構造は組織が限定的合理性を達成する基本的媒介手段である (Simon—1957)。したがって，組織は責任権限，資源その他に対する統制の限界を設定することによって，その領域で成員に十分な効率が期待できるような分化 (分業) を準備する。しかしながら，構造が多くの限定的合理性の領域の分化をすすめると，組織は同時にそれら領域間の相互依存的要素の統合を行わなければならない。いいかえれば，組織構造は組織単位の分化と同時に統合を

促進しなければならないのである。統合に関係するのは組織内部分間の相互依存関係のタイプである。技術の3類型はすでに示されたが，組織内の技術特性から組織の部分間の相互依存関係には，(1)連合的 (pooled)，(2)逐次的 (sequential)，(3)相互的 (reciprocal) の3つのタイプがある (1967, 5章)。連合的相互依存関係においては組織単位間の直接的相互依存関係はかならずしも必要ではない。しかしながら各部分の失敗は全体，したがって他の部分に脅威を与える点で相互依存関係がある。各部分が全体に個別の貢献をするが，部分も全体によって支持されている関係である。この例としては，共通の資源（例えば，資金）に依存するが，各事業部は異なる市場で行動し，異なる技術をもっている事業部制企業が考えられる (Charns—1972)。逐次的相互依存関係は組織単位が他単位に依存し，相互依存の順序が明示できるような連続的相互依存関係である。相互的相互依存関係は組織単位のアウトプットが他単位のインプットになり，またその逆が成立する関係である。例えば，作業と補修の両単位をもつ航空会社では，補修部門のアウトプットである点検整備済み旅客機が作業（飛行）部門のインプットであり，飛行後の旅客機は再び補修部門のインプットになる。

　現実には相互依存関係のタイプは Guttman タイプのスケールを形成する。すなわち，すべての組織は連合的相互依存関係，より複雑な組織は連合的および逐次的相互依存関係，最も複雑な組織は連合的・逐次的・相互的相互依存関係をもつ。統合 (coordination) は連合的から相互的に移行するにつれて困難度を強める。統合の方法は相互依存関係のタイプと対応関係がある。連合的関係は標準化（ルーティン，規則の確立），逐次的関係は計画（スケジュールの確立），相互的関係は相互調節（行為の過程における新しい情報の送信—March =Simon のフィードバックによる調整）によってそれぞれ統合される。統合の3つのタイプは標準化から相互調節の順にコミュニケーションおよび意思決定の負荷と組織のコストを増大させる。したがって，組織はこれらの統合コス

トを最少にするためにポジション（職位，職務等）をグループ化する。ポジションのグルーピングの基礎は共通の目的，プロセス，顧客，地域等があるが，問題はグルーピングの基準のどれを優先的にするかである。それは技術と環境の関数である相互依存性の性質と位置によるのである。

統合コストを削減するために組織は最もコストの高い相互依存関係からグルーピングを行う。例えば，計画および標準化の制約条件を満たすように相互的依存関係にあるポジションを組織の他部門から切離し，独立させる。次に，逐次的依存関係を条件付で独立させる。そして最後に，相互的および逐次的相互依存関係がなくなれば，組織は標準化によって各ポジションを同質的にグルーピングする。相互的依存関係が1次オーダー（グループ内）レベルで統合できない場合はそれらをより上位の2次オーダーレベルで連結し，条件付で独立させる。これを集群化 (clustering) といい，階層化の始まりである。組織の階層は一段下位のコンフリクトの解決手段とも解釈されるのである。こうして相互的関係を最少にした後組織はグルーピングの場合同様集群化を逐次的関係におよぼし，最後に標準化による統合を促進するために集団を同質的単位に集群化する。同系列のポジションあるいは集団の集群化が優先順位の高い統合によってできない場合には部門間におよぶ規則でこれを統合する。標準化が多数グルーピングにおよぶ場合には組織は連絡 (liaison) ポジションおよび規則作成機関を設置する。連絡ポジションとは作業集団と標準設定部門間の連結を意図するスタッフ（例えば，人事，労務，会計，コントローラー等）である。相互依存関係が連合的である場合には統合手段は連絡ポジション，逐次的である場合には委員会，相互的である場合にはタスク・フォースあるいはプロジェクト・チームがそれぞれ適当である。

以上が Thompson の技術および組織構造の関係についての理論である。Thompson の理論は多くの魅力ある概念，例えば，連続，仲介，集約技術，連合的・逐次的　相互的相互依存関係等を使用するが，彼の接近法は常に他

の研究者の実証研究からの命題作成を基本としているので,命題は時に重複的 (tautological) であり,そして,なによりも彼の技術の概念は Woodward と異なり全く操作化の試みがなされていない。技術と組織構造の関係を明らかにする場合に技術という概念が現実のデータによって指標化される程度に明確化されている必要がある。

　Perrow の組織—技術関係の理論も Thompson 同様 1 つの概念フレームにとどまっている。しかしながら,彼のフレームはより現実的洞察力を与える。Perrow は組織の比較分析の基本的フレームワークとして,(1)組織における技術は組織構造の規定要因である,(2)技術は独立変数で組織構造は従属変数である,(3)組織を 1 つの全体として概念化する,(4)技術は組織の比較分析を行う場合の基盤とする,という考え方を提唱する (1967)。

　技術は個人が道具あるいは機械的装置を使用し(使用しない場合も) 1 つの対象に,ある変化を与えることと定義される。対象,すなわち原材料は人間あるいは他の生きもの,シンボル,あるいは物体である場合とある。組織内でこの材料を変化させる過程で個人は他人と相互作用を行う。この相互作用のとる形態が組織構造であり,それは仕事の統合と統制を可能にするアレンジメントあるいは関係を意味する。

　組織構造に直接関係ある点を考慮すると,技術は 2 つの次元をもつ。第 1 の次元は仕事で当面する例外ケースの数である。第 2 の次元は例外が起ったときに個人の起す探索過程の性質である。探索過程には 2 つのタイプがあり,第 1 のタイプは探索が論理的・分析的にすすめることができる場合である。第 2 のタイプは問題が起ったときにそれが非常にあいまい,かつ概念化が困難であり,事実上分析不能の場合である。このような場合公式の探索は行われないが,個人は直観,経験,チャンス,あるいは推測に頼るのである。以上の次元を例外ケースの多少,問題の分析可能性の高低でスケール化すれば,次のような技術の類型が形成でき,それぞれのセルにおける産業技術が考え

られる。[6]

図 3—4 技術変数（産業の例）(Perrow—1967 より作成)

		例　外	
		少ない	多い
探索	分析可能	ルーティン（鉄鋼ミル，ネジ）	エンジニアリング（産業機械）
	分析不可能	クラフト（特殊ガラス）	ノン・ルーティン（宇宙航空）

一方組織の課業構造は統制および調整の2次元から構成され，統制は個人あるいは集団プロセスにおける自由裁量の大きさと個人あるいは集団の資源あるいは状況統制の権限の2要素がある。調整は計画あるいはフィードバックによって行われ，計画による調整は規則，道具，機械に規定された仕事のプログラム化された相互作用をいい，フィードバックによる調整（Thompsonの相互調節）は交渉による変更をいう。以上の課業および社会的構造（技術スタッフおよび監督者にかぎる）と技術の関係は次のごとく仮定される。

図 3—5 技術と課業構造（課業関連相互作用）(Perrow—1967 より作成)

			例　外							
			少ない				多い			
			自由裁量	権限	集団内間調整	集団間相互依存性	自由裁量	権限	集団内間調整	集団間相互依存性
探索	分析可能	技術スタッフ	低い	高い	計画（ルーティン）	低い	高い	高い	フィードバック（エンジニアリング）	低い
		監督者	低い	低い	計画形式的・集権的 ①		② 低い	低い	計画弾力的・集権的	
	分析不可能	技術スタッフ	低い	低い	計画（クラフト）	③ 低い	④高い	高い	フィードバック（ノン・ルーティン）	高い
		監督者	高い	高い	フィードバック分権的		高い	高い	フィードバック弾力的・分権的	

---

6) Perrow は技術のみならず原材料のタイプによる分類も提唱している。詳細は Perrow—1967 を参照されたい。

技術特性がルーティンであるセル①においては，技術スタッフ，監督者双方に自由裁量の余地が少なく，技術スタッフに権限が集中し，集団内あるいは集団間調整は計画による調整が支配的であり，両集団間の相互作用は低い。ここでの課業および社会的構造の特性は Burns=Stalker のいう機械的システムに近似している。一方ノン・ルーティンのセル④においては，両集団に自由裁量が高く，権限は広く分布し，フィードバックによる調整が主体であり，両集団間の相互作用は頻繁である。Burns=Stalker の有機的システムに近似した構造特性をもつ。セル③のクラフトにおいては監督者に権力が集中し（例えば，ガラス吹きの場合），セル②のエンジニアリングにおいては技術スタッフに影響力が集中する。これが Perrow の組織―技術関係の比較分析フレームワークのエッセンスである。

Perrow 理論は技術特性による比較組織分析の可能性を示唆している。しかしながら，Thompson 同様彼の技術の概念の操作化が困難であり，体系的実証研究は今後の課題として残されている。

以上われわれは組織―技術関係について Woodward, Thompson, Perrow の理論を展望した。組織を分析単位として組織構造に対する技術の重要性を研究したものには彼らの研究の他 Thompson=Bates—1957, Udy—1959, Burack—1967, Harvey—1968, Hickson 他—1969, Hunt—1970 等がある。これらの技術学派は今日なお解決すべきいくつかの問題点に直面している。第1は，理論構成の精緻化である。例えば，Woodward の研究は探検的であり，システマティックな理論と方法論を欠き，なぜ技術が組織構造に関係があるかを最後まで説明せず (Hopkins—1966)，彼女の理論が単なる技術決定論 (technological determinism) と解釈される弱点をもっている (Perrow—1967)。Hickson 他の研究は技術が組織構造の決定要因になるのは組織のサイズに関係があり，この命題が妥当するのは組織が小規模で，工場の場合に限られる

としている (1969)。技術は製造部門に限らず，またスタッフ部門（人事，販売，マーケティング，研究開発等）にまで拡張されるのか，そうであるならば，技術はどういう概念化が適当であるのかについても未解決である。第2は，技術の定義に関連して技術という概念の操作化および測定の問題である。これは技術学派の実証研究にとって最も基本的問題である。Woodward の技術複雑性のスケールの批判には，(1)単品から装置へ移行するにつれて技術複雑性が増加するが，これは逆で技術単純性に向っているのではないか（Harvey―1968），(2)技術複雑性は彼女の定義したように統制および予測面からではなく，実際にはアウトプットの単位で測定している。そうであるならば，それは生産連続変数 (production continuity variable) としてとらえられるべきである (Hickson―1969) 等がある。サウス・エセックス研究以降 Woodward 自身彼女のいう技術の概念とその測定を修正再展開している (1970)。[7]

このような問題点を内包しながらも，技術学派の提起した「技術が組織構造を決定する」という考え方は，組織の運動法則の解明に大きな命題を追加した。のみならず，技術学派の研究は組織論研究の潮流のなかで Weber の組織構造論の復活をもたらすことに貢献した。Perrow はこう述べている。「……技術学派的考え方の重要な点はここ20年あるいは30年間において初めて黒はいまや美しい (black is now beautiful) ということを示したことである。ビュロクラシーは……いまや成長的組織形態であり，ある組織にとって望

---

7) サウス・エセックス研究では技術スケールの両極は一貫性があったが，中間領域（中ないし大規模バッチ生産企業と組立生産システムをとる企業が幅広く属する）は組織―技術関係が不明確であったので，Woodward のその後の研究の焦点は中間領域に焦点を合わせ，よりよい技術スケールの開発を試みた (1970)。彼女らは新しい技術のインディケータとして製品品目の変化率，生産段階数等を考え，最終的には中間領域の企業の組織構造および行動の差を決定するのは技術そのものであるよりむしろコントロールシステムの性質であるという考え方を提出する（3章）。しかしながら，これらはまだ問題提起の段階にあり，サウス・エセックス研究結果ほど説得的ではない。

ましいものである。技術学派的見解は組織の運営あるいは構造化の唯一最善の方法はなく，それは関連技術によって異なるということを一貫して強調してきた。さらにこの見解はルーティン組織にとって高度に構造化されたビュロクラティックな形態が望ましいことを強調した。かくして，それは組織論研究において20年あるいは30年間支配的であった人間関係論のために完全にとるに足らないものとされてきたものを正当化したのである (1972, pp. 170—171)。」

2. 組織と環境

組織と環境の関係についての研究は組織と技術の関係にとどまらず，ひろく外部環境一般との対応関係を包含する。60年代に始まった組織―環境関係の研究はおそらく Burns=Stalker のエレクトロニクス産業における組織構造の一連の研究を起点とする。

(1) Burns=Stalker の「機械的」システム対「有機的」システム

Burns=Stalker の組織現象に対する関心は安定した環境にある組織が新しい，未知の課業に直面したときにどのような対応の仕方をするかを記述し，説明することであった。このための調査戦略としては，環境の変化率の高い産業を選び，そこに生存している現実の組織の事例研究を行うことが適当である。事例研究は方法論を明確化することができないために恣意的になりやすいが，そこには膨大な情報と現実の生きた組織が鮮明に描かれる利点をもつ（われわれはその一例として Gouldner の研究を見た）。彼らは主にエレクトロニクス産業における15社の事例研究を通じて，今日一般化したいわゆる機械的 (mechanistic) システムおよび有機的 (organic) システムという言葉を提唱した (1961)。

Burns=Stalker はマネジメント・システムを成員に他人の活動を統制し，

情報を得る権利および統制を受け情報を送る義務を与え，限定する方法であると定義しているが（p. 97），これは組織構造と同義である。機械的システムと有機的システムは 2 分法的概念ではなく，その理想型において連続スケールの両極端を形成する。したがって，与えられた組織のマネジメント・システムはこのスケール上に位置づけられ，その位置によって両タイプの特性を合わせもつこともあるのである。

機械的システムは安定的条件に適し，次のような特性をもつ（pp. 119—120）。

(1)組織全体の直面する仕事は専門化，分化されている，(2)役割義務は組織全体の目標より技術的効率の追求に向けられる，(3)階層の各レベルでの仕事の調整は一般的に上司によってなされ，各上司は自己の専門分野において部下の活動調整の責任をもつ，(4)各職能の役割に伴う権利，義務，技術手段は明確に規定されている，(5)権利，義務，技術手段は職能別地位に置き換えられる，(6)統制，責任権限，コミュニケーションは階層的構造をもつ，(7)階層のトップが送受信するコミュニケーションを統制する，(8)上司と部下間の関係はタテの相互作用が強調される，(9)行動は上司の指示および意思決定に支配される，(10)組織の成員として会社および上司に対する忠誠が強調される，(11)広い（コスモポリタン的）知識，技能，経験より狭い（ローカル的）知識，技能，経験に高い価値と権威がおかれる，等である。

一方，有機的システムは変化する条件，すなわち新しい問題と階層における職能別役割で自動的に処理できないような予見困難な行動要求が絶えず生起する環境に適し，次のような特性をもつ（pp. 121—122）。

(1)専門的知識，経験は組織の共通の仕事への貢献に価値がおかれる，(2)組織全体の状況から個人の仕事が現実的に決められる，(3)個人の仕事は他の成員との相互作用のなかで絶えず調節，再定義される，(4)責任は狭く限定されるよりは共有されると見なされる（問題が発生したら他人の責任に転嫁できない），

(5)単なる技術的定義以上の組織に対するコミットメントがある，(6)統制，権限，コミュニケーションのネットワーク構造がある。個人の役割遂行基準は直接上司との交渉関係ではなく，組織の生存と成長という共通利益志向である，(7)統制，権限，コミュニケーションは組織のトップに集中されるよりはネットワークの専門的知識のあるところに位置する。この位置を中心にして統制，権限，コミュニケーションのセンターを形成する，(8)組織内のタテよりはヨコのコミュニケーションがひんぱんであり，異なる地位の成員間のコミュニケーションは命令ではなく相談的である，(9)コミュニケーションの内容は指示，意思決定よりは情報，助言で構成される，(10)組織全体の仕事と進歩，成長に対する貢献に高い価値がおかれる，(11)組織の技術的・経済的環境に対する専門力が重視され，評価される，等である。

　Burns=Stalker の機械的システムは要約するとビュロクラシーに近似し，有機的システムはノン・ビュロクラティックな組織特性を表現している。彼らの研究は組織―環境（とくに技術および市場）の関係について当初から明確なモデルあるいは仮説を構築し，その検証を行なったものではなく，まず現実を理解することに重点をおいた，説明調査というよりは発見調査の性格が強い。機械的システムも有機的システムも現実の観察から生れたものである。その結果組織構造は環境の変化率の関数であり，組織の最適構造の唯一最善の原則はなく，環境によって異なることを指摘したのである (p. viii)。ビュロクラシーの最適機能が環境によって異なることはすでに Gouldner の研究（規則による管理は常時危険に直面している炭坑夫には適さなかった）が示唆していたが，組織全体のレベルで環境対応の最適構造特性があることを指摘したことは Burns=Stalker の大きな貢献であった。

(2)　Lawrence=Lorsch の「分化」と「統合」モデル
　Lawrence=Lorsch は組織の分化 (differentiation) と統合 (integration) とい

う2つの概念と環境との関係の理論構築を試みた (1967a)[8]。組織をシステムとして認識した場合組織は人体のようにいくつかの主要な器官に分化されると同時に神経システムと頭脳によって統合されている。したがって，システムとしての組織が巨大化すると，組織は部分に分化されるが，システムが生存するためにはこれらの部分の機能が同時に統合されなければならない。さらに，システムとしての組織の重要な機能は環境への適応である。組織は自らの機能を分化あるいは統合しながら環境に最適に対応するのである。彼らの関心は，したがって，環境特性と組織が分化・統合という相反する両機能をどう達成しているかという状態の関係を説明することであった。

分化および統合という概念は組織論においても古典派（例えば，Fayol, Gulick, Mooney, Urwick）が仕事の専門化 (divisions of labor, specialization) について論じてきたし，ハイアラキーを通じた命令系統による仕事の統合にも言及してきた。しかしながら，Lawrence=Lorsch によれば，古典派は組織のシステム的特性を認識していなかったために，分化が組織の成員の態度および行動にさまざまな影響を与えている点を見落としてきた。したがって，Lawrence=Lorsch の定義する分化は単なる知識の専門化を意味するのではなく，組織の成員の態度および行動特性を包含した広義の概念である。すなわち，分化とは，組織の「異なる職能部門のマネジャー間の認知的・感情的志向性の差 (Lawrence=Lorsch—1967a, p. 11)」と定義される。分化という概念は操作的には，(1)目標志向性（市場目標か，原価・品質・能率目標か，科学上の目標か），(2)時間志向性（長期か短期か），(3)対人志向性（仕事志向か，人間関係志向か），(4)構造の公式性（規則手続への高い依存度，統制範囲の遵守あるいはその反

---

8) Lawrence=Lorsch の分化・統合理論は1967年の組織と環境 (Organization and Environment) を主著とするが，これに関連して Lawrence=Lorsch—1969, Lorsch=Lawrence—1970, 1972, さらにこの考え方を専業部制企業に適用した Lorsch=Allen Ⅲ—1973 がある。

対) の4つの次元をもつ。(1)から(3)は各職能部門のマネジャーに認知された仕事に対する態度の「差」、(4)は組織構造(換言すれば、ビュロクラシー)の程度の「差」をそれぞれ問題にしている。一方、統合とは、「環境からの要求に一致して努力するために必要とされる部門間の協力状態の質 (Lawrence=Lorsch—1967a, p. 1)」と定義される。つまり、各職能間の相互依存性を問題にするのである。統合の程度は操作的には、統合のパターン (緊密な相互依存関係は販売―研究開発間か、製造―研究開発間か、販売―製造間か等)、統合の構造 (統合担当者、チーム、仲介部門等があるか)、統合の行動すなわち葛藤処理の型 (対決型か、葛藤処理の権限がどの階層にあるか、葛藤処理の影響力の源泉は何か) の次元が考えられるのである。

組織の分化と統合のパターンは組織の直面する環境特性とどのような関係にあるのか。Lawrence=Lorsch の考える環境は組織のサブ・システム、すなわち販売、生産、研究開発にそれぞれ対応する市場、技術・経済、科学の各部分環境である。したがって、各サブ・システムは部分環境と対応し、各サブ・システムは関連部分環境に対応して独自の組織特性を展開する。組織のサブ(部分)・システムと部分環境の関係についての仮説は次のとおりである (1967b)。

(1)部分環境が安定するほど、部分システムの構造は公式化する (Woodward, Burns=Stalker の研究が示したように環境が安定していれば組織はビュロクラティックである)。(2)中程度の環境不安定性に直面している部分システムの成員間の社会的関係は人間関係志向であるが、安定的あるいは不安定的環境に直面している部分システムのそれは仕事志向である (Fiedler は仕事の安定、不安定性の両極端にある状況には仕事中心、中間領域の場合に人間関係中心のリーダーシップ・スタイルが適合することを指摘した(1967))。(3)部分システムの成員の時間志向は部分環境のフィードバックの必要時間に応じて変る。(4)部分システムの成員は部分環境に対応するような目標を発展させる。(5)部分システムの分化の

程度が高いほど，部分システム間の統合は困難になる。(6)部分システムの業績は部分環境の要求する分化と統合を同時に達成することと関係がある。(7)環境が高い分化と高い統合を要求している場合には，組織内に統合装置が生れてくる (1967b)。

Lawrence-Lorsch の調査戦略は組織の分化・統合パターンと環境との関係を Burns-Stalker のように環境の変化率の高い産業（プラスティック）における6組織の比較研究を行うことから開始した。かれらは独立変数である部分環境の安定性を各組織のトップ・マネジメントとのインタビューおよび質問票応答から環境条件の変化率，環境条件の情報の確実性，環境からのフィードバックの時間幅の3つのインディケータに要約した。その結果各組織の部分システムは異なる不安定をもち，不安定性の高さはほぼ予測されたとおり科学的環境，市場環境，技術・経済的環境の順であった。[9]

表 3—9 組織の職能と環境不安定性の関係 (Lawrence-Lorsch, 1967a, p.29 より作成)

組織の部分システム	部分環境	情報の確実性	因果関係の不安定性	フィードバックの時間幅	トータル不安定性スコア
研究開発	科学的	3.7	5.3	4.9	13.9
マーケティング	市場	2.4	3.8	2.8	9.0
製造	技術・経済的	2.2	3.5	2.7	8.4

* 高いスコアが高い不安定性を示す

さらに，6組織の各部分システムの構造特性，例えば平均統制範囲，階層レベル，部分システム業績評価の時間幅，部分システム業績評価の明細性，公式規則の重要性，役割担当者の評価基準の明細性等のスコアは部分環境の不安定性スコアのランク・オーダーと一致する傾向を見出した。各部分システムの成員間の社会的関係と不安定性の関係は仮説どおり明確にはならなかったが，成員の時間志向および目標志向は各部分環境の不安定性によって異

---

9) 彼らの不安定性の測定はフィードバックの時間幅を除いてはどう測定したかが不明確である。また，市場環境のほうが技術・経済的環境より不安定性が高いことを予測しながらも，スコアの差はほとんどない。

なることがほぼ予測どおり確認された。

　Lawrence=Lorsch の環境の不安定性の測定は情報の確実性，因果関係の不安定性，フィードバックの時間幅というインディケータを提起しながらも，主にインタビューによる定性的評価にとどまり，環境要因の体系的分析がほとんどなされていない。彼らの貢献はむしろ組織の分化・統合と業績の関係および業績と組織内葛藤処理 (conflict resolution) の関係についての発見である。彼らは6組織の過去5年間の利益および売上高変化，現売上高に占める新製品比率のインディケータによる業績スコアと分化・統合スコアのランク・オーダーの関係を比較し，次図のように業績の高い組織は分化と統合という相対立する状態を同時に達成していることを発見した。[10]

図 3—6　6組織における分化，統合，業績（□内＝業績ランク）
(Lawrence=Lorsch—1967b)

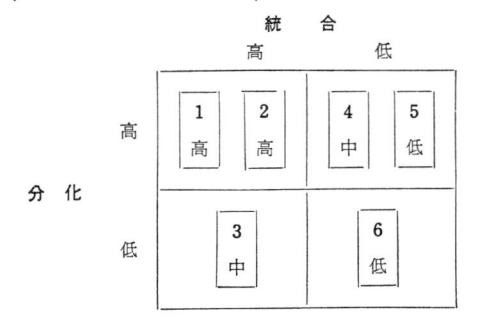

	統合 高		統合 低	
分化 高	1 高	2 高	4 中	5 低
分化 低		3 中	6 低	

この発見は高業績の組織が分化・統合をいかにして同時に拡大化しているのか，そのために組織内にどのような統合装置の規定要因および葛藤処理方式が存在するのかを追跡調査することを必要とした。

---

10) 分化は各サブ・システム（研究開発，マーケティング，製造）間の成員間の社会的関係，時間志向，目標志向の質問票スコアの差が大きいほど分化が高く，統合は各サブ・システム間の統合がうまくいっているかどうかを7ポイント・スケール化したスコアが高ければ統合が高いと評価されている。彼らの分化・統合の複雑な測定については 1967a, Methodological Appendix を参照されたい。

効果的な統合装置の規定要因は過去の文献から，(1)統合部分システムが調整を要する部分システム間に存在していること，(2)統合者の影響力は公式の地位から生じるのではなく，解決すべき問題に関する専門的知識に基づいていること，(3)統合者は自らの業績はより大きな目的のために被調整対象者との全体の業績によって評価されることを認識していること，(4)組織全体の成員が相互に強い影響力をもっていること，(5)意思決定に必要な知識をもっている地位にある人が影響力を行使できること，(6)組織内葛藤処理がとりつくろったり (smoothing)，権力，影響力を行使して一方に解決策を強制する (forcing) のではなく，つつみかくさず組織の全体目標にそって最善の解決策に到達するまで葛藤と真正面から対決する (confrontation) ことであることが指摘された。そして，これら6要因を備えた統合装置をもつ組織が高い統合と高い分化を同時に達成でき，したがって，高い業績を達成するというこの研究の最も主要な仮説を提起した。その結果は表3—10のとおりである。この表の各6要因の組織全体の統合に対する貢献度あるいは各要因間の相互関係についてはわからないし，それが単なる加算的性質のものでもない。しかしながら，この表はこれらの要因と組織全体の統合間に因果関係があることを示唆している。

表 3—10　分化，統合，業績と効果的統合装置の規定要因の関係の要約

組織	統合部分システムの仲介的地位	技術能力に基づく統合者の影響力	統合者の全体の業績を評価を考えをとる	組織全体の高い影響力	有効レベルに集中した影響力	葛藤処理の方式	分化の程度	統合の程度	システムの業績
高業績A	高	高	中	高	高	高	高(9.4)	高(5.7)	高
高業績B	中	高	高	高	中	高	高(8.7)	高(5.6)	高
中業績A	中	低	高	高	中	中	低(7.5)	高(5.3)	中
中業績B	中	低	中	高	中	中	高(9.0)	低(5.1)	中
低業績A	低	低	低	低	低	低	高(9.0)	低(4.9)	低
低業績B	中	低	低	低	低	低	低(6.3)	低(4.7)	低

(Lawrence=Lorsch—1967a, p. 80)

　すなわち，この表の結果は分化よりは統合のほうが規定要因→統合→業績

の関係を示しているように思われる。高業績2社は統合の規定要因を満たし，分化と統合の同時拡大化に成功し，高い業績をあげている。低業績2社は統合要因を満たさず，分化の程度ははっきりしないが，統合の程度が低く，したがって業績は低い。中業績2社における関係は明確ではないが，統合に成功しているA社のほうがB社より業績が高いように思われたのである。

Lawrence=Lorsch は環境と分化・統合の関係の一般化を行うために同一産業6組織の比較から他産業4組織（コンテナー産業2社，包装食品産業2社）を含め産業間比較を試みた。プラスチック産業は技術的進歩が高く，新製品開発が主な競争手段であり，環境についての情報は不確実である。包装食品産業は新製品開発はプラスチック産業よりは少ないが，消費者の欲求を迅速に製品開発に結びつけ，販売することが重要である。コンテナー産業は製品が標準化され，環境は安定しており，主要な戦略は生産管理と工場，倉庫の戦略的配置である。これら3産業に生存する組織は環境の不安定性が高い産業ほど組織の分化が高く，同時により複雑な統合装置を組織内に展開させているはずであった。調査結果は次のごとくである。

表 3—11　環境要因と組織の統合 (Lorsch=Lawrence—1972)

産　業	環境複雑性	相互依存の主要タイプ	分　化	統合装置	全管理者に対する専門統合職人員比率	統合パターン	階層的影響	高い影響力をもつ単位
プラスチック	高い	相互的	高い	チーム，役割部門階層計画手続	22%	チーム	平等に分布	統合部門
食料品	中間	相互的	中間	役割，計画階層，手続	17%	1対1同僚間	平等に分布	販売および研究
コンテナー	低い	連合的―逐次的	低い	階層，計画，手続	0	1対1上司部下間	上に高く下に低い	販売

この表からいえることは，最も環境の複雑なプラスチック産業の組織は最も分化が高く，統合装置も多様に発達し，相互依存関係のパターンは Thompson のいう相互的，相互作用のパターンはチーム方式であり，統合人員の比

率が高く，階層的影響は平等に分布（つまり分権），統合部門が高い影響力をもっていることである。一方最も環境複雑性の低いコンテナー産業の組織は分化が低く，統合装置は階層，計画，手続が中心で，統合機能を果たす人員はなく，相互依存関係のパターンは連合的一逐次的であり，統合パターンは上下関係中心で階層的影響は上に高く，下に低く（つまり集権），販売部門が高い影響力をもっていた。食品産業における組織の環境，組織の分化・統合，成員の相互作用，および成員間影響力は上記産業の中間の特性を展開していたのであった。

組織—環境関係の研究は以上の研究の他に Dill—1958, Stinchcombe—1959, Chandler—1962, Emery=Trist—1965, Terreberry—1968, Duncan—1972 等がある。なかでも Chandler の研究は重要である。彼の研究は組織論というよりも経営史研究であるが，デュポン，ジェネラル・モーターズ，スタンダード石油(ニュージャージー)，シアーズ・ローバックの分権制の歴史分析を通じて，各組織は独自の歴史をもつが，ほとんど共通して，(1)初期の拡張と資源の蓄積，(2)資源使用の合理化，(3)継続的資源の有効利用のための新市場および製品ライン拡大（多角化），(4)新市場に適応するために継続的・効果的資源の動員を可能にする新しい組織構造（分権制）の採用という4段階の発展パターンをとることを明らかにし，構造は戦略に従う (structure follows strategy) という命題を提示した。Chandler は環境における市場の役割を重視し，第2部において展開する組織—市場関係分析の必要性を最初に主張したのである。

Lawrence=Lorsch の研究はおそらく今日組織—環境関係の最も体系的研究であろう。彼らの分化・統合の理論は最近さらに，事業部組織と環境との関係に拡張されている (Lorsch=Allen—1973)。彼らは組織—環境関係研究の結論として，組織は環境に応じて最適な構造を展開させるので，あらゆる環境に普遍妥当にあてはまる唯一最善の組織構造は存在しない。それはすべて場合による (it all depends) という条件適合理論 (contingency theory) の接近

[11)]
法が今後の組織論研究の方向であると主張した。

しかしながら，Lawrence-Lorsch の研究はいくつかの弱点をもつ。第1は，彼らの基本モデルが不明確であることである。彼らは環境の不安定性を情報の不安定性に関連させているが，彼らの組織―環境関係の説明に情報という概念が明確にビルト・インされたモデルを提示していない。環境の不安定性が組織構造の分化・統合に関係があるとするならば，それが情報とどう関係しているのか，環境が情報に関連して不安定であるならばなぜ組織の分化・統合に影響を与えるのか，組織―環境関係に含まれるこれら概念間の因果メカニズムがきわめて複雑な調査を行なったにもかかわらず依然としてあいまいなままに残されているのである。[12)]第2に，組織―環境関係の分析に最も重要である環境の構成要素とは何かがあいまいなことである。彼らは環境の不安定性を情報の確実性，因果関係の不安定性，フィードバックの時間幅でとらえているが，これらの情報特性は環境の構成要素とどういう対応関係にあるのかが分析されていない。この点は分化・統合モデルが特定環境と対応させた具体的組織構造のデザインにどういう示唆を与えられるのかという問題を提供する。結局彼らの組織―環境モデルは組織の内部統制と統合の問題に重点があり，環境分析は今後の課題なのであった (Lorsch=Allen—1973, pp. 189—190)。

組織―環境関係の研究はまだその端緒についたばかりなのである。

---

11) 条件適合理論という言葉は最適リーダーシップ・スタイルはおかれた状況によって異なることを示した Fiedler によって最初に使用されたものである。

12) Lawrence=Lorsch の研究によってホーソン工場実験以来ハーバード・グループが再び台頭した。彼らの接近法はホーソン工場においてもそうであったが基礎学問に基づいて概念を選択し，概念間の関係を明らかにした仮説をもって検証にすすむというよりは，まず現実の観察から概念をつくり，あらゆる調査手法を試行錯誤的に展開するいき方である。とくに彼らの分化・統合という概念は基礎学問（例えば社会学の分化）と関係がない独自のものである。その測定方法も複雑多岐にわたっている。

第2部　市場志向の経営組織論

第4章 組織と市場

第1節 問題の発端

　われわれは組織と環境との関係の研究が組織論において60年代に始まった新しい胎動であることを知った。心理学的あるいは社会心理学的接近法は個人あるいは小集団を基本的な分析単位として出発し，そこからより大きな組織に向って理論モデル・ビルディングを行なってきた。元来，人間関係論者は人間の動機づけの直接的方法，例えば，カウンセリング，意思決定参加，Tグループ・トレーニングに関心を示し，組織構造を軽視しがちであったが，Likert のように組織構造を包含した「連結ピン」モデルを提唱した場合でも，最適な組織構造は個人の動機づけの視角からとらえられたのであって，それは結局個人の動機から出発し，個人→集団→組織へと積上げていく思考法に基づいている。ここでの典型的な主張は個人の自由な意思決定への参加と相互作用は集団凝集性を増大させる。そして凝集性の強い集団は個人と組織の目標を同化させ，同時にそれは成員に対して同一力に基づく自己統制を発揮させる。したがって，成員間のひんぱんな相互作用を可能にするよう組織を重複する小集団で覆いつくすというのであった。

　この接近法の弱点は小集団の運動と組織全体の運動を類似の現象と仮定していることである。Perrow は「われわれは組織のなかの個人の態度や行動，あるいは小集団のそれを説明することによってでさえも，組織を説明することはできない。われわれはこのような考え方によって心理学や社会心理学について多くを学ぶことはできるが，組織それ自体について学ぶことは少ないのである (1972, p. 143)。」といっている。そして，何よりも重要な点は，こ

の接近法が組織に対する環境の影響を全く無視していることである。組織と環境との関係の分析には組織内個人間の相互作用というミクロ・レベルよりは，組織全体を分析単位とするマクロ・レベルから分析することが便利である。社会学者は組織を分析単位として構造的接近法をとってきた。構造的なものの見方は「役割における人の性格の特質よりは人の演ずる役割を考える。それは役割が演じられる構造—集団との関係，例えば，販売対生産，集権と分権の度合い，組織における価値・期待・目標の風土，つまりよく組織の性格といわれるもの等—を分析対象とするのである (Perrow—1970, p. 2)。」このような視角は複合組織全体をオープン・システムと考え，その組織の環境への対応の仕方を考察するのにも適している。

実際，一群の社会学者は環境に対応する効果的な内部組織構造の研究を開始した。Woodward はサウス・エセックス研究において組織の課業と組織構造の間に因果関係があることに気づき，成功している企業組織はその企業の生産技術に最適な構造をとる傾向があることを発見し，技術が組織構造を規定するという命題を提示した。

Woodward の研究が製造技術という組織の内部環境を重視したのに対し，徐々にではあるが，すでに60年代初頭より少数の研究者は企業をとりまく外部環境の組織におよぼす影響を認めつつあった。Stinchcombe は建設業では他の量産タイプの産業に比べて動的な情報プロセッシング構造をもつことを指摘した (1959)。Burns-Stalker は不安定で変化率の高い環境に成功裡に対応している組織は「機械的」であるよりは「有機的」な組織構造をもつことを事例研究で示した (1961)。「機械的」というのは専門化したビュロクラティック・システムといい，「有機的」とは流動的なノン・ビュロクラティック・システムをいう。最近では Lawrence-Lorsch は動的な環境に適応している組織は「分化」しており，安定的な環境で運動している組織は分化の程度の低いことを見出した (1967)。彼らは与えられた環境で効果的に適応して

いる組織は「分化」されていると同時に「統合」されている，つまり2つの基本的に相反する特質をあわせもつ複合組織を発展させていることを見出した。

　Chandler は歴史分析を通じて経営戦略が組織構造を規定するという命題で技術学派がほとんど無視した市場を，はじめて明確な分析対象としてとりあげた。そして企業の分権制は環境の「挑戦」に対する「応答」という組織の運動形態であることをデュポン，ジェネラル・モーターズ，スタンダード石油（ニュージャージー），シアーズ・ローバックの4社の精緻な歴史分析を通じて裏づけた。彼によれば分権制の規定要因は企業の製品ラインの多角化に基づく成長戦略あるいは地域的拡張戦略であるというのである。60年代初頭に Chandler がはじめて市場を最も重要な環境要因であると考え，今後市場研究が組織＝環境研究の中心になるべきことを指摘して次のようにいっているが，この指摘は今日にもあてはまることである。

　　……産業と企業の成長と経営管理を研究する者は市場の重要性を認識すべきである。市場経済における企業の拡大と管理は，市場の性質の変化と密接に関連づけられなければならないことは自明の理のように思われる。しかし，経営管理の原理を扱う多くの論者についてわずかにふれるだけで，いきなりリーダーシップや，コミュニケーションや，組織について論じていることが多い。他方，経済学者，反トラスト法の専門家，市場行動の研究者たちは，市場が企業経営にどんな影響をおよぼすかということについては，何もいっていない。たとえば，鉄鋼業でも，化学工業でも，同じように複数事業部制をつくることができると考えられている。あるいはまた，鉄鋼業における競争が石油や化学工業における競争と同種であるとみられており，さらに，ある企業の歴史の一時期の管理上の要請が他の時期でもほぼ同じであると考えられているのである（1962, p.492）。

　マーケティング学者の従来の組織研究の主体は企業の販売組織（例えば，製品別，顧客別，地域別販売組織構造の設計），あるいは流通組織であり，一方においてトータル・マーケティングの重要性が指摘されながらも，企業組織全体として市場にいかに適応するかの理論的研究はきわめて少なく，いくつかの事例研究（例えば，Koch—1962, Corey=Star—1971）があるにすぎない。

一方，経済学者も一般に組織論にはきわめて反抗的であり，個別企業の意思決定過程の研究にはほとんど関心を示してこなかった (Grether—1970)。彼らは組織をその経済効率によって評価するので，分権制の研究は組織のコストを低減する限りにおいてのみ重要なのである (Levy=Truman, 1971)。Chandler の研究に刺激されて Williamson は組織論と経済理論の統合を試みたが，彼は一般的な内部組織効率モデルを提起したにとどまり，現実の市場と企業構造の実証分析にまでおよばなかった (1970)。

　こうして組織と環境の研究は主に経営組織論の分野でとりあげられてきたのであるが，経営組織論のなかでも個人，小集団を中心とする動機づけ理論（組織心理学）の成熟度に比べて，まだ発展の初期段階であり，オープン・システムとしての全体組織と環境との相互作用の研究は現時点の経営組織論の重要関心事となってきている。そして，これまでの研究は要約すると1つの重要な考え方を提起している。すなわち，どのような組織も環境の要求に適合するようなさまざまなタイプの組織構造を展開しうるということである。さらに，つきつめていけば，組織化の唯一最善の方法はないということである。Lawrence=Lorsch はこのような考え方を条件適合理論と名づけた (1967)が，われわれの研究も組織構造におよぼす市場の役割に重点をおきながら条件適合理論を志向するものである。しかしながら，すでに展望したいくつかの実証研究はいずれも環境を構成する変数があいまいであり，結局内部組織構造の分析に終始していた。環境のなかでの市場を重視し，その分析を試みた研究は Chandler であるが，彼の研究も歴史的記述を中心とするので，「戦略が構造を規定する」という命題以外には，マネジメントが市場の対応する組織構造のデザインについて有効なテクニックを引出せる程度にその理論の変数構成は精緻化されていない。したがって彼の研究は組織—市場関係についての仮説の宝庫としての意義はあるが，組織と市場をいかに分析するかについての理論フレームを提供したとはいい難い。組織と市場の研究はさらに

発展させることが可能である。

第2節　組織―市場関係の理論と仮説

　この研究の一般的命題は組織構造は不安定の削減，あるいは市場のうみだす多様性の削減に関係があるということである。「戦略が構造を規定する」とは Chandler の命題であるが，ここでは市場が組織構造を規定すると考える。理論的には包括的な因果フレームは次のように考えられる。市場は企業の戦略に影響を与え，企業の戦略は組織構造に影響を与える。成功した企業の戦略と組織構造はまた，市場にも影響を与える[1]。これらの適応の過程は次のようなフィードバック・サイクルを描くであろう。

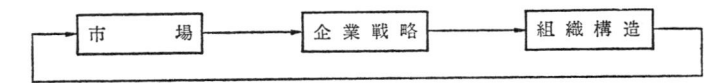

　　市　　場　→　企業戦略　→　組織構造　┐
　　↑←―――――――――――――――――┘

　しかしながら，この研究では，企業戦略という仲介変数を吸収して市場と組織構造の関係についての分析を試みる[2]。ここで逢着する問題は組織構造を

---

1) 成功した企業の組織構造は市場の変数に影響を与えうる。競争者は自らの組織構造を成功企業の組織構造を模倣することによって市場に対応するからである。Chandler の調査では，既述4社の創始した分権制は第2次世界大戦後広く産業界に伝播したが，典型的事例はフォードによるジェネラル・モーターズの組織構造の模倣による組織改編であった。
2) 厳密にいえば，市場 (X_1) は企業の市場戦略 (X_2) を規定し，市場戦略が企業の組織構造 (Y) を規定する：
$$X_1 \xrightarrow{A_1} X_2 \xrightarrow{A_2} Y, \text{すなわち}$$
$$X_1 A_1 = X_2, \quad X_2 A_2 = Y \quad (1)$$
である。しかしながら，市場戦略 (X_2) は企業の政策であり，企業内部の意思決定パラメーターからなる仲介変数である。これらのパラメーターは現実に測定困難である。したがって，われわれの分析は市場戦略という仲介変数を吸収し，市場と組織構造の直接的な因果関係を対象とする：

市場との関係においてどう概念化したらよいかということである。

市場戦略の基本はその市場に特有の情報フィードバック構造を発展させることである。組織は本質的に意思決定システムであり (Simon—1947),意思決定は関係情報が存在する場合にのみ可能である。Weick はこう述べている。

> もし特定の組織にとっての関連環境が情報によって記述されるとすれば,組織化の目的は関連情報インプットに存在するあいまい性の削減にあるということができる。このような考え方は情報の不安定性の除去に帰着するという情報理論の基本概念と一致している……組織づくりは情報のあいまい性を除去し,この除去が可能なようにプロセスを構造化することに関係しているのである (1969, p. 29)。

したがって,組織は市場の不安定性削減に対応させるための情報プロセッシング構造を発展させることによってその環境に最適に適応する。そして,組織の適応の条件は大部分市場の性質によってきまってくる。市場のうみだす多様性あるいは不安定性は情報と意思決定の負荷を,そして究極的には組織における情報プロセッシング構造を規定すると考えられるのである[3]。われわれの研究は次に示すごとくこの関係を探究することである。

$$(X_1 A_1) A_2 = Y \quad (2)$$

すなわち,企業の組織構造は市場の直接的関数である。このような考え方は組織―市場の関係を操作的にする場合に有用な理論モデル・ビルディングの戦略である。社会科学における因果関係にコントロール理論のシグナル・フロー図を適用する考え方については,さらに Stinchcombe—1968, pp. 131〜148 を参照されたい。

3) Stinchcombe は人間活動の構造を説明する場合,理論モデル・ビルディングの戦略の1つとして変化関連概念 (a variance-related concept) を使うことが有効であると指摘している。変化関連概念の1つは原因変数の変動性 (variability) であり,「もし1つの変数が1つの活動の原因となる場合,その活動は原因変数が変化するとき調節されなければならない。この適応には,まず何をなすべきかの意思決定が必要になる。したがって意思決定活動の社会的分布はその意思決定活動の原因変数の変動性によるのである。そして情報は意思決定に必要であるので,情報プロセッシング活動も同様に原因変数の変動性で説明できる (1968, p. 236)。」としている。

第4章 組織と市場　139

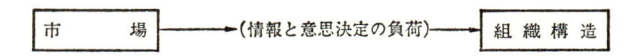

```
┌─────────┐                          ┌─────────┐
│ 市　　場 │──(情報と意思決定の負荷)──→│ 組織構造 │
└─────────┘                          └─────────┘
```

　市場あるいは市場環境は多くのことを意味する。例えば，政治的，法的制度，労働市場，資本市場，技術，投入（材料，設備）市場，産出市場，需要の性質，購買者の特性等である。われわれは，ここでは市場の2つの特性，すなわち市場構造と市場条件に焦点をおく。新古典派経済学派のなかの一群の研究者は産業組織論という市場の実証分析のフレームを発展させている (Mason—1957, Bain—1968, Scherer—1970)。彼らは市場構造を市場における競争と価格決定に戦略的影響を与える市場組織の特性と定義し，売手・買手集中度，製品差別化の度合い，参入障壁等の市場の構造的特性が企業の市場行為と市場成果を規定するという仮説を提唱した。ここで市場構造分析の提唱する変数をわれわれの分析フレームに含めるのは，企業の製品ラインについての競争が市場多様性の重要な源泉であり，情報と意思決定の負荷を増大させると考えられるからである。他の市場特性も市場の多様性を増大させ，企業の情報と意思決定の負荷を増大させる。例えば，市場における製品とブランドの多様性，顧客の購買方法，技術の進歩，需要の変動性等である。これらをここでは市場条件とする。以上の点からわれわれの基本的な理論モデ

---

4)　同様の仮定から競争と不安定性の関係を情報理論のエントロピーの概念を導入して理論モデル・ビルディングを行なっているいくつかの試みがある（例えば，Theil—1967, Horowitz—1968, Bernhardt=Mackenzie—1968)。

5)　市場構造の構成変数を売手および買手の集中度，製品差別化の度合い，参入障壁の3基本変数に集約したことは Bain の功績であるが，市場構造→市場行動→市場成果のフレームのなかで，市場行動をよりよく説明しようとする場合に，より多くの変数を導入せざるをえない。Scherer はさらに市場構造の他に市場構造の規定要因として市場の基礎条件 (basic conditions) を，彼の分析フレームに加え，市場構造→市場成果の分析を主眼とする Bain の「構造的」接近に対し，自らの接近を市場構造→市場行動の分析に重点をおくので，「行動的」接近であると特徴づけている (1970)。

ルは図4—1のごとく要約することができる。

図 4—1 組織—市場関係の基本モデル

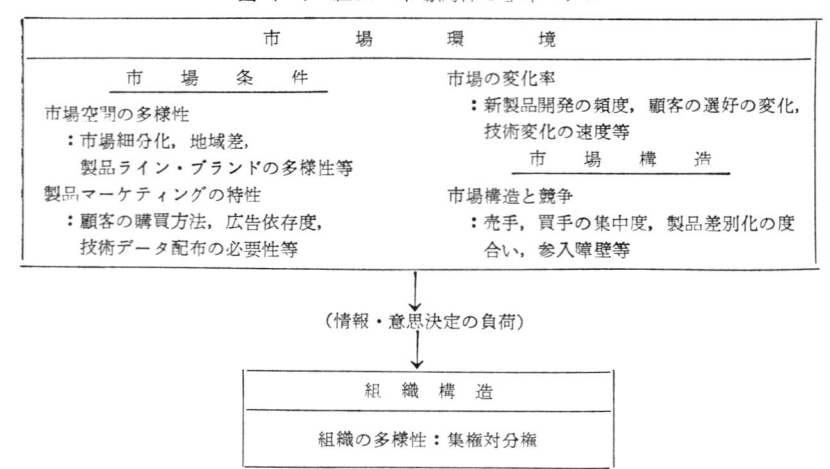

市　　場　　環　　境	
市　場　条　件	市場の変化率
市場空間の多様性 　：市場細分化，地域差， 　　製品ライン・ブランドの多様性等	：新製品開発の頻度，顧客の選好の変化， 　技術変化の速度等
	市　場　構　造
製品マーケティングの特性 　：顧客の購買方法，広告依存度， 　　技術データ配布の必要性等	市場構造と競争 　：売手，買手の集中度，製品差別化の度 　　合い，参入障壁等

↓
（情報・意思決定の負荷）

組　織　構　造
組織の多様性：集権対分権

あるものの多様性をその識別される要素の数とすれば，それは不安定性という言葉より広い意味をもつ。ここでは多様性という言葉はサイバネティックスでは識別される要素の数 (the number of distinct elements) と定義される (Ashby—1956)。多様性は情報の質と量に関して異質性と不安定性を表現すると考えられる。例えば，識別される要素の数が多ければ，それは異質的 (heterogeneous) といわれ，ある状況において選択の数が多ければ，それは不安定的 (uncertain) といわれる。ここでの理論モデルにとって重要な仮説は，市場がより多くの多様性をうみだすほど情報と意思決定の負荷は増加するということである。企業がより多くの多様性に直面すればするほど意思決定のためにより多様な情報を記録・監視・蓄積しなければならない。この多様性に対抗するための最適な方法は企業自らの組織構造のなかに多様性を構築して応答することである。これが最少有効多様性の法則 (the law of requisite variety) と呼ばれるサイバネティックスの基本的な原則を応用した考え方である。[6]
Ashby によれば「多様性のみが，多様性を破壊することができる (only variety

can destroy variety, 1956, p. 207)。」のである。例えば，ラグビーの試合で対抗する赤シャツ組15人の選手のシステムをコントロールする最善の方法に白シャツ組にも15人の選手を置くことである。「もし，白シャツ組の1人の選手が赤シャツ組の1人の選手をマークすれば，どのような戦略を赤シャッチームがとろうとも，白シャツ組に平均してこれに対抗する十分な多様性が増殖しているのである (Beer—1966, p. 279)。」[7]

　組織における多様性とは図4—1に示されたごとく分権である。多様性に拮抗する能力は既存の情報プロセッシングと意思決定チャネルを凌駕することができないので，環境がより多くの多様性をうみだすことによって，必然的に組織における情報・意思決定の負荷は増大する。したがって，企業の多様性を吸収する情報プロセッシング能力（Beer の言葉でいえば「多様性スポンジ」）は少なくとも市場の多様性の増殖力に比例して増殖される必要がある。組織はこの不安定性を減少させるためにより多くの情報プロセッシングと意思決定単位あるいはセンターを自らの構造のなかに構築しなければならない。これが分権であり，分権とは企業の組織構造のなかに十分な情報プロセッシングおよび意思決定機能を備えた自己充足フィードバック単位（例えば，製品あるいは地域事業部および製品マネジャー）を分離することである。

　多様性の発生源としての市場は異質性および不安定性という2つの次元を

---

6) Ashby の最少有効多様性の法則は Shannon の情報理論の第10定理「チャネルの能力は送信されるシグナルのあいまい性を解消できる程度に十分でなければならない」と同じである (Beer—1966, p. 282)。

7)　情報理論では，多様性は意思決定における代案の数を意味し，エントロピーという概念で測定される。しかしながら，われわれの研究では，意思決定における代案の数を調査するのではない。われわれの多様性は多様性をうみだすものの数を意味する。すなわち，市場多様性は企業の意思決定の代案の数に影響を与える要素の数である。そして，組織多様性は市場多様性に対抗する代案を増殖させる情報プロセッシングおよび意思決定単位と情報プロセッサーの数である。これらの点はさらに後述する。

もつと考えられる。Dill は環境を同質―異質次元と静的―動的次元で特徴づけることが便利であると考えた (1958)。彼は異質性を市場, 競争者, 供給者, 顧客等の数で考え, 動態を市場, 製品, 技術, 流通手段の変化率でとらえようとした。Thompson はこれら 2 つの次元はすべての組織と環境に適用できると主張した (1967)。われわれも同様に環境を 2 つの次元で特徴づけるが, 次元の選択は全く異なる視角に基づくものである。

われわれは市場の多様性を情報の質と量の側面で考える。ここで異質性を「情報源の数」(the number of sources of information) および「各情報源に送受信する情報量」(quantity of information transmitted to and from each source), 不安定性を 「情報の信頼性」 (reliability of information) および「情報フィードバックの時間幅」(time-span of information feedback) で定義する[8]。

識別される要素の数が多ければ多いほど, より多くの情報源の数, あるいは場合によっては各情報源に伝達する多量の情報量が要求されるだろう。例えば, 鉄鋼会社は薄板, 厚板, 加工製品を型別, サイズ別に多種多様に製造し, これらの製品は自動車, 建設, 造船から製罐あるいは家庭用具にいたるさまざまな製造者が購買する。近年にいたって鉄鋼企業の組織が多様化せざるをえなかったのは, おそらくこのように情報源の数が圧力となったからと思われる。プロクター＆ギャンブル社は各情報源に伝達する膨大な情報量, 例えば, 1 つのブランドを特定の市場セグメントに売る場合に広告, ストア・プロモーション, ディーラー・プロモーション, 包装等にいたる膨大な情報量を目標セグメントに送受信する必要から, つまり各情報源に送受信する

---

8) 情報理論, コントロール理論, サイバネティックス等でいう情報の負荷は, 情報の質と量の面から結局この 4 点に集約される。市場の多様性はすべてこの 4 つのインディケータで記述, 測定できると考えるのである。ただし, 上記サイバネティックス等では情報をすべて量に還元するが, 現実の社会現象では情報の信頼性, フィードバックの速さ等, 情報の質的側面を考慮しなければならない。

多量の情報量に対処するためにブランド・マネジャー制度を創始したと考えられる。

　不安定性は情報の信頼性と情報のフィードバックの長さを意味するが，これらは情報源の数と各情報源に伝達する情報量が情報の量的側面に関係があるのに対して，情報の質的側面の負荷を意味する。不安定性は変化に関連する概念で，「ある行為を起す場合，その結果を規定する原因変数が将来統制できない様子で変化する場合 (Stinchcombe—1968, p. 262)」に重要である。不安定性に直面すればするほどより信頼性の高い情報を求めるか，あるいは迅速な情報のフィードバックが必要になり，組織として情報フィードバック・センターを情報源の最も近いところに構築しなければならなくなる。

　例えば，1920年代にジェネラル・モーターズがその組織構造を分権化したのは，市場の情報源の最前線でその生産を急速に変化する市場条件に適応させるためであった。当時の社長 Alfred Sloan は1920年秋に需要減退を予知できず，これに組織が迅速に対応できなかったことから，1924年には「生産計画を適切に統制させる制度をつくり，この制度を通じて統制を徹底する」方針を言明し，全ディーラーからの旬間販売報告の提出を義務づけ，市場調査機関からの定期的新車登録状況報告を制度化し，各事業部の市場占有率とその変化を把握することに努めた。このため，1921年に始まった分権化の過程のなかで，市場からのフィードバックは事業部レベルに下ろされ，製品ミックスを適応させるための正確な関連情報フローの構造化は著しく進展した。こうして常時市場の正確な情報の入手が可能になったので，さらに次のような新しい市場予測方法の確立が可能になった。

　　ジェネラル・モーターズの生産計画の基本的な指導原則は，生産計画はかならずディストリビューターとディーラーの販売能力に合わせて立てなければならないということである。各乗用車事業部はディーラーから10日毎に顧客に引渡した台数，新規受注台数，手持受注残，および新車と中古車の手持在庫数の報告をうける。そして10日毎にその実績を月間見通しと照合し，毎月の数字が判明すると

状況を慎重に分析し,当初月次見通しが高すぎたか,低すぎたかを検討する。……換言すれば,会社は1年前から固定的な生産計画を確定し,小売需要を無視してこれに固執するよりは,常に現実の年間小売需要に適応した生産統制を行なっている。そして,季節需要を考慮し,ディーラー在庫を最低におさえるようにしている。生産計画が弾力的にできているからこれが可能なのである (Chandler—1962, p. 181)。

以上の点により,われわれは市場をそこにおかれた組織が適応するのに必要な情報の性質から,同質→異質,安定→不安定の2つの次元で考えることができる。異質性の次元は「情報源の数」,「各情報源に送受信する情報量」,不安定性の次元は「情報の信頼性」,「情報フィードバックの時間幅」でそれぞれ表現できるが,前者は主に情報の量的側面に関係し,空間の多様性 (variety in space),後者は主に情報の質的側面に関係し,時間の多様性 (variety in time) といえる。そうすると,われわれは組織の当面する市場をその組織の生存に必要な情報の特性から次のような4つの類型に分類することができる。

図 4—2 情報の質・量による市場の類型

		時間の多様性	
		安定的	不安定的
空間の多様性	同質的	1	3
	異質的	3	2

そこで,われわれは各空間における組織―市場の関係について次のように考えることが可能である。(1)もし市場が相対的に同質的であり,安定的であるならば,組織は相対的に簡単な情報プロセッシング構造をもつであろう。(2)市場が異質的で不安定であれば,組織は偶然性あるいは予測困難性に直面し,組織構造は流動的になり,高度の組織の多様性をもつにいたるであろう。(3)もし市場環境が同質的だが不安定的,あるいは異質的だが安定的である場合は,情報プロセッシング構造は組織の市場監視能力が満足できる程度にお

いて多様化するであろう。[9]

　われわれは分権を組織の多様性の程度と定義した。したがって，われわれの命題からすれば組織は異質性あるいは不安定性のスペクトラムのどちらか一方あるいは，両方の極限におかれた場合に分権化すると考えられる。分権の現象は，しかしながら，前記仮定が示すように組織の情報プロセッシングの経済性にも左右される。実際，組織の環境からの挑戦に対する応答にはいろいろな型があり，Chandler の研究の重要な貢献の1つは分権の程度が産業別に異なるし，一産業においてもそこに含まれるすべての企業に普遍妥当に当てはまる唯一最善の分権の程度は存在しないことを指摘したことであった。分権制は，またある程度の組織スラック (Cyert=March—1963) を潜在的にもっている組織構造である。例えば，職能別部門の専門化によって集権化された組織構造には重複する資源は少ない。ビュロクラシーは最適規模の経済性をもつ合理的組織の1つの型と考えられるのである (Perrow—1970)。一方，分権の場合は個々の独立事業部は同じ資源を重複所有して他の事業部と競争するので，「組織贅沢」といえる側面をもつ。いわゆる再集権化（分権後の集権）の現象は，分権性の程度が情報プロセッシングの経済性に左右されることを示している。

　例えば，フォードは1955年にジェネラル・モーターズと車種ライン別に競争するために組織構造を乗用車別の独立事業部に分割することを計画し，コンチネンタル，リンカーン，マーキュリー，エドセルの4事業部を創設した。しかしながら，後に各事業部の売上げがそれぞれの事業部の共通費を吸収できるのに満たなかったためにこれを撤回した。1957年から1958年にかけてマーキュリー，エドセル，リンカーンは一事業部に統合された (Koch—1962)。実際，1960年代初頭にフォードが統合的な北アメリカ自動車部門 (North A-

---

9) このような考え方の展開には Thompson—1967, とくに6章を参考にした。

merican Automotive Operations) を設立したとき，フォードの国内組織は車種別分権制の事業構造から統合的な単一の乗用車，トラック事業構造に移行したのである (Corey=Star—1971)。

　ジェネラル・エレクトリックの家庭電器事業部の組織構造は1964年後半までポータブル器具，家庭用製品，時計および個人用製品の3つの独立部門に多様化されていた。しかし，それぞれの部門は同じチャネルを使用し，同様の商品化戦術をとり，同一顧客を相手としているので，1964年9月にこれらの部門は職能別組織に改組されたのである (Corey=Star—1971)。

　さらに，コンピュータを中心とする情報技術の進展は分権化の傾向を逆転させ，「再集権」分権制を増加させている。例えば，クライスラー，バロース，タイム，キャタピラー等 (Koch—1962)。これらの現象の組織は当初適応的，革新的であっても，やがて規模の経済性をとり入れ，情報プロセッシングの一部を集権化するということを示唆している。ビュロクラシー化は組織を規則，規定，標準化，専門化によって組織を環境の攪乱から安定化する試みであると定義されるが (Perrow—1970)，分権制は情報プロセッシングの市場多様性に対する流動的な適応の必要性と情報プロセッシングの専門化，統合化による経済性との妥協の接点に求められるとも考えられるのである。

　われわれは，以上の議論を総合して，次のような仮説を想定する。

1. 市場が同質的そして，あるいは安定的であればあるほど組織はより簡単な情報プロセッシング構造を維持する。すなわち，組織は規模の経済性の規範のもとに情報プロセッシングと意思決定を集権化する。
2. 市場が異質的そして，あるいは不安定的であればあるほど組織は情報プロセッシングの最少有効多様性の確立を求める。すなわち，組織は市場の多様性に対応するために組織を多様化，すなわち分権化する。
3. 組織は組織の市場監視能力に応じて情報プロセッシングの選択的再集権化を求める。

第3節　概念の操作化

　理論モデルの基本的構成が概念間の関係づけ（命題あるいは仮説）にあることはすでに述べたが，理論モデルにおいて選択された概念は現実に検証可能でなければならない。概念，すなわち言葉の意味を測定しようとする知的背景はわが国においては希薄であったと思われるが，社会科学における方法論の根本的問題の1つは言葉の意味をいかにして測定可能な変数に変換するかということであった。方法論は調査探求を行う場合の基本法則を意味し，単なる調査技術以上のものであるが，[1]方法論の体系化に最も大きな貢献をしたのは社会学における Paul Lazarsfeld と彼の同僚であった。Lazarsfeld はサーベイ・リサーチ方法論が，(1)変数の形成，(2)変数間関係の分析，(3)変数間関係の時間的変化の分析の3本の柱で構成されると主張したが(1955)[2]，(1)の変数の形成はここでいう概念の操作化を意味する。本節の課題は Lazarsfeld の方法論に基づいて，われわれの理論において選択した概念の操作化を行うことである。

---

1) 　Kaplan は調査の一般的戦略を方法論 (methodology)，調査の特定の手段あるいはテクニックを方法 (methods) と区別している (1964)。
2) 　サーベイ・リサーチは社会調査の一分野であり，その実験的方法に比べた基本的特色は自然の状況における現象の調査方法にある。したがって，サーベイ・リサーチでは変数の統制が行えないので，その因果関係の決定は実験におけるそれほど確信的ではない。その半面サーベイ・リサーチには多変数を取扱い多様な変数間関係の分析ができるという特色がある (Glock—1967)。組織論においてもホーソン工場実験あるいはグループ・ダイナミックスの小集団研究において実験的方法が採用されたが，多くの場合組織現象の実験は困難であり，小集団より大きな組織を分析単位とした場合なおさら自然の状況における組織現象の観察あるいは測定を行わざるをえない。われわれが実験的方法よりもサーベイ・リサーチ方法論に依存するのはこのためである。

1. 概念の操作化のプロセス

　自然科学において研究対象とする現象は日常経験する状況とは異なる状況（例えば，実験）でとらえられるので，その現象の性質を取扱う場合に正確かつ厳密に定義した専門用語をもつのが通例である（例えば，数学）。しかしながら，社会科学において研究対象とする現象はわれわれの身近に自然の状況のもとで生起するので，日常用語で記述されるのが一般的である。日常の言葉は，しかしながら，現象の性質をあいまいに，しかも主観的にしか表現することができない。現象に対するイメージは人によって異なるばかりでなく，人はまた特定の言葉にさまざまな意味をもたせる。したがって，社会科学が科学であることを試みるための第一歩は，この言葉の意味，すなわち概念をどう客観的に測定するかについての方法論が確立されなければならなかったのは当然のことであった。われわれは言葉の意味分析 (semantic analysis) に細心の努力を払わなければならないのである (Lazarsfeld=Rosenberg eds.—1955)。言葉は人によって付与する意味が異なるという意味で変数であり，サーベイの本質は変数としての言葉 (a variable language) に固有のすべての可能性（それは完全に研究しつくすことができるのであるが）の研究である (Lazarsfeld—1955)。

　Lazarsfeld が方法論の第1にあげた変数形成の問題は，いかにして言葉を測定可能な概念に翻訳するか，いいかえれば，いかにして概念を変数にするかを取扱う。一般的に変数形成のプロセスは，概念の選択，概念の次元の選択，次元のインディケータの選択，測定用具の選択，インデックスの形成のステップで構成されることがほぼ明らかにされている (Lazarsfeld—1957, 1958, Lazarsfeld 他—1972)。変数形成の第1段階は現象についての概念の選択から始まる。概念の選択について一般的法則は存在しない。それは理論モデルを構築する者がどの現象に関心をもち，その現象をどういう概念で構成し，その関係をどう説明するのかによってきまってくる。概念の選択は研究者の知

識,観察,経験,価値観等から生れてくる洞察力による。われわれは市場に対応する組織現象に関心をもち,その関係を説明するために市場多様性と組織多様性という概念を選択した。分析レベルは個人でも集団でもなく組織である。

　第2段階は選ばれた概念の次元の選択である。多くの場合第1段階ではまだ概念はイメージの段階にあるが,ここではさらに概念を現実のインディケータで表示することができる程度にまで突きつめて考えなければならない。このためには概念をいくつかの側面 (aspects),要素 (components),次元 (dimensions) に分解して考察することが便利である。[3] 次元の選択は研究者の現象と概念に対する洞察力の深さに負うであろう。概念の次元の選択によって,調査対象は座標によって物理的空間の点を指示することができるように特性空間 (property space) に位置づけることができる (Barton—1957)。[4]

　第3段階は選ばれた次元のインディケータの選択である。概念とインディケータの関係は絶対的なものではなく確率的である。概念の次元を明確に定義しても,現実のインディケータの選択を誤ったために,調査結果が概念間の関係について,当初の仮説に対して好意的に出ないことが往々にしてある。したがって,研究者は,多くのインディケータを考えておくほうがよい。実

---

3) Lazarsfeld は社会科学で使用する概念は非常に複雑なので,それを操作的にするためには次元に分割することが不可欠であるが,19次元以上を必要とする概念はめったに見たことがないといっている (1958)。

4) おそらく,組織論のなかで最も多くの実証研究が行われたのは動機づけ理論のなかのリーダーシップ研究であろう。そして,リーダーシップ研究の焦点はリーダーシップ概念の次元とインディケータの決定にあったといってよい。オハイオ州立大,ミシガン・グループ,Blake-Mouton 等の研究はリーダーシップ概念が次元の名称はさまざまであるが,結局人と仕事の2次元であることを明らかにしてきた。これらの研究の要約については,例えば Bowers-Seashere—1966 を参照されたい。また,構造理論のなかでは概念の次元およびインディケータが最も開発されてきたのは第3章第1〜2節で考察したビュロクラシー概念であろう。

際，1つの概念は多くのインディケータをもちうる。例えば，公立図書館の蔵書数をその地域社会の文化程度のインディケータとすることができるが，文化のレベルは蔵書数のみならず蔵書の質も重要であることを見逃すわけにはいかないのである (Lazarsfeld—1958)。次元のインディケータは概念が複雑であればあるほど多数考えられねばならない。

　第4段階は選ばれたインディケータの測定手段の選択である。ここでは測定手段の選択についての統計的あるいは手法的手続を解説することはできないが，1つのインディケータに対して1つ以上の測定手段を考えておくことが望ましい。

　第5段階は多くのインディケータの測定手段によって得られたデータの情報を最終的に圧縮し，1つのインデックスにまとめることである。インデックスの利点は1次元のスケールで対象を位置づけることができることである。しかしながら，すべての場合に複数インディケータの値を1つのインデックスに集約できるとは限らない。測定された対象はインデックスの形成が困難なように分布している場合があるからである。このような場合は類型 (typology)が存在することを示唆している。ここで上述してきた変数形成のプロセスを要約すると次のごとくである。

図 4—3　概念の操作化のプロセス

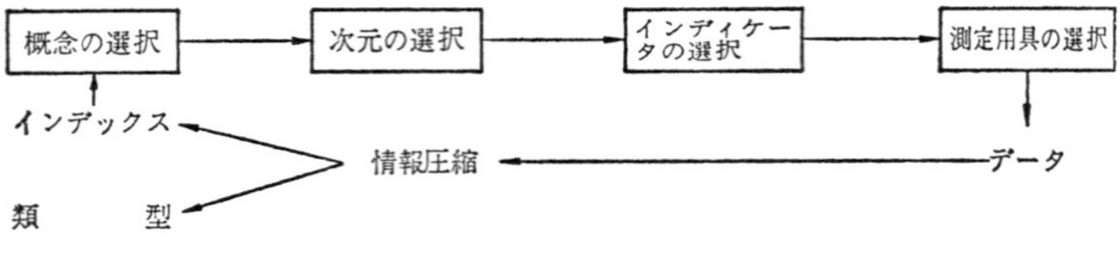

概念の選択 → 次元の選択 → インディケータの選択 → 測定用具の選択

インデックス
類　型
情報圧縮
データ

　われわれの次の課題はこの変数形成のフレームワークに基づいて組織と市場多様性の概念の操作化を行うことである。最初にわれわれの理論において従属変数として選択した組織多様性，すなわち分権という概念の変数への変換から議論をすすめる。

2. 組織多様性：分権の概念

　分権は一般に組織の階層における意思決定のレベルを中心に問題とされてきた。Simon 他は分権を，「行政組織は意思決定が相対的に組織の高いレベルで行われる程度によって集権化されており，重要な意思決定を行う自由裁量と権限がトップ・マネジメントによってより低いマネジメント・レベルに委譲されている程度によって分権化されている (1954, p. 1)。」と定義している。

　しかしながらこの定義は，われわれの分権の概念化に多くの洞察力を与えることはない。われわれにとって，組織内および組織間において「高い」とか「低い」レベルとは何か，また「重要な」意思決定とはどのような内容の意思決定を意味するのかがわからないからである。さらに分析単位の問題がある。Simon の接近法の問題点は彼の分析単位が主に個人を中心に展開してきた点である (Mouzelis—1967)。Simon の理論は組織の構造的側面にもおよんだが，彼の意思決定論の基本は組織における意思決定の主体を個人におき，複合組織を個人の意思決定プロセスで分析しようとした点にある。Simon はこう述べている。

　　社会科学者としてわれわれは人間行動の説明に関心をもっている。社会心理学の視角をとり，われわれは環境が個人としての人間にどのような影響をあたえ，彼がこれらの影響に対してどう応答するかに興味をもっている (March=Simon—1958, p. 2)。

　われわれはこの接近法をとらない。分権の定義は今日でもきわめてあいまいであるが，分権の理論を構築する場合に逢着する大きな困難の1つは，多くの分権制の研究が誰が，どのレベルで，どういうふうに，意思決定をするかという組織における意思決定者個人と他の成員との相互作用に重点をおきすぎてきたことである。このため分権の程度は意思決定の内容，個人の性格，参画人員の数，組織の風土等によって異なり，統一的な分析を困難にしてき

た。われわれは個人でも集団でもない組織を分析単位とし，組織の分権を問題にする。したがって，組織全体を分析する場合の接近法として分権の社会心理学的接近よりは分権の構造的接近をとる[5]。われわれは環境に対応した組織全体の情報プロセッシング構造に関心があるので，分権を意思決定の個人の特質から切離した意思決定行動の定着した規則性（regularity）のインディケータである組織の情報処理構造の段階でとらえるのである。

われわれは分権を，市場多様性を削減するために組織が最少有効性を創造することであると定義した。Ashbyの「最少有効多様性」の法則はShannonの第10定理「チャネルの能力は送信される信号のあいまい性を消滅させることができる程度に十分に大きくなくてはならない」と類似している（Beer—1966, p. 282）。Levy=Truman は分権の大きさは情報が組織の中心とサービス機能間の情報通過の容易性によるといっている（1971）。Zennetos は分権構造の規定要因の1つは不安定性であり，企業は不安定性削減のために情報チャネルを増加すると主張している（1965）。われわれの分権の理論でいえば，組織の情報プロセッシングの多様性吸収能力（多様性スポンジ）[6]は市場の多様性増殖力と少なくとも拮抗していなければならないのである。

---

5) 組織の構造的接近法は組織社会学的接近法といいかえてもよいが，それについて Perrow は次のように述べている。「……もし，個人でも集団プロセスでもなく組織を研究する場合には，社会学の特徴である構造的接近法のほうがすぐれている。さらに，構造的視角は組織変化および問題解決に，より経済的接近法を提供すると信じる。組織には態度やパーソナリティを変えようとする仲介的努力をぬきにして行動に直接はたらきかける余地が非常に多く存在する。組織構造のデザインあるいは管理をすることが基本である。規則，役割規定，報償構造，コミュニケーション・ライン等の方策は日常反応強化され，従業員の安定的期待の一部を形成するのである（1970, pp. 175—176）。」。

6) Beer は，「……生育できるシステムになくてはならない自己規制コントロールの基本的性質はそれがスポンジのように増殖する多様性を吸収できるということである（1966, p. 284）。」といっている。

情報プロセッシングの構造特性を単純化して見ると，集権は組織本部 (headquarters) と市場との単一ループ情報プロセッシング構造，分権は本部と事業部，事業部と市場の複数ループ・情報プロセッシング構造と考えられる。この考え方を簡単に図式化すると次のとおりである。

図 4—4　集権と分権の情報プロセッシング・グループ

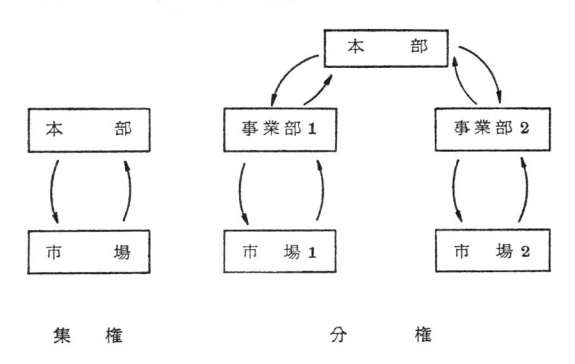

しかしながら，情報チャネルの維持および増加は高価であり，また情報の組織内通過の時間的遅れあるいは歪みを増加させるかもしれない。さらに，市場の境界は常に明確であるとはかぎらず，次図4—5(b)が示すように，いわゆる後述する「強く結合された」，あるいは重複した市場が存在することが

図 4—5　組織と市場の対応関係

(a) 1対1のマッピング（D＝事業部，M＝市場）

(b) 1対多のマッピング

ある。このパターンには，例えば，フォード，クライスラー（ジェネラル・モーターズの分権パターンでさえ集権といわれることがある）がある。この理由は，おそらく，自動車メーカーは一方において細分化した市場が複数情報フィードバック・センターを構築するに足りるだけの大きさをもっていながら，他方において市場全体を自動車という単一市場で覆うこともできるので，量的および質的に共通な情報処理が可能になり，情報の経済性達成の余地が常に存在するからであろう。したがって，組織の直面する市場が多岐にわたればわたるほど組織の情報・意思決定の負荷は増大し，組織のフィードバック構造の多様化を余儀なくされるが，組織が同質的市場と補完的製品をもち，同一の情報プロセッシング構造のなかで情報の調整あるいは統合が可能であればあるほど組織は集権化を志向するにちがいない。

われわれの考える分権が起るために重要なことは各事業部は自己の市場に対応する独立のフィードバック・ループをもつということである。組織が独立の情報プロセッシング装置をもつセンター（単位）を自らの組織のなかに組織的に分化する結果として多くの意思決定が定期的にトップ・マネジメント以下で行われることが可能になるからである。それならば，情報プロセッシングあるいはフィードバック・センター（単位）とは何を意味するのか。Chandler は次図のように集権を本社（本部）と職能別部門をもつ構造，分権を本社と複数独立自業部（製品，顧客，用途，地域別あるいはそれらの組合せ）から成り，各事業部は職能別部門をもっている構造と考えた。

Chandler は，事業部のみを分権の基準と見たが，製品マネジャーの役割を見落としていた。実際，彼の調査時点ではまだ製品マネジャー・システムが多くの組織に伝播していなかった。1950年までは事業部制による分権が合衆国における第1の，そして唯一の組織革新の局面を形成していたが50年代に入って多くの企業において製品マネジャー・システムが広く普及した。製品（あるいはブランド）マネジャーを創始したのはプロクター＆ギャンブル社で

図 4-6 集権と分権の組織構造

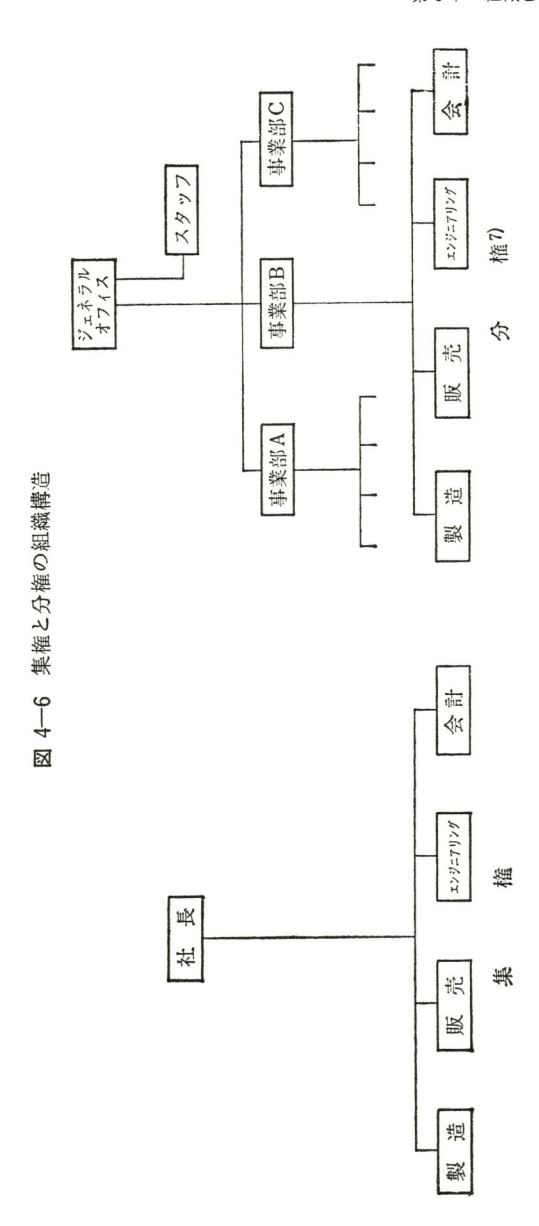

ある。同社は消費者に対する特定の1ブランドのマーケティング責任をそのブランドだけに管理的およびマーケティング能力を集中する1人のマネジャーの手に委託するブランド・マネジャー制度をすでに1930年代に開発していた。それ以来同社はこの考え方から最大の効果をひきだすために，次図に示されているようにブランド・マネジャー，アシスタント・ブランド・マネジ

図 4—7 プロクター＆ギャンブル社におけるブランド・グループを中心とした情報ネットワーク (Procter & Gamble, Recruiting Broschure, 1970, p. 7)

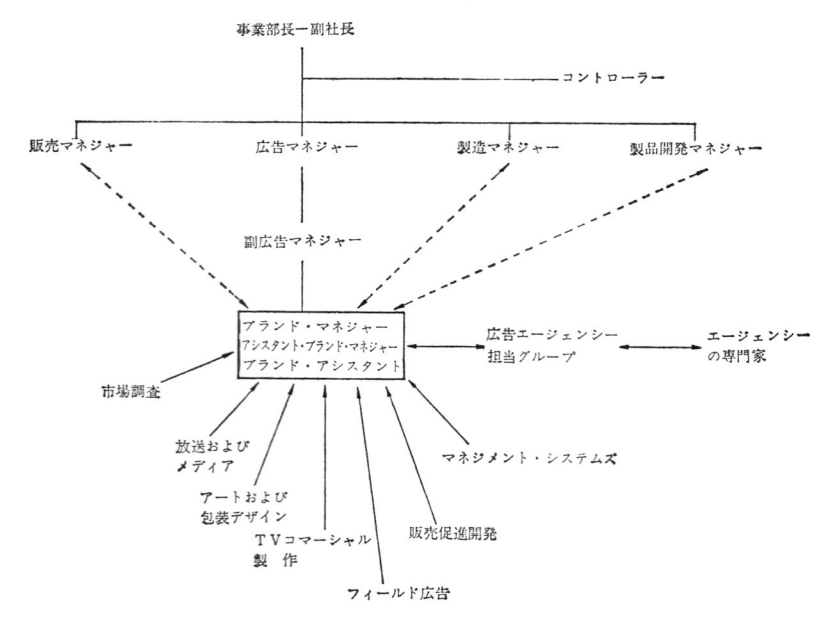

---

7) Steiglitz=Wilkerson の調査では，82社の114事業部を構成する機能は多い順に製造 (95%の事業部が所有)，販売 (95%)，エンジニアリング (80%)，会計＝コントローラー (80%)，人事 (65%)，マーケティング (60%)，製品開発 (60%)，購買 (50%) 等で大半の事業部が最低製造・販売の両機能を有していた (1968)。

ャー，ブランド・アシスタントで構成されるブランド・グループに焦点を合わせて組織を構造化し，消費者マーケティング機能を強化したのであった。ここで注目すべきことはブランド・マネジャーがマーケティング機能はもちろんのことであるが，販売，製造，製品開発の情報を結合できる自己充足的情報センターの役割を遂行できるように情報ネットワークが構造化されていることである。

さらに，興味ある現象は製品マネジャー・システムが独立事業部をすでにもっている企業に多く普及している事実である。このことは，明らかに事業部制的分権のレベルでは市場との情報フィード・バックが十分ではないことを示している。製品マネジャーは，事業部内における一層の情報プロセッシングの専門化，分権化を促進するシステムを形成しているのである。製品マネジャーの基本的役割は特定製品についての情報を収集し，その製品についての市場のあらゆる局面を熟知することによってマーケティング計画を発展させることである。製品マネジャー，ブランド・マネジャー，市場マネジャー，最近におけるベンチャー・マネジャー，その名をどう呼称するにせよ，すべて事業部の職能別部門組織の規模の経済性を維持しながら，分権制の利点を実現させようとする組織構造上の革新であった。製品マネジャー・システムの採用は産業により，企業により変るけれども，このシステムをわれわれは特定の識別できる市場に対し，組織の市場監視能力を強化するために情報フィードバック・サブセンターを組織内に構築することであると考える。

3. 組織多様性：分権の次元

われわれは情報フィードバックあるいはプロセッシング単位の数を組織の分権の程度の指標であると示唆してきた。われわれは情報プロセッシング・センターの数は組織多様性の水平的次元に触れる（tap）と考える。組織の各レベルでこの多様性は一般的に市場多様性に対抗するために水平的に拡大す

る，すなわち，事業部，製品マネジャーは水平的に増加するからである。しかし，分権は水平的分権だけでとらえられる1次元的概念であろうか。われわれは分権には垂直的分権と呼ぶもう1つの次元があると考える。伝統的にこの次元は Simon の定義が示すように，組織の階層のどのレベルで意思決定が行われるかを意味してきたし，さらに古くはこの次元は権限委譲とも呼ばれてきた。われわれは，しかしながら，これらの考え方と異なる視角でこの次元を概念化する。

現在までわれわれは情報プロセッシング単位を単に多様性削減のブラック・ボックスの数として扱ってきた。それぞれの情報プロセッシング単位のな

図 4—8 市場多様性の変換プロセス

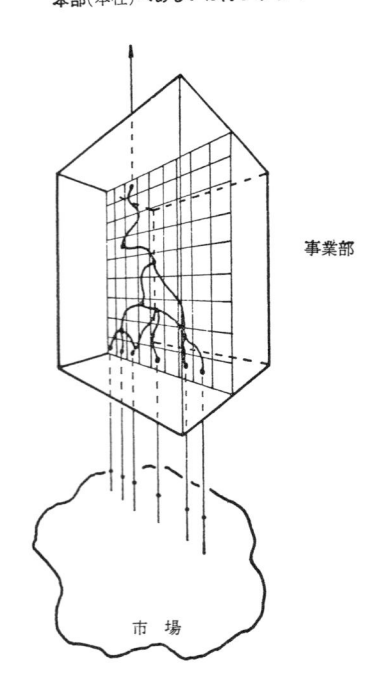

かにおいてどのような市場多様性削減の情報処理活動が行われているのかについては問題にしなかった。しかしながら，意思決定プロセスはすべての変数を多数の多様性の状態から，ある1つの対応状態に変換することである（Beer—1966）。このように考えると，事業部というブラック・ボックスのなかでは市場のうみだす多様性を削減するために意思決定プロセスの枝葉の結節点で，多くの人，すなわち情報プロセッサーの情報および意思決定活動が必要である（図4—8参照）。このことは，例えば事業部あるいは部門において1つの重要な意思決定がなされるとき，販売員，係長，課長，事業部長等と何人もの情報プロセッサーが参画することからも明らかである。したがって，情報プロセッシング単位のなかにおいても，意思決定プロセスによって，多数の代案から1つの代案への変換，すなわち，情報プロセッサーによる市場多様性破壊が行われているのである。

こうして，われわれは分権の2つの次元，すなわち組織多様性の「水平的」および「垂直的」次元を定義する。前者は情報フィードバック・センター（単位）を，後者は各情報フィードバック・センターの情報処理活動，すなわち，この場合事業部分内における重要意思決定の多様性を破壊するために必要な情報プロセッサーの役割の数を意味するのである。[8]

4. 選択した次元のインディケータ

4.1 水平的分権のインディケータ

---

[8] Cadwallader はこう示唆している。「サイバネティック・モデルは研究者に次の点に関心を集中させるだろう。(1)システムに蓄積されている情報の質と多様性，(2)コミュニケーション・ネットワークの構造，(3)全体のなかのサブ・システムのパターン，(4)システムの負のフィードバック・ループの数，場所，機能とタイム・ラグ，(5)システムの記憶装置の特性，(6)システムの構造と行動を規定するプログラム (1959)。」。われわれが行なっていることは，上記(1)から(4)までをわれわれの組織多様性の測定に関連させているとも考えられる。

水平的分権のインディケータの1つは Chandler によって示唆されている (1962)。彼は分権を戦略的意思決定（企業の長期目的，行動の方式，資源分配の決定）および戦術的意思決定（業務の円滑，能率的運営に必要な日常諸活動の決定）に分け，前者を本部，後者を事業部が担当するという意思決定の特性を基準に定義した。しかしながら，意思決定の特性を分析して何が戦略的で，何が戦術的であるかを決定することは困難であり，彼の分権の測定は事実上独立および自己充足的事業部が存在するかどうかを組織図でチェックすることによって行われた。彼の分権のスコアは会社の独立事業部の数による0，1，2，3……であった。[9] 独立および自己充足的事業部とは企業の最低機能，すなわち，生産，販売および他のスタッフ機能を有している事業部を指すが，われわれはこのインディケータをさらに発展させる。

われわれは情報フィードバック構造の基本単位として事業部の数を考える。しかしながら，現実に同数の製品および市場を所与として，同数の事業部をもつ2つの企業に直面することがありうる。この場合どちらの組織がより分権化しているといえるであろうか。われわれはこの場合事業部における製品マネジャーの存在あるいは数を問題にする。もし，一方の組織が他の組織より事業部内の製品マネジャーを多く有していれば，この組織がより分権化していると決定する。なぜならば，この組織は各製品クラス内により多くの識別できる情報フィードバック・センターをもっている，すなわち，この組織

---

9) Chandler は分権の程度を計量化することはなかったが，独立事業部がある企業には存在し，ある企業には存在しないことを組織図によって記述した。このことは実際独立事業部の有無を 0, 1 で測定していることと同じである。また，例えば Weber は資本主義の精神（職業倫理と無限の野心）の規定要因としての宗教倫理（教会による救済ではなく，現世の義務遂行による救済）の理想型のインディケータ（信者による入門，審査，救済における魔法の排除，信者による牧師の監督，非修道院的組織等）が他の宗派よりはカルビニズムに多く存在することを記述していることも同様である。他との比較による記述も測定していることなのである。

は製品ラインあるいは製品クラスという集計レベルより分化した1製品あるいは1ブランド・レベルでの識別できる組織多様性を構築して市場多様性に対抗しているからである。したがって，組織はいくつかの次数の多様性，例えば，1次多様性は事業部，2次多様性は製品マネジャー等を発展させると考えるのである。[10]

4.2 垂直的分権のインディケータ

垂直的分権は一般に組織の階層における最終的意思決定のレベルを問題にしてきた。われわれはこの伝統に従うこともできよう。例えば，特定のフィードバック・センター(事業部)内で特定の意思決定について誰が最終的権限をもっているかを質問することである。しかしながら，すでに指摘したように組織内および組織間において何が「高い」，あるいは「低い」レベルを意味するかは明確ではない。さらに重要な点は，これらのインディケータはサイバネティック的分権の概念，すなわち多様性削減のための組織内の情報プロセッシングの状態を指示していないことである。

意思決定は情報プロセッシング・プロセスの最終結果である。したがって，もしわれわれの観察を意思決定者だけに限った場合組織活動としての情報処理活動の重要な側面を見失うことになる。われわれはすでに組織を情報プロセッシングおよび意思決定構造と考えることを明らかにしてきたが，この点からわれわれは情報プロセッシング活動に携わるすべての人々，すなわち情報プロセッサーを問題にする。そこで，われわれは組織の中心的事業部にお

---

10) 水平的多様性を教える場合の1つの問題は今日企業は多様な市場をもっていることである。例えば，極端な事例としてのコングロマリットを考えられたい。われわれは完全に無関係な多様な市場に対応しているすべての領域と側面を調査することはできないので，われわれの調査対象とする組織を選択した場合ある程度共通の市場特性をもつ事業部で構成されている組織に焦点を合わせる必要がある。

ける必須，すなわち本質的情報プロセッシングおよび意思決定ループに参画するすべての人々，すなわち情報プロセッサーを計算することにする。

　ここで垂直的組織多様性の測定に1つの仮定をおいたことに注目されたい。すなわち，われわれは全組織の垂直的多様性の測定を組織の中心事業部 (core division) における本質的意思決定 (essential decision) に基づいて行なっていることである。本質的意思決定とは組織が市場において行動する場合に最も必要な戦略的意思決定を意味し，中心事業部とは全組織の生存にとって中心的役割を果たす事業部を指している。実際，われわれはすべての種類の意思決定を調査することはできない。Ashby は彼の名づける本質的変数 (essential variables) についてこういっている。「どの種も生存に密接に関係し，そのうちの1つの変数がいちじるしく変化すればおそかれ早かれ他の変数にいちじるしい変化をひき起すような密接に，ダイナミックに関係している多くの変数をもっている。……こういう重要な，そして相互に密接に連けいしている変数を動物の本質的変数と名づける (1960, p. 42)。」。同様に，どの組織も市場における成功と生存に直接関係する主要意思決定をもつ。われわれはこの意思決定に関心をもち，この本質的意思決定は直面する市場特性によって組織毎に異なるのである。[11]

　理想的にはわれわれは企業のすべての事業部の多様性削減の内部状態を観察し，本質的意思決定の情報プロセッシングに従事する情報プロセッサーの

---

11) われわれは本質的意思決定は多くないと考えている。そして，本質的意思決定は市場のうみだす多様性の性質によって異なる。われわれは市場特性と組織構造の関係に関心をもっているので，本質的意思決定とそれに基づくフィードバック構造の差を理解することが重要である。組織の情報プロセッシングのデザインの基本的特性は本質的意思決定に対応するための最少有効多様性に基づいて構築されると仮定されるからである。Simon の意思決定論の1つの問題点は意思決定という概念のなかにあらゆる種類と内容の意思決定を包含し，それらを明確に区別しない点にあり，このことが意思決定の実証研究を困難にしていると思われる。

平均数を得るべきであるが，この調査に含まれる時間とコストの点からわれわれはこれを行わない。現実に組織は組織の発生母体あるいは組織の総売上高の中心的発生源となる等の中心的事業部をもつのが通例であるので，われわれはこの事業部の情報プロセッシングを中心に分析することにする。しかしながら，情報プロセッサーの計算過程で1つの問題点が予想される。最も重要な情報プロセッシングおよび意思決定に関係する人を垂直的に探索する場合にわれわれは人（person）とは何を意味するのかについての定義を明確にしておかなければならない。これは垂直的分権という概念のインディケータを得るための最も妥当な観察レベルの選択の問題である。例えば，意思決定は唯一人によってなされることも，集団の人々（例えば，会議）によってなされることもあり，唯一人の意思決定でも情報収集をごく少数の人から行う場合も多数の人から行う場合もある。さらに，本質的意思決定への参画者の数が，同一の参加者が全情報プロセッシングの過程に頻繁に顔を出すので高いという事例もありうる。

　この問題は，いいかえれば個人，集団，組織と異なるレベルの意思決定の統合的なインディケータを何で表示するかということである。Mouzelis は Simon の接近法は組織に関するすべての理論を個人の意思決定という社会心理学に還元する傾向があり，このフレームワークは個人が集団，組織さらには社会システムに連結され，融合されている場合集計レベルの統合が困難になるという弱点をもつと批判している（Mouzelis—1967）。実際，垂直的分権のプロセス，すなわち多様性削減の内的プロセスは集計レベルを個人，集団，事業部，本部と統合するプロセスにほかならない。

　この問題を解決するためにわれわれは個人，集団，組織を結びつける役割（role）という概念を使用する。つまり，われわれは垂直的分権を組織の中心的事業部における本質的意思決定に反映されている市場多様性破壊に必要な情報プロセッサーの異なる役割の数（種類）で測定する。したがって，中心

的事業部においてわずか2つの異なる役割，例えば広告マネジャーと製品マネジャーが中心的意思決定の全情報プロセッシングを支配している場合は，この2つの役割の意思決定の各段階への反復的参加によって意思決定参加頻度は多くなっても，低い分権（すなわち集権）と判定するのである。さらに，意思決定者がいく人かの集団の人々から情報を収集しても，その集団が全く同一職能，例えば第一線販売員である場合には，そのインディケータとしての役割の数は1という値をとるのである。

5. 選択したインディケータの測定用具

われわれは垂直的および水平的組織多様性のインディケータの測定用具としてインタビューおよび質問票を使用する。水平的分権のインディケータは組織における情報プロセッシングおよび意思決定単位，すなわち製品あるいは地域事業部および製品マネジャーである。垂直的分権のインディケータは中心事業部の本質的意思決定の情報プロセッシングにおける情報プロセッサーの職能的役割の数である。中心事業部および本質的意思決定を見分けるために，われわれは各組織の企画あるいは組織計画担当者および事業部長に次の質問を準備する。

(1) 売上高，製品ラインおよび関連市場についてどの事業部が最も重要な役割を遂行していますか。

(2) この市場で競争する場合にあなたの事業部が行う最も重要な意思決定は何ですか。あなたの業務遂行上の重要性の点から次の意思決定の順位をつけてください。

　　（　）市場開発
　　（　）新製品開発
　　（　）多角化
　　（　）価格決定

( ) チャネル管理
( ) 広告および販売促進
( ) 販売員管理
( ) その他 (具体的に記入)

　こうして中心事業部および本質的意思決定の認定ができれば，次にわれわれは情報フィードバック単位の一番低いレベル，すなわち製品マネジャーに接近する。インタビューにおいてわれわれは彼らが本質的意思決定における情報処理をどのように行うかを記述する。すなわち，誰が意思決定行動を起すか，誰が関連情報を与えるか，意思決定に際して誰に相談するか，誰が最終的に意思決定するか，そして，誰が意思決定の結果を測定するか，である。被質問者を導くために次表に記入させながらインタビューを行う。

表 4—1　本質的意思決定プロセスの記述

意思決定プロセスの主要段階	誰が行動を起すか	誰が情報を与えるか	誰に相談するか	誰が最終決定を行うか	誰が結果を測定するか

　以上の点を中心にして分権の関連測定用具を要約すれば次のとおりである。
(分権の水平的次元)

　　インディケータ1　　事業部の数
　　　　質問(1)　　あなたの会社の組織には事業部がいくつありますか。
　　　　質問(2)　　それらの事業部は独立および自己充足的ですか。

つまり，それらの事業部は少なくとも生産および販売（あるいはマーケティング）機能をもっていますか（もし，もっていない場合われわれはその事業部を情報フィードバック・センターとして算定しない）。

インディケータ2 製品マネジャーの数

質問(1) 各事業部はそれぞれ何人の製品マネジャーをもっていますか。

質問(2) それらの製品マネジャーは製品ラインあるいはブランドのマーケティングを行う場合に少なくとも生産および販売の両機能の橋わたしをしますか（もし，しない場合われわれはその製品マネジャーを情報フィードバック・センターとして算定しない）。

（分権の垂直的次元）

インディケータ1 本質的意思決定における情報プロセッサーの役割の数

質問(1) あなたが責任をもつ製品ラインのなかから代表的な1製品を選んでください。

質問(2) その製品に関する本質的意思決定をあなたはどう行うかを記述してください。記述にあたってその意思決定の主要段階を明確にし，それぞれの段階で誰が意思決定行動を起し，誰が情報を与え，誰に相談し，誰が最終意思決定を行い，誰がその結果を測定するかを話してください。

以上の測定は組織における分権の実体の観察測定であるが，われわれはさらに各情報フィードバック・センターの認知構造による分権の測定を行う。質問は Likert 質問票 (1967) を参照にしていずれも7ポイント・スケール

第4章 組織と市場　167

とし，各フィードバック・センター（事業部長・製品マネジャー）への記入調査とする。被調査者は自己の所属する組織全体の多様性の程度を判定し，該当する値に〇印をつける。

（分権の水平的次元）

| あなたの会社の組織構造をどう特徴づけますか。 | 多様性はほとんどない：小数事業部，小数製品マネジャーである。 | 1 2 3 4 5 6 7 | 高い多様性をもつ：多数事業部，多数製品マネジャーである。 |

（分権の垂直的次元）

| あなたの会社の組織における意思決定プロセスをどう特徴づけますか。 | 多くの意思決定が組織のトップにおいて行われる。 | 1 2 3 4 5 6 7 | 意思決定は組織内でひろく行われる。 |
| あなたの会社の組織における情報プロセッシングをどう特徴づけますか。 | 組織のトップで起り，下方に流れる。 | 1 2 3 4 5 6 7 | 組織のあらゆるレベルで起り，上下，同レベル間にわたる。 |

6. 市場多様性の概念：一般的討論

　われわれは組織多様性の次にわれわれの理論における独立変数である市場多様性の概念について分析をすすめる。われわれは市場多様性を組織の情報プロセッシング活動（意思決定を含む）に影響を与えるすべての市場の識別される要素 (distinct, or distinguishable elements) と定義する。

　市場をいかにして測定するかについての方法は組織論では未開拓である。Burns=Stalker の研究は記述的事例研究であり，市場を厳密に測定しようとしたものではなかった (1961)。Dill は市場を顧客，競争者，製品ラインの数，需要の安定性，顧客との直接折衝の程度，オーダーのルーティンの度合い，顧客折衝技術の複雑性等で記述した (1958)。Lawrence=Lorsch は環境を仕事の必要条件，与えられた仕事達成の困難性の程度，フィードバックの時間的長さで測定した (1967a)。しかしながら，これらの研究はいずれもいかにして市場を分析すべきかについての明確な概念フレームをもっていない。

おそらく，市場測定を最も体系的に行なってきたのは産業組織論（市場構造分析）の接近法であろう。市場構造分析は産業組織の市場構造―市場行為―市場成果の関係を説明する経済学的フレームワークである。しかしながら，操作的には，市場構造分析は仲介変数としての市場行為を市場成果に吸収して，市場構造と市場成果の直接的関係を測定する。[12] 彼らは企業の市場成果を説明するため共通の原因要因（市場構造）別に企業を分類することを試みてきた。市場構造は競争と価格決定の性質に戦略的影響をおよぼす市場特性と定義されるが（Bain—1968），市場構造の最も一般的な次元は，(1)売手集中度（市場における売手の数と分布の大きさ），(2)買手集中度（売手集中度と同様に定義される），(3)製品差別化の度合い，(4)市場参入の条件である。[13] この接近法の問題点は市場構造分析が集計レベルの高い産業分析になりがちであるということである。Grether は市場構造分析者が個別企業の内部構造と意思決定の問題を無視してきたことを批判している（1970）。

---

12) Bain は，「……市場行為の重要な側面は一般的に市場成果との関連から独立させて経験的に測定できないということであり，このために構造―行為，および，行為―成果の関係は実証できなかったし，またその見込みもないであろう。したがって，以下の体系的な実証はすべて市場構造と市場成果の関係についてである (1968, p. 431)。」と主張している。

13) 市場構造は企業の市場行動の定着した状態と考えられる。「初めに行為ありき」であって，企業行動がやがて定着し，それらがその市場に参加している企業に共有された状態として影響を与えるようになったときに市場構造が成立する。したがって，企業行動が常に革新的に変動していて，定着した行動パターンをもちえないような市場では市場構造はおそらく成立しえないだろう。Grether はこの点を認識して市場構造についてこういっている。「企業が(1)独占状態にある，(2)新しく急成長を遂げていて定義できないような分野にいる（いわゆるエレクトロニクス産業），(3)広く多用化しユニークな行動をとっている，の場合を除いては，市場構造はすべての基本的意思決定に影響を与える戦略的環境である。「市場構造」という特性そのものは定義できる市場の存在を示唆し，実際それを必要としているのである (1966, pp. 33〜34)。」。

これに対して，われわれの市場特性測定の接近法は個別企業の立場からの見方を志向しており，より重要なことは，それは個別企業が市場において行動する場合に情報と意思決定の負荷を増大させるような多様性，すなわち市場多様性という考え方から市場を定義していることである。Ashby は「サイバネティックスにおいて最も基本的な概念は「差 (difference)」という概念であり，「差」とは2つのものが異なって識別されるか，あるいは1つのものが時間とともに変化するかのどちらかの場合である (1956, p. 9)。」と述べているが，この考え方から多様性は空間における差と時間における差の2次元があるといえる。空間の差とは一定時の空間に存在する差，時間の差とは時間の変化によって生起する差である。

異質性とは一定時の空間志向の概念（空間の多様性）と定義できる。もし，空間に多くの識別できる要素，例えば，競争者，顧客の数等が多ければ，一時点における空間に多様性があるといえる。さらに，もしそれぞれの識別できる要素に対応するために多くの情報量を必要とするならば，組織は高い異質性に直面することになる。不安定性は時間変化志向の概念（時間の多様性）である。不安定性は市場変数が予測できないパターンで急に変化し，組織がそれに迅速に適応するための意思決定を行わなければならないときに生起する[14]。したがって，特定環境に直面している組織は信頼できる情報を獲得し，時機を得たフィードバックをしなければならないという不断の圧力のもとにおかれるのである。

市場はある条件の場合に明確に識別できる要素に分離できない場合がある。例えば，Ashby は送信する情報量によって環境を2つのタイプ，強く結合している (richly joined) 環境と弱く結合している (poorly joined) 環境とに分けて

---

14) 厳密にいえば，1つの変数の行動が変化しても，そのパターンが予測できるか，あるいは一定範囲のなかで変化する場合にはその行動は不安定性をうみださないかもしれない（例えば，Ashby—1956, 5章の安定性についてを参照されたい）。

いる(1960)。前者においてはコミュニケーション量が最大に近く,後者においてはコミュニケーション量は少ない。「サブ・システムの集合が強く結合されているとき,それぞれの変数は自己のサブ・システムばかりでなく他のサブ・システムの変数にも影響される。このようなことが起る場合には全体をサブ・システムに分離することはその自然の基盤を失うのである (1960, p. 205)。」[15]

われわれの理論でいえば,このことは,例えば,市場が相互補完的製品ラインで相互依存的な全体を形成している場合,すなわち,対象市場を明確に識別できるように市場セグメントを分割することが困難であるときには,情報プロセッシングの重複あるいは規模の経済性が起りやすくなる。ところで,「強く結合している」市場では,組織の多様性を創造することは困難である。なぜならば,各情報プロセッシングおよび意思決定センターは他の情報センターに影響され,次図が示すように独自で市場に送受信する情報の十分なフィードバックを行うことが困難だからである。

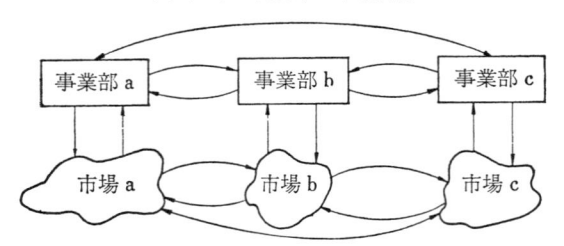

図 4—9 事業部―市場関係

一方,もし環境が相互に直接関係のないサブ・システムに分離されている,すなわち「弱く結合」されている場合には,「各サブ・システムは独自の本質的変数と2次のフィードバックをもつ (Ashby—1960, p. 209)。」。したがって,組織多様性は市場が明確に識別できる,相互影響が少ないか,全くない

---

15) 「強く結合されている」環境の例として,Ashby は数字合せ錠,同時方程式,初期の陰極線オシロスコープをあげている (1960, 16章)。

異質のセグメントに分離できるような市場条件のもとで最大の効果をあげることができるのである。

　以上の議論を通じてサイバネティックスから生れてきた多様性の概念はその性質からしてきわめて一般的な概念であることに気づくであろう[16]。多様性はその要素が一時点，あるいは時間の変化のなかで識別できるものであれば何であってもよい。したがって，組織の情報プロセッシング活動に対する負荷という見方で市場多様性を考えるというわれわれの理論構築の立場から，われわれが市場多様性を具体的にどのようなインディケータで規定し，測定するかがきわめて重要になってくる。これらはすべて組織と市場の関係を説明するためにわれわれが市場多様性をどれほど深く洞察して概念化しているかにかかってくるのである。

7. 市場多様性の次元

　すでに明らかになったように，われわれは市場多様性を2つの次元，すなわち，同質―異質性および安定―不安定の次元で定義した。Thompson はタスク環境の社会的構成は2つの次元，同質―異質性，静態―動態の次元をもち，これら2つの次元からすべての組織構造の違いを説明することができることを提案した (1967)。われわれは基本的にこの提案を受入れている。重要な問題は，しかしながら，どのようなインディケータ（変数）でこれらの次元がとらえられるかということである。

8. 選択した次元のインディケータ

　われわれは選択した次元について4つのインディケータを考える。すなわち，同質―異質性次元に対しては(1)情報源の数，(2)情報源に送受信する情報

---

16)　多様性という言葉はサイバネティックスにおいても一般的定義にとどまっていたが，Beer はこの定義の具体的展開を試みているので参照されたい (1966, 11章)。

量，安定一不安定性次元に対しては(1)情報の信頼性，(2)情報フィードバックの時間幅である。それぞれのインディケータは多変量であり，数項目群で構成される。[17][18]

8.1 市場の同質一異質性次元のインディケータ

市場は空間に多様性を発生させるほど異質性があるといわれる。この多様性に対抗するために必要な情報送受信のチャネルの多様性は直接情報源の数と各情報源に送受信する情報量と関係している。組織がより多くの情報源に直面すればするほど，そして，各情報源に対応するためにより多くの情報量の送受信が必要とされればされるほど，組織は異質性に直面する。したがって，われわれは同質一異質性の次元のインディケータを情報源の数（以下に「情報源」ともいう），および各情報源に送受信する情報量（以下に「情報量」ともいう）とする。われわれの展開する市場多様性のインディケータの構成項目は現在までの文献分析および現実の組織現象の観察の両面から開発したものである。

8.1.1 「情報源」の構成項目

次の項目が情報源の数のインディケータを構成すると考える。

(1)市場細分化の程度：Smith は市場細分化について，「細分化は市場の需要拡大を基調とし，顧客あるいは顧客の使用上の要求に製品およびマーケティング努力を合理的に，より正確に適応させることを反映している (1956, p.

---

17) この4つのインディケータの考え方と名称については筆者はカリフォルニア大学（バークレー）社会学部教授 Arthur Stinchcombe 教授の示唆をうけた。

18) 実際には4つのインディケータを構成する項目がインディケータとも考えられる。その場合情報源の数，各情報に伝達する情報量，情報の信頼性，情報フィードバックの時間幅はそれぞれ異質性，不安定性のサブ・ディメンションと考えられる。

5)。」と述べているが[19]、いいかえれば、市場細分化の目的は製品を顧客全体にマーケティングを行う場合に同質的な顧客群に分解し、それぞれの顧客群に応じたマーケティングを展開することであり、顧客全体の「差」を決定することにある。したがって、市場細分化の度合いは組織が市場に情報を送信しなければならないときの情報源の数に影響を与える。組織が市場細分化戦略をとればとるほど、組織はより多くの情報源を監視し、意思決定のための解釈をしなければならない。同様の論理は、(2)市場における地域差の存在、(3)製品ラインおよびブランドの多様性、(4)顧客の趣味と選好の多様性にも妥当するであろう[20]。(5)顧客の発注方式の多様性：鉄鋼産業では目もくらむばかりの多様な型、サイズ、化学的構成等の加工製品が製造される。しかしながら、鉄鋼メーカーは Chandler の調査によれば、組織構造の分権化を行なったのは他産業に比べ歴史的に遅かった (1962)。この理由の1つは、おそらくこれらの多岐にわたる市場が共通の情報特性をもつからである。例えば、鉄鋼メーカーの顧客は通常事前に購買計画を立案し、数カ月あるいは数週間先に必要品を発注するので、鉄鋼メーカーは生産計画を計画的に調節できる。しかしながら、より重要なことは、顧客は通常小範囲の製品を大量ロットで購入するということで、このことによって鉄鋼メーカーは受注から生産にいたるまでの特定オーダーの情報を計画的、経済的に処理することができるようになる（顧客が多種小量の発注方式をとる場合の情報の負荷を想定されたい）。こ

---

19) 市場細分化戦略の最も包括的文献としては、Frank 他—1972 を参照されたい。
20) (4)の顧客の趣味と選好の多様性については、例えばレコード産業を考えられたい。顧客の音楽に対する趣味は実に多様である。クラシックから最新流行のポピュラーまで、クラシックでも Beethoven から Bernstein まで、ポピュラーでも Oscar Hammerstein から Beatles まで、Beethoven でもピアノ、室内楽から交響曲まで、Beatles でも電気ギターからコーラス、オーケストラにいたるまでその好みはほとんど無限に近い。顧客の好みは同じ音楽の演奏者および歌手によって、さらに多様に展開するのである。

のために，鉄鋼メーカーの製品の型，サイズ，および多産業におよぶ顧客群の膨大な異質性は組織が多様な市場に対応しているにもかかわらず，情報の負荷をうみだす異質性に結びつかないのである。したがって，われわれは顧客が比較的限られた製品を大量ロットで購入するか，あるいは多種小量で発注するかについての顧客オーダーの多様性を「情報源」構成の項目に含めなければならない。

さらに情報源の数を増加させる3つの条件が考慮されねばならない。(6)製品ラインが組織のなかで競争的か相互補完的かということは組織が市場異質性に対応して組織の情報プロセッシングを分離する必要があるかどうかに影響を与えるであろう。この例としては，製品マネジャー・システムの台頭理由を考えればよい。製品マネジメントは製品ライン多角化あるいはブランド多種化に対応するために，特定製品あるいはブランドについての情報プロセッシングおよび意思決定機構の多様化を構築する試みであると定義することができる。最も極端なブランド多種化の場合同一組織のなかで製品が相互に競争することがある。プロクター＆ギャンブル社における洗剤「Tide」対「Bold」，ジェネラル・フーズ社におけるインスタント・コーヒー「Yuban」対「Maxim」の例はまさにそれである。[21] そして，製品マネジメントが同一組織のなかで競合する製品群をもつことの多い食料品メーカーの間に最も広く普及してきたということはきわめて興味のある事実である。[22]

もし，製品ラインあるいはブランドが同一組織のなかで競争していれば，その組織は情報源の数に対抗するために情報チャネルを分離するであろう。

---

21) 例えば，「Yuban」コーヒー（挽きコーヒーおよびインスタント）のブランド・マネジャーが同社の粒状インスタント・コーヒー「Maxim」の導入によっていかに内部競争の脅威にさらされたかについては Bucklin=Jones—1970 を参照せよ。

22) グロサリー・メーカーの製品マネジャー調査（Grocery mfr., November 1968）を参照されたい。

すなわち，ここでは Ashby のいう「弱く結合された」市場が潜在的に存在するのである。もし，製品ラインあるいはブランドが相互補完的であれば，組織は統合された情報チャネルを使うであろう。すなわち，ここでは「強く結合された」市場が存在するのである。

(7)マーケティング・チャネルの多様性：配給チャネルは組織が市場において相対する情報源の数を反映する。チャネルを情報の負荷という点でとらえた場合チャネルの類型は市場からの情報収集および情報送信についての規模の経済性に関連して重要である。市場に到着するまでの組織間（組織，問屋，小売店等）の一貫した情報プロセッシング・チャネルの規模の経済性を確立することは重要なチャネル・マネジメントの目標である。Bucklin の言葉でいえば，「……チャネル・マネジメントは特定のマーケティング計画を遂行するコストを最少化するための適切な企業間組織を発展させることである (1970, p. 551)。」のである。例えば，組織が市場においていかに多くの情報源の数に直面していても，すべての製品ラインと顧客に同一チャネルを使用することができれば，組織は自らの組織のなかに組織多様性を構築することなく情報源の数に対処することができる。Koch は企業をマーケティング・チャネルのタイプで類型化し，共通のマーケティング・チャネルを使用している企業にとくに分権の再集権化の傾向が強いことを発見している (1962)[23]。

情報プロセッシングの経済性は，したがって，チャネル一致 (channel con-

---

23) Koch の分権化の採用企業のチャネルのタイプによる類型は，(1)補完的製品—同一チャネル（例えば，バロース，イリノイ・ツール・ワーカーズ，モンサント・ケミカル，ハンブル・オイルの各社），(2)同一製品—異なるチャネル（例えば，フォード，クライスラー，ジェネラル・モーターズの各社），(3)異なる製品—同一チャネル（例えば，ピルスベリー，H・J ハインツ，プロクター＆ギャンブルの各社），(4)異なる製品—異なるチャネル（例えば，デュポン，ボーデン，ジェネラル・ミルズの各社）であり，(4)を除いたチャネルタイプをもつ企業に「再集化」的分権 (recentralized decentralization) が多いことを見出した。

gruity)の程度に負っている。「チャネル一致とは異質の製品が共同フローをとることのできるチャネル組織の数と定義される。完全一致の場合には製品はすべての同一組織を同時に流れるのである (Bucklin—1966, p.34)。」。チャネルの完全一致の正反対の場合には組織はいかなる情報プロセッシング仲介者の手を借りずに多くの情報源の数と相対さなければならないことが予想され，組織は情報源の数と同じだけの異なるチャネルをもたなければならない。直接販売の場合には最大数の情報チャネルが存在すると考えられる。すなわち，それぞれの販売担当者が単一の情報プロセッシングの役割を遂行しなければならないからである。

(8)生産技術の多様性：Woodward はサウス・エセックス研究において製造技術のタイプが組織構造を規定するという命題を確立した。彼女は生産技術を生産ロット・サイズ，すなわち，単品生産および小規模バッチ生産（エンジニアリング，注文服等），大規模バッチおよび大量生産（自動車等），装置生産（石油，化学等）で測定し，これら生産技術のタイプを統制範囲，階層の数等の組織構造変数と関係づけた。通常大量生産あるいは装置生産の場合には規模の経済性が存在するので，単品生産の場合よりは組織機能は統合化を志向するであろう。例えば，Corey-Star は生産における規模の経済性がフォードの組織の集権化に拍車をかけたことを，「フォードの国内組織を単一事業，すなわち北アメリカ自動車業務に統合することを促進した要因はフォード，リンカーン，マーキュリーの全車種の共通部品の設計，製造，在庫による経済性であった (1971, p. 10)。」と指摘している。

これとは反対に，単品生産は品質重視の複雑な製品を取扱い，顧客の多様な要求に生産計画を弾力的に調節できる特性をもつので，これらの特性は組織構造が市場の異質性に適応的になる潜在的可能性を増大させている。Hage-Aiken は次のように述べている。「……もし，組織のエリートが製品あるいはサービスの質を重視し，絶えず計画変更をうむ政策を意識的にとるならば，

このような政策を推進するのに最適な組織構造は複雑性が高く，階層化の低い構造である。すなわち，ダイナミックな組織生活である。これに対して，組織エリートが大量生産と高い効率を重視する政策をとるならば，反対の組織特性，すなわち，静的スタイルを維持することになる (1970, p. 137)。」。

したがって，製品の質を重視する単品生産は組織が高い市場異質性に対応する組織構造をとることを，また一方大量および装置生産は組織が市場同質性に適応的な組織構造をとることを促すと考えられよう。[24]

8.1.2 「情報量」の構成項目

市場異質性のもう1つのインディケータ，すなわち各情報源に送受信する情報量の構成項目は次のごとく考えられる。

(1)顧客の購買方法：直接販売はいわゆる産業財マーケティングで広く採用されている。この理由の1つは購買方法に起因する。産業財購買者は消費財購買者に比べて購買計画を慎重に立案する。このことは消費財の感情的購買に対比して「合理的購買」として特徴づけられる (Copeland—1924)。[25] 顧客が計画的購買を行えば行うほど，組織は彼を説得させるための多量の情報送信を余儀なくされるであろう。同様の論理は消費財についてもいえる。いわゆる「買回品」，「専門品」は購買計画に費す時間の長さで特徴づけられ (Copeland—1924)，顧客が計画をねればねるほど，説得的広告の必要性が増大するはずである。同様に(2)顧客が高度の製品知識をもっているかどうかも重要である。顧客が洗練された製品知識をもてばもつほど，より多くの説得的情

---

[24] 大量生産にビュロクラシーが，多種小量生産に動態的組織が適する点については，すでに技術学派が指摘したことであった。第1部を再び参照されたい。

[25] ここでいう「合理性」とは伝統的経済学の意思決定者（企業家，企業）が完全情報のもとで利潤極大化の意思決定を行うという合理性を意味しているのではなく，単純に購買が利益動機により強く支配されるという意味の合理性である。

報送信が必要とされるからである。

　次に販売促進戦略のパターンが考慮されねばならない。「販売促進とは顧客に対して説得的情報を向けることによって販売を刺激する企業の試みである (Kotler—1967, p. 492)。」。説得のための情報プロセッシングの2つの主要形態は人的販売による購買者との直接的，対面的接近法およびメッセージという仲介媒体を通じて購買者に対応する間接的，媒体的接近法である。これら2つの販売促進の区別はマス・コミュニケーションか人的コミュニケーションのどちらに重点をおくかによっている。マス・コミュニケーションに依存し，最終顧客に直接はたらきかける販売促進はプル戦略といわれるのに対し，生産者から問屋，小売屋，顧客にいたるマーケティング・チャネルを貫流して終始人的販売に強く依存する販売促進はプッシュ戦略といわれる (Webster—1971, p. 528)。今日企業の多くは両タイプの販売促進を採用しているので，この区別は程度の差であるが，両タイプの戦略を情報量の点からとらえる場合に両者を区別して考えることが便利である。

　マス・メディア広告による販売促進(プル戦略)に強く依存する組織はその製品を会社イメージというよりはブランド一品毎に広告しなければならないときに最大の情報量の負荷を担うことになる。例えば，広告で企業イメージだけを強調している U. S. スチールとブランド毎に膨大な広告を行なっているプロクター＆ギャンブルを比較しても明らかである。一方，人的販売（プッシュ戦略）を主に採用している組織は購買者（チャネルあるいは最終顧客）に直接接触し，助言し，カウンセリングし，教育することによって製品の販売促進を行わなければならないときに最大負荷の情報量を処理しなければならない。それでも組織が顧客と直接折衝し，助言，カウンセリング，教育についてはチャネルが最終顧客へ組織それ自体が行うのと同様の情報活動を請負う場合には，まだ情報量処理の経済性の余地が存在するが，組織が最終顧客への直接人的販売を行わなければならないときにはこれも困難になる。情報

量負荷の最大な人的販売は，例えば，製品一品毎の販売に高度に複雑な技術データを伴う場合に起るだろう。以上の販売促進戦略のパターンを考慮してわれわれは，(3)ブランド一品毎にマス・メディア広告の使用および，(4)製品一品毎に専門的レベルの技術データ供給の必要性を「情報量」のインディケータの項目とする。

情報量負荷という見地から販売促進のもう1つの重要な点に，(5)製品の1次需要創造の必要性がある。顧客がすでに製品知識を有し，ほとんど自らの知識だけで製品オーダーの決定ができる場合は組織は特定製品の1次需要喚起の必要性を認知しない。例えば，リーバイのジーンズの購入，あるいは鉄鋼業界における鋼板の購入がそれである。ところが，コンピューターあるいはエレクトロニクス機器の販売の場合は売手は絶えず顧客の教育，広告，コンサルティング等によって特定製品の1次需要を創造しなければならない。このような場合に膨大な情報プロセッシングの量が必要とされるのは当然である。

(6)新製品を既存の製品ラインの修正とみるのか，それとも全く新規の用途を目ざしたものとみるのか，という新製品開発の負荷を考慮に入れる必要がある。食料品あるいは洗剤メーカーは定期的に「革命的」製品を発表するが，彼らの新製品は多くの場合現在の製品ラインのルーティン化した修正にすぎない。これに対して，エレクトロニクス産業における新製品は往々にして型，最終用途，技術能力の点で全くの新製品に転換することが多い。洗剤とエレクトロニクス機器の間の新製品開発の負荷の差がいかに大きいかを考えられたい。後者において製品開発に必要な関連情報量は膨大な量に達するのである。

販売促進手段の多様性もまた情報量を増大させる。販売促進が限られた競争要因（例えば標準的・同質的製品を販売促進する場合の価格）に基づいている場合には販売促進は本質的に簡単である。したがって，もし競争が1次元（例

えば，価格）の世界で起るならば，市場における各情報源に送受信する情報量は少なくてすむが，これに対して，競争が多次元の世界で展開する場合（例えば，価格，スタイル，品質，包装等）各情報源に送受信する情報量は飛躍的に増大するだろう。組織がおかれた市場において他組織と競争する次元が1次元か多次元かによって組織の情報・意思決定の負荷は決定的に異なってくるのである。したがって，これらの点を考慮して，(7)利用可能な販売促進手段の多様性，および(8)主要競争戦略をわれわれの「情報量」の項目に含めるのである。

8.2 市場の安定―不安定性次元のインディケータ

市場は市場多様性に対応するために情報の信頼性と情報フィードバックの時間幅が必要とされるほど不安定性があるといわれる。情報の信頼性はこの意味においては競争と密接に結びついており，情報の時間幅は市場条件の変化率および必要とされる応答の迅速性と関連している。われわれは市場の安定性―不安定性次元のインディケータを情報の信頼性（以下に「情報信頼性」ともいう）および情報フィードバックの時間幅（以下に「フィードバック時間」ともいう）と定義し，それぞれのインディケータを構成する項目を開発する。

8.2.1 「情報信頼性」の構成項目

情報の信頼性のインディケータを構成する項目は次のとおりである。

(1)売手集中度：これは市場構造分析における基本的変数である。市場不安定性の見地から売手集中度は次のように考えることができる。「産業あるいは市場は誰が売上げを獲得するかが前もって予測できないほど競争的であるといえる。もし，売手が1人ならば，彼が売上げを独占することは明らかである。もし売手が多数であれば，市場は不安定になる場合とならない場合があるが，売手がすべて同一事業において競争するならば，不安定性が存在す

るだろう (Bernhardt=Mackenzie—1968, p. 399)。」。市場が競争的であればあるほど組織は市場における安定性に確信がもてなくなり，より信頼性および予測性の高い情報を探索するにちがいない。

同様の分析は，全く逆方向からではあるが，(2)買手集中度にも適用される。Galbraith は寡占産業における強力な買手によって行使される拮抗力を強調した。例えば，エー・アンド・ピーの食料品メーカーおよび，シアーズ・ローバックの寡占タイヤ・メーカーに対する価格交渉力[26]，自動車メーカーの鉄鋼メーカーにおよぼす価格統制力。したがって，買手集中度が高ければ高いほど売手の不安定性は高まることが予想される。

(3)製品差別化の度合い：製品差別化の度合いは，「いろいろな売手の競争製品のなかで買手が差別し，区別し，あるいは特別の選好をもっている程度のことである (Bain—1968, p. 223)。」。売手はさまざまな方法，工場あるいは店舗の位置，サービス，機能，スタイル，主観的イメージ等によって製品を差別化させる。操作的には，しかしながら，われわれは買手の銘柄忠誠の度合いを問題にする。製品差別化，すなわち買手の売手に対する忠誠は不安定性および競争度を削減させるからである (Bernhardt=Mackenzie—1968)。特定組織の製品に対する買手の銘柄忠誠度が強ければ強いほど，その組織の市場における存在は安泰である。逆に，買手の銘柄忠誠が他組織に向けられるほど，その組織の市場における地位は不安定になるのである。

(4)参入の脅威：競争的市場はその市場における自由な参入によって特徴づけられる。競争者の市場参入の可能性が高いほど，競争は熾烈であり，また不安定が増殖されるであろう[27]。

---

26) タイヤ産業が典型的な売手寡占市場を形成しているにもかかわらず，買手の拮抗力が強いために売手間の価格戦略に寡占的協調関係を成立させえない点については，次のすぐれた調査を参照されたい。FTC Economic Report on the Manufacture and Distribution of Automotive Tires, March 1966.

競争の性質：市場の構造的特性は必ず競争の不安定性を説明することができるとはかぎらない。不安定性の程度はまた企業が構造安定 (morphostasis) システムにいるのか，あるいは構造発生システム (morphogenesis) にいるのかという競争パターンによる (Maruyama—1963)。組織が典型的な寡占市場に見られるように他組織と相互依存的な協調的競争関係にある市場にいる場合と，組織間の競争が破壊的で市場が常時変化しつづけている場合とでは組織の探索する情報の信頼性が基本的に異なってくる（例えば，鉄鋼産業とファッション産業における信頼性のある情報への依存度を考えてみればよい）。したがって，市場における競争の性質が，(5)安定的，相互依存的か (live and let live) あるいは破壊的，革新的かという競争パターンが考慮されなければならない。

Scherer は典型的な相互依存的寡占市場で観察される集団利益の拡大化は組織間コミュニケーション・システム（例えば，プライス・リーダーシップ，経験法則価格あるいは寡占価格設定方式等）が制度化され，競争組織の行動が容易に予測できる場合に成功をおさめていることを指摘している (1970)。競争組織間で相手の行動予測性が高ければ高いほど，競争はより調和的に行われる。逆に，競争相手の行動が予測困難であればあるほど競争は激しく，したがって組織はより信頼性のある情報探索活動を展開する。したがって，われわれは，(6)競争相手の行動予測性を考慮に入れることにする。

(7)組織の市場力も「情報信頼性」に関係がある。市場力を Kaysen-Turner は，「企業が競争的市場のもとで同様のコストおよび需要条件に直面している行動と異なる行動を永続的にとることができるときに市場力をもつという (1959, p. 75)。」と定義しているが，ここでいう市場力とはより簡単に，それは組織の直面する市場構造および市場条件を変化させる組織の影響力の

---

27) Bain によれば，参入障壁の源泉は，(1)製品差別化，(2)コスト，(3)規模の経済性の優位性である (1968)。参入障壁の実証研究については Bain—1956 を参照されたい。

程度と定義する。もし，組織が産業の競争構造および市場条件に影響を与えることができるならば，組織は常に組織の利益のために市場における不安定性の程度を操作することができるのである。組織の市場操作力が強ければ強いほど，組織の「情報信頼性」への依存度は弱まることになる。

(8)政府の政策：政府はさまざまな法的規則によって組織に影響を与えるがとりわけ財政政策は特定の産業，例えば公共投資，公害，防衛関連産業等に強い影響を与える。このような場合組織は政府政策に対して常時細かな監視を続ける必要がある。組織は情報信頼性を強化し，政府需要に常時順応的な体制をとれるように市場監視能力を増強しなければならない（例えば，政府官僚の組織エリートへの登用も「情報信頼性」の強化手段の1つと考えられる）[28]。

8.2.2 「情報フィードバック時間」の構成項目

われわれは不安定性の源泉を主に市場構造と競争の視角からとらえてきたが，不安定性はまた市場条件の変化率からも生起する。以下の項目は主に市場条件の変化に密接に関連している情報フィードバックの時間幅のインディケータに触れる項目である。

市場の変化率の特性は，最も一般的には，市場における新製品開発および技術変化の頻度で表現されるだろう。この点は，例えばポピュラー音楽，映画，ファッション，エレクトロニクス，化学等の産業と農産物，原材料，鉄鋼，非鉄金属等の産業における製品開発，技術変化の速さとフィードバックの負荷を比較してみればよい。市場の変化率はまた購買者の選好変化の頻度にもよる。例えば，周期的なスカートの長さの変化，ミニ，ミディ，マキシに観察される女性ファッションの気まぐれはその代表的なものである。われわれはこれらの点を考慮して，(1)新製品開発の頻度，(2)顧客の趣味および選

---

28) Selznick は組織に関連利益組織の人間を導入することによって組織の環境適応を図ることを政治的吸収 (cooptation) といっている (1957)。

好の変化率，(3)市場における技術進歩を考察する。これらの項目に反映された市場変化率が高ければ高いほど，市場に送受信する情報フィードバックの時間幅は短くなり，したがって，情報・意思決定の負荷は著しく増加するのである。

(4)需要特性：需要が安定的かあるいは不安定的かも組織における情報プロセッシング活動の時間幅に影響を与える。しかしながら，需要が変動，あるいは波動しても，それが予測できるようなパターンをとるか，あるいは一定の統制可能な範囲であるならば，それは必ずしも組織のフィードバックの時間幅に圧力をかけることにはならない。したがって，われわれは(5)需要が予測できるかどうかを同時に考慮しておかなければならない。

フィードバックの時間幅：上記の項目はすべて暗にフィードバックの必要性を指示していたが，ここでは，われわれは情報フィードバックの時間幅そのものとして明確にとらえる。(6)最初の接触からオーダー決定までの間の顧客意思決定の平均的時間の長さ，および(7)組織の成果フィードバックの典型的時間の長さである。成果フィードバックの長さは Lawrence=Lorsch の環境測定の構成変数の1つである。彼らによれば，それは「各職能領域（研究開発，製造，マーケティング）にその業務成果の成功についての情報が手に入るまでの典型的時間幅」と定義されているのである (1968)。

「情報フィードバック時間」の最後にわれわれは，(8)販売促進努力の測定可能程度を調査する。もし，組織の販売促進努力が明確に測定できるならば，組織は簡単に市場の応答時間幅を操作できるはずである。例えば，組織の市場に送信する広告が特定の時間後に明確に測定できることになれば，組織は販売促進に関する情報フィードバックの時間幅をその情報送受信能力に応じて調節でき，「情報フィードバック時間」に伴う情報・意思決定の負荷削減が計画化できる。いいかえれば，販売促進が明確に測定できることによって組織は市場における製品あるいはブランドについての販売促進スケジュール

の時間を計画的に統制できるのである。

　以上，われわれは市場多様性の概念の次元を決定し，選択された次元に対する4つのインディケータを構成する32項目を提示した。情報源の数，各情報源に送受信する情報量，情報の信頼性，情報フィードバックの時間幅の各インディケータはそれぞれ8項目から構成され，表4—2に要約される。各インディケータを構成する項目群は，それぞれ「情報源」は主に市場空間の多様性，「情報量」は製品マーケティングの特性，「情報信頼性」は市場構造と競争，「情報フィードバック時間」は市場の変化率に関係している項目である。そして，次にいかにしてこれらのインディケータが変数に変換されるのか，あるいは選択したインディケータに対してどのような測定用具を使用するのかが決定されなければならない。

表 4—2　市場多様性の次元のインディケータ

1. 情報源の数	2. 各情報源に送受信する情報量	3. 情報の信頼性	4. 情報フィードバックの時間幅
(1) 市場細分化の程度	(1) 顧客の購買計画性の程度	(1) 売手の集中度	(1) 新製品開発の頻度
(2) 地域差の程度	(2) 顧客の製品知識	(2) 買手の集中度	(2) 顧客の趣味・選好の変化率
(3) 製品ライン・ブランドの多様性	(3) マス・広告依存の程度	(3) 顧客のブランド忠誠度	(3) 技術の変化率
(4) 顧客の趣味・選好の多様性	(4) 技術データ配布の必要性	(4) 参入の脅威	(4) 需要の安定性
(5) 顧客オーダーの多様性	(5) 1次需要喚起の必要性	(5) 市場の競争度	(5) 需要の予測性
(6) 自社製品ライン・ブランドの相互関連性	(6) 新製品開発の負荷	(6) 競争相手の行動予測性	(6) 顧客意思決定の時間幅
(7) マーケティング・チャネルの多様性	(7) 販売促進手段の多様性	(7) 企業の市場力	(7) 成果フィードバックの時間幅
(8) 製造技術の多様性	(8) 主要競争戦略	(8) 政府（財政支出）の影響度	(8) 販売促進努力の測定可能性
（市場空間の多様性）	（製品マーケティングの特性）	（市場構造と競争）	（環境の変化率）

9. 選択したインディケータの測定用具

「測定とは現象についての人の心的表現(すなわち,現象についての人のイメージあるいは理論)と現象それ自体の橋わたしをする操作(心的および物的)のプロセスである」ということができよう。組織論研究者で市場の測定を試みた研究者の多くはそれを記述した (Dill—1958, Burns=Stalker—1961, Chandler—1962)。しかしながら,われわれは市場多様性の計量的測定を試みる。

われわれのインディケータ計量化の方法は2つある。1つは,産業組織論者の行なったように,市場構造および条件を物理的単位,例えば,生産高,設備能力,売上高等による売手集中度,販売費用の規模,価格,生産費差と利潤率による市場成果等で測定することである。しかしながら,われわれは企業内データの制約および市場多様性の意味のあるインデックスを発展させることが困難であること(例えば,製品差別化の程度の意味のあるインディケータを考え,実証研究を行うだけで大きな研究テーマを形成する)から,市場多様性を物理的単位で測定する接近法をとらない。その代わりにわれわれは市場多様性を組織の情報フィードバック・センターの認知構造によって測定する[30]。い

---

29) 産業組織論は市場の構造的特性を物理的単位で測定することを試みた唯一の接近法であろう(例えば,売手,買手集中度,製品差別化の程度,市場の参入障壁等)。この分野における過去の研究は,しかしながら,基本的に産業レベルでの集中分析であり,個別企業の分析を行なってこなかった (Grether—1970)。これらの研究は公表された産業データを基本にしているので,産業組織論者自身も買手集中度,製品差別化の程度,参入障壁等の測定で大きな困難に逢着している(例えば,Bain—1956 を見よ)。

30) 認知構造はある対象(ブランド,店,人)あるいはある概念(信頼性,美,宗教)についての組織化された知覚(情報ビット)の集合である (Nicosia—1966)。認知構造はある対象あるいは概念についてのイメージと考えてよい。

いかえれば，われわれは市場多様性を組織の情報フィードバック・センターの役割を果たしているマネジャーに彼らが市場をどう認識しているか（市場についてのイメージ）を聞くことによって測定するのである。

この測定方法は Lawrence-Lorsch も彼らの環境測定に使用したが，この接近法の問題点は組織の主要成員の認知構造が正確に環境を反映しているかということである。しかしながら，組織多様性を構築するのは現実には市場多様性の物理的実体ではなく組織の主要成員の市場多様性についての認知構造である。したがって，われわれは組織の情報フィードバック・センターの認知構造による市場多様性の測定が現段階でとりうる妥当で，かつ経済的な測定方法であると考える。

測定用具は応答者，可能な答，スケールの配置に対する用語，質問，指示から構成される。われわれはマネジャーの市場認知の測定用具として双極7ポイント・スケールで構成された質問票を用いた。双極スケールは両極に手がかりになる言葉（cue）をもつ反意語（形容詞あるいは句）の対で構成されるが，われわれは選択したインディケータ，すなわち市場異質性の次元に対する情報源の数，各情報源に送受信する情報量，市場不安定性の次元に対する情報の信頼性，情報フィードバックの時間幅を測定するために言葉と数字を併用した双極7ポイント・スケールを作成した。これらの測定用具は表4—3のとおりである。

表 4—3　選択したインディケータの測定用具

1. 同質―異質性次元
    1.1. 情報源の数
    (1) あなたの会社の直面している市場細分化はどの程度ですか？　　全くない　　　1 2 3 4 5 6 7　　非常に高い
    (2) あなたの対応する全市場で地域差に直面しますか？　　差は少ない　　　1 2 3 4 5 6 7　　差は大きい
    (3) あなたの市場における製品ラインおよびブランドの多様性はどうですか？　　多様性は少ない　　　1 2 3 4 5 6 7　　多様性は大きい

188　第2部　市場志向の経営組織論

(4)顧客の趣味と選好の多様性はどうですか？	多様性は少ない	1 2 3 4 5 6 7	多様性は大きい
(5)顧客の単一オーダー量のサイズをどう記述しますか？	ほとんど多様性がない大量サイズ	1 2 3 4 5 6 7	広い多様性をもつ多種少量サイズ
(6)あなたの会社内の製品ライン間の関係をどう記述しますか？	相互に関連し補完的である	1 2 3 4 5 6 7	相互に独立的で競争的である
(7)顧客に到達するために必要なマーケティング・チャネルの多様性をどう記述しますか？	異種製品＝同一チャネルの組合せ（同一卸商，小売商，ディストリビュータ）	1 2 3 4 5 6 7	異種製品＝異種チャネルの組合せ（ダイレクトセール方式もここに含める）
(8)あなたの会社の製品プロセスをどう記述しますか？	大量および装置生産	1 2 3 4 5 6 7	単品および小量生産

　1.2.　各情報源に送受信する情報量

(1)顧客の購買方法をどう記述しますか？	無意識的	1 2 3 4 5 6 7	慎重に計画する
(2)あなたの顧客の製品知識はどの程度ですか？	全くない	1 2 3 4 5 6 7	高く洗練された知識をもっている
(3)どの程度マス・メディア広告（TV，ラジオ，新聞，雑誌）に頼りますか？	ほとんどない，会社のイメージ昂揚のみ	1 2 3 4 5 6 7	非常に多い，ブランド・バイ・ブランドベース
(4)あなたの市場特性は顧客に専門家レベルの技術データ配布を必要としますか？	ほとんど必要としない	1 2 3 4 5 6 7	常時必要である
(5)あなたの販売促進は製品ラインに対し顧客の1次需要開拓を必要としますか？	顧客は何が欲しいかがわかっており，1次需要開拓の必要はない	1 2 3 4 5 6 7	顧客は製品の用途応用を知らないので，1次需要の継続的開拓の必要がある
(6)新製品あるいはブランド開発努力をどう記述しますか？	ほとんど現製品あるいはブランドの型，色，包装等の修正である	1 2 3 4 5 6 7	ほとんど異なる最終用途，技術能力等をもつ完全な新製品あるいはブランド開発である
(7)売上増加のために必要な主要販売促進手段は多岐にわたりますか？	単一である（例えば価格決定のみ）	1 2 3 4 5 6 7	多様である（例えば広告，顧客訓練，包装，ディーラープロモーション等）
(8)あなたの市場における主要競争戦略は何ですか？	価格志向である	1 2 3 4 5 6 7	非価格志向である

2.　安定—不安定性次元

　2.1.　情報の信頼性

(1)あなたの市場の売手集中度をどう記述しますか？	1社の市場支配である	1 2 3 4 5 6 7	多数企業が競争状態にある
(2)あなたの市場の買手集中度をどう記述しますか？	多数顧客群が会社売上げを構成する	1 2 3 4 5 6 7	1顧客が会社売上げを支配している
(3)あなたの会社の製品あるいはブランドに対する顧客の銘柄忠誠をどう記述しますか？	強い銘柄忠誠をもつ	1 2 3 4 5 6 7	銘柄忠誠は全くない
(4)あなたの市場に競争者の新規参入の脅威がありますか？	脅威はない	1 2 3 4 5 6 7	非常に大きな脅威がある
(5)あなたの市場の競争状態をどう記述しますか？	相互依存的である	1 2 3 4 5 6 7	非常に競争的で破壊的である

第4章 組織と市場　189

(6) あなたの競争相手の行動を　非常によく正確に予測　1 2 3 4 5 6 7　全くわからない
　どの程度うまく予測できま　できる
　すか？

(7) 一般的にいって，あなたの　ほとんどない　1 2 3 4 5 6 7　相当程度ある
　会社はどの程度市場競争の
　条件あるいは直面する環境
　に影響を与え，変化させる
　ことができると思いますか？

(8) あなたの会社は政府の直接　全くない　1 2 3 4 5 6 7　非常に多くある
　的影響を受けることがあり
　ますか？

2.2. 情報フィードバックの時間幅

(1) あなたの市場における新製　ほとんどない　1 2 3 4 5 6 7　非常にひんばんである
　品開発の頻度はどうですか？

(2) あなたの会社の製品に対す　遅い　1 2 3 4 5 6 7　早い
　る顧客の趣味と選好の変化
　率はどうですか？

(3) あなたの産業における技術　遅い　1 2 3 4 5 6 7　早い
　の変化率はどうですか？

(4) あなたの製品に対する需要　安定的で不断に成長し　1 2 3 4 5 6 7　非常に不安定で成長が
　は安定していますか？　ている　波動する

(5) あなたの製品の需要は予測　非常によく正確に予測　1 2 3 4 5 6 7　全く予測できない
　できますか？　できる

(6) 顧客の意思決定過程の長さ　　1 2 3 4 5 6 7
　はどのくらいですか？　最　　2 1 6 3 1 1 1
　初の顧客へのコンタクトか　　年　カ カ カ 週
　らオーダー発注までの平均　　以　年 月 月 月 間 日
　的長さ？　　上

(7) 市場成果の成否のフィード　　1 2 3 4 5 6 7
　バックがどの程度の期間　　2 1 6 3 1 1 1
　（典型的長さ）でわかりま　　年　カ カ カ 週
　すか？　　以　年 月 月 月 間 日
　　　　上

(8) あなたの販売促進努力の成　非常によくわかる　1 2 3 4 5 6 7　全くわからない
　果をどの程度追跡できます
　か？

　以上，われわれは組織および市場多様性の概念の操作化を行なってきた。その結果を表4—4に要約する。

表 4—4　市場―組織の多様性の概念の操作化の要約

概　念	次　元	選択した次元のインディケータ		選択したインディケータの測定用具
市場の多様性	1. 同質―異質性	(1) 情報源の数	8項目（表4—2参照）	質問票（双極7ポイント・スケール 表4—3参照）
		(2) 各情報源に送	8項目（表4—2	質問票（双極7ポイ

190　第2部　市場志向の経営組織論

			受信する情報量	参照)	ント・スケール　表4—3参照)
	2. 安定—不安定性	(1)	情報の信頼性	8項目（表4—2参照）	質問票（双極7ポイント・スケール　表4—3参照)
		(2)	情報フィードバックの時間幅	8項目（表4—2参照）	質問票（双極7ポイント・スケール　表4—3参照)
組織の多様性	1. 水平的	(1)	独立事業部の数		面接および質問票（双極7ポイント・スケール）
		(2)	製品・マネジャーの数		面接および質問票（双極7ポイント・スケール）
	2. 垂直的	(1)	本質的意思決定における情報プロセッサーの数		面接および質問票（双極7ポイント・スケール）

10. 調査戦略

これまでの議論を要約すると，われわれの従属変数は組織の市場への構造的適応を表わす組織多様性(分権)であり，分権は水平的および垂直的分権の2次元をもつ。独立変数は情報フィードバック単位に認知された市場多様性であり，市場多様性は異質性および不安定性の2次元をもち，各次元は多変量的である。したがって，この関係は次のような一般形で表現できる。

$$Y = f(X_{11}, X_{12} \cdots\cdots X_{18}; X_{21}, X_{22} \cdots\cdots X_{28}; Z_{11}, Z_{12} \cdots\cdots Z_{18}; Z_{21}, Z_{22} \cdots\cdots Z_{28})$$

ただし，$Y = \begin{pmatrix} Y_1 \\ Y_2 \end{pmatrix} =$ 分権の程度，$Y_1 =$ 水平的分権，$Y_2 =$ 垂直的分権，$X_{ij} =$ 市場異質性の程度，$Z_{ij} =$ 市場不安定性の程度，正確には X_{1j}（$j=1, 2, \cdots\cdots 8$）＝情報信頼性，X_{2j}（$j=1, 2, \cdots\cdots 8$）＝各情報源に送受信する情報量，Z_{1j}（$j=1, 2, \cdots\cdots 8$）＝情報信頼性，Z_{2j}（$j=1, 2, \cdots\cdots 8$）＝情報フィードバックの時間幅。

調査デザインは図4—10のようになるであろう。

ここには4セルが存在する。理想的には多くのサンプル組織を収集し，各セル毎の分権が測定され，われわれの仮説の検証がさまざまの統計的手法に

図 4—10 組織—市場の仮説的関係

	時間の多様性	
	安定的	不安定的
空間の多様性　同質的	Dlo（セル1）	Dmi（セル2）
空間の多様性　異質的	Dmi（セル3）	Dhi（セル4）

（ただし，Dlo＝低い分権，Dmi＝中程度の分権，Dhi＝高い分権）

よって行われることが望ましい。しかしながら，われわれは多くの理由によりこの方法を採用することができなかった。最も直接的にはわれわれにはデータ収集の資金がなかった。また変数の経験的測定は多くの問題を含んでいる。[31] われわれはすべての産業の市場特性あるいは多くの組織の低，中，高の分権の程度をすべて調査することもできない。これらの測定上の諸問題に対処するためにわれわれは，例えばChandler の行なった調査のように，少数の組織の詳細な臨床的調査を行うことを決定した。われわれの判断によって分権インデックスの4つのセルに適合すると仮定される組織が選択された。事前調査結果に基づいて，われわれはセル1にカイザー・アルミニウム・ケミカル社，セル2にリーバイ・シュトラウス社，セル3にクロロックス社，セル4にヒューレット・パッカード社を選択した。各社の概要は次節に紹介[32]

---

31) 組織を分析レベルとする場合の大きな問題の1つはサンプル組織の収集である。今日までのところ組織を分析単位とした最も大規模な調査デザインは Woodward のサウス・エセックス研究であろう。この研究では100社が収集され，多くの人員，時間（4年間）と膨大な資金を費している。Lawrence-Lorsch の研究も組織の数はこれにおよばないが，ほぼ同年月と資金，人員援助を得ている。これに比べるとこの実証研究は資金的援助もない，完全な筆者個人の単独調査である。調査デザインの設計において重要なことは，しかしながら，最も安く，最少の労力で仮説の検証を行うことを理想とすることである。

する。

　組織の分権と市場多様性を測定するために各社の適当な組織担当者が選択されなければならないが，水平的分権の測定にはわれわれは全組織のデザインを熟知している企画あるいは組織計画 (Corporate or Organization Planning) 担当ディレクターあるいはマネジャーを選抜した。1社を除いては組織図があり，有用な資料としたが，1つの問題は今日どの組織も多かれ少なかれ多角化しており，当該組織にとって本質的ではない，すなわち組織の行動する主産業とは全く関係のない残差的 (residual) 事業部をもっていることである。情報フィードバック・センターの計算過程でわれわれはこれらの残差的事業部を削除した。これらの事業部は組織と市場間の本質的特性の分析をむしろ不明確にするからである。

　垂直的分権の探索過程でわれわれは本質的意思決定の情報プロセッシングの中心である事業部長および製品マネジャーに接近した。彼らは，通常，何が本質的意思決定で，その意思決定プロセスがどう進行するかについて明確な知識をもっている。したがって，われわれは最初に事業部長から本質的意思決定を確認し，それに基づいてこの意思決定に参画するすべての人を計算するための情報フィードバック・ループの詳細については製品マネジャーへのインタビューによって分析した。本質的意思決定の情報プロセッシングは製品マネジャー毎に異なるかもしれない。例えば，新製品開発が本質的意思決定とされた場合情報プロセッシングは製品マネジャーの担当する製品毎に異なるであろう。このことが企業の本質的意思決定の情報プロセッシングの平均図を概念化する場合の障害になることが予測されたが，各企業の中心的

---

32) われわれが実際に接触したのはサンフランシスコ湾地域（通称 Bay Area）に位置する7社（上記4社の他デルモンテ社，カイザー・スチール社，カイザー・セメント社）であったが，調査デザインへの適合性，会社の協力度等により最終的に4社に集約した。

事業部内の数人の異なる製品マネジャーと事前インタビューの結果基本的プロセスは企業において同じであり，製品に関する本質的意思決定の情報プロセッシングの抽象が可能であることが判明した。

最後に，マネジャーの市場多様性の認知について十分なサンプル数を確保するためにわれわれは事業部長，製品マネジャーの他に企画部，研究開発，販売マネジャー等も質問票の配布対象者とした。われわれの中心的関心はもちろん製品管理の担当者にあるが，市場多様性に対するマネジャーのイメージのサンプル・サイズを増加することは事例研究的接近法で制約されている統計的分析の今後の可能性を開拓することにもなる。組織の代表的な被調査者を獲得するために，サンプルは各社の企画あるいは組織計画担当マネジャーによって選別され，質問票が配布されたのである。

第4節　調査参加組織

本節ではわれわれの調査に参加協力したサンプル企業とその組織構造の背景を概観する[1]。

1. クロロックス社

クロロックス社は米国最大の液体漂白剤製造メーカーである。過去56年間同社は家庭用漂白剤1製品だけを製造販売してきた。しかし，1969年1月にプロクター＆ギャンブル社から独立して以来クロロックス社は内部の製品開発と他企業の買収を通じて10製品を有する会社に成長した[2]。今日その主要事

---

[1] ここでの各社の組織特性の記述は Chandler のような詳細な歴史的分析を意図していない。この実証研究の目的が主に現時点における市場特性，情報，意思決定の負荷，組織構造の関係の比較分析にあるので，各組織特性の紹介はその基本的背景を提供する程度にとどめてある。

[2] プロクター＆ギャンブル社は1957年8月クロロックス社を取得した。連邦取引委員会はこの取得が Clayton 法第7条（水平，垂直，混合結合の禁止）に違反

業は非食品製品と特定食品の2つの家庭用製品ラインから成っている。[3]

　非食品は7ブランドを有し，それらはクロロックス液体漂白剤，クロロックス乾燥漂白剤，液体プラマー（流し浄化剤），フォーミュラ409（スプレー・クリーナー），フォーミュラ・エアゾール（浴室クリーナ），ジフォーム（オーブン・クリーナ），それにリッター・グリーン（飼猫用寝わら）である。特定食品はBインB・マッシュルーム，キッチン・ブケイ，クリーム・オブ・ライスの3ブランドで1971年4月1日にクロロックス社が買収したグロッサリー・ストア・プロダクツ会社で製造されているが，この買収を機に食品事業部が創設された。

　1971年上半期会計年度では，クロロックス社の総売上高の88％を家庭用品ラインで占めている。家庭用製品の6ブランドは，主にオークランドの製品事業部において生産され市場に出されている。食品を含めて1ブランドを除いた10ブランドが全国的な TV ネットワークを通じて広告宣伝されている。

　液体漂白剤は実に56年の歴史のある製品である。液体漂白剤産業は寡占状態として特徴づけられ，クロロックス社は全国的に主導的地位を保ってきた。[4]
環境は概して安定的であった。しかしながら，2年前の1969年にクロロックス社は大きな不安定性に直面することになった。それはプロクター＆ギャンブル社および他の巨大洗剤メーカーが酵素入り洗剤を開発したことに始まっ

　　するとして訴えを起した。10年の歳月を経た後，最高裁はプロクター＆ギャンブル社の取得によりクロロックス社は広告および販売促進上の規模の経済性を享受し，潜在的競争を弱めるとしてプロクター＆ギャンブル社の取得放棄を命じた。1969年1月クロロックス社はプロクター＆ギャンブル社から完全に離れ，後述するように競争相手にさえなった。
3)　会社概要はクロロックス社1971年6月30日年間報告書に基づく。
4)　1957年の数字では液体漂白剤産業は売手集中度が高い。クロロックス社 (48.8%)，ピューレックス社 (15.7%) の上位2社で全国液体漂白剤売上げの65％を占めており，上位4位まで含めるとその集中度は約80％に達する (the United States Law Week, April 11, 1967)。

た。この新洗剤は強力な漂白作用をもち，洗剤と漂白の両機能を備えているので（クロロックス社の漂白剤は洗剤を別に購入し，これに付加する），この新製品はやがてクロロックスを市場から駆逐するのではないかと予想された。クロロックス担当のブランド・マネジャーは当時のリスクを，「競争相手(プロクター＆ギャンブル社，コルゲート社，レバー・ブラザース社）は液体漂白剤市場に直接の挑戦をしてきた。この挑戦は液体漂白剤メーカーの総広告費の6，7倍に匹敵する広告費支出の形をとった。その結果は6カ月の間に販売量の8〜10％の下落となった。われわれはこれに対し即時クロロックスの防御的コピーを全国的な媒体を通じて発行し，これに応戦した。なぜなら，われわれの研究所の分析結果から，これらの新洗剤はクロロックスほどの効果がないということがわかっていたからである。その結果は成功し，われわれの売上げの衰退は競争者の多量の広告からみれば小さい幅に押えることができたのである。」と述べている。

しかし，この脅威はクロロックス社の成長を維持するために1製品に依存している不安定性を自覚させ，これを機会に会社は急速な多角化を開始した。一方，プロクター＆ギャンブル社以下の導入した酵素入り洗剤は初めに期待したほど洗濯物の汚れを落とす効果はなく，そのうえ，手に発疹ができ，呼吸器に問題を起すということがわかった。つい最近，プロクター＆ギャンブルとレバー・ブラザース両社は洗剤から酵素を取り除くことを計画していると発表した (Business Week, February 27, 1971)。

クロロックス社の家庭用品ラインは，概して低価格，高回転率の食料品店およびスーパー・マーケット用製品で構成されている。その製品ラインは大量広告と多様な販売促進策によって市場に出される。したがって，クロロックス社における主要な情報と意思決定の負荷は，販売促進における代案の多様性から生れる。例えば，広告，価格決定，包装，クーポン，売場確保等々である。なかでも本質的意思決定は広告とプロモーションにあり，この意思

決定の負荷がクロロックス社の組織構造の特性を形成している。

1950年代後半にプロクター＆ギャンブル社がクロロックスを買収したとき，ブランド・マネジメントの創始者である同社は，この制度をクロロックスに導入した。クロロックス社の組織担当幹部は，「当時クロロックス社の業績は拡大していた。しかし，マーケティングの基本的な考え方は特別価格で流通チャネル（食料品店，スーパー・マーケット）に販売促進することにあり，大量購入の小売店をひきつけることを目ざしていた。プロクター＆ギャンブル社はこれに対し直接消費者に対して販売促進を行なってきた企業であり，大量広告による消費者志向のマーケティング戦略はクロロックス社のそれに大きな影響を与えた。顧客に直接アッピールし，顧客が店にブランドを指名すれば，店はそのブランドをおかざるをえなくなるという考え方であった。」と回顧している。

このようにしてブランド・マネジメントはクロロックス社の組織構築のビルディング・ブロックとなった。プロクター＆ギャンブル社による買収以前のクロロックス社の販売促進はただ1人の広告マネジャーによって行われていた（図4—11a）。これが今日では，複数のブランド・マネジャーがクロロックス組織の意思決定と情報プロセッシングの中心的役割を担っている（図4—11b）。実際，ブランド・マネジャーは，クロロックス社の組織構造の特性について，「われわれの組織はブランド・マネジャーを中心に構造化されている。全体の組織は複数製品マネジャーを有する小数事業部によって構成されており，主要な意思決定の権限はトップ・マネジメントによって検閲を受けるが，大幅にブランド・マネジャーに委譲されている。」と記述している。プロクター＆ギャンブル社によるブランド・マネジメントの導入以来，クロロックス社はその製品ラインを増加させてきた。非食料品は同じ販売方法で，同じ店で，同じ顧客に売られているが，それぞれのブランドはほとんど異なる独立市場と相対している。例えば，漂白剤市場（クロロックス，クロロック

図 4—11　クロロックス社組織図
図 4—11a　1957年8月1日以前

```
                                社　長
    ┌──────────┬──────────┬──────────┼──────────┬──────────┐
  研究開発     製　造     運　輸     販　売    広　告    財　務
  副社長     副社長     副社長     副社長   マネジャー(1人)  副社長
```

図 4—11b　1972年2月

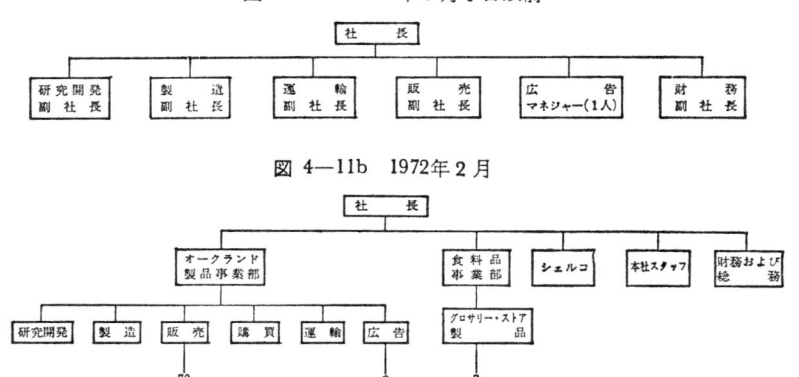

```
                                社　長
    ┌──────────────────┬──────────┬──────┬──────┬──────┐
  オークランド              食料品   シェルコ  本社スタッフ  財務および
  製品事業部               事業部                              総　務
    ┌──┬──┬──┬──┬──┬──┐   ┌──┐
  研究開発 製造 販売 購買 運輸 広告  グロサリー・ストア
                                       製　品
         79                    8       3
       ブローカー          製品マネジャー 製品マネジャー
```

ス2），堅表面クリーナー市場（409スプレーと浴室クリーナー），流し浄化剤市場（液体プラマー），そして飼猫用寝わら市場（リッター・グリーン）。

　1971年4月クロロックス社はグロッサリー・プロダクツ社を買収し，食料品事業部を設立した。これによって同社は，全く新しい食料品市場へ参入することになった。食料品事業部の創立は新市場における競争，マーチャンダイジング，販売促進，そして市場監視（新しいチャネルとしての食品ブローカー）の異なる市場多様性に対する組織の対応策であった。こうしてクロロックス社はもはや単一製品の企業ではなく漂白剤は全売上げのかなりの部分を占めてはいるが多様な家庭用製品ラインを有する企業になった。今日，われわれはクロロックス社のような異質なすべての市場で競合する単一の競争組織を簡単に思い浮かべることはできない。

2.　ヒューレット・パッカード社

　ヒューレット・パッカード（HP）は世界最大の精密エレクトロニクス測定器具の製造会社である。会社は1939年に D. Packard，W. Hewlett の試験用

測定用具の製造に始まった。その後会社は地道な成長を続けてきたが，1950年代後半のエレクトロニクス産業の急速な発展の波にのって急成長を遂げ，過去10年間の平均売上高成長率は15.6％に達している。

HP の現在の製品ラインは2,000項目を超えている。それは一般測定機器（例えば，オシロスコープ，エレクトロニック計算器，多用途メーター，電力供給器，記録計），科学用器具（音響，核，化学上の測定と分析を含む），計算器具（コンピューター，計算器，コンピューター・カウンター，タイム・シェアリング・システムと関連小型機器），マイクロウェーブ器具，システム・コンポーネント，さまざまなコミュニケーション機器（分析器，モニター，故障テスター），そして医学診断，モニタリング，研究用のエレクトロニクス器具とシステムである[5]。

HP 社の基本的な製品ラインはエレクトロニクスの試験および測定器具から成り立っている。同社は内部的には新製品開発そして外部的には他社の併合を通じて成長を遂げ，今日同社は多様な製品と市場に直面している。市場でHP 社と競争している会社は少なくとも500社あり，HP の製品には50の競争者をもつ製品もあるが，ほとんどの分野で同社製品は市場を席巻している。同社の顧客数は50,000人以上におよぶが，主要顧客は産業別に，

　エレクトロニクス産業：コリンズ・ラジオ，GE，ジェネラル・テレフォン・アンド・エレクトロニクス，IBM，モートロラ，RCA，ウェスターン・エレクトリック，ベル研究所。

　航空機産業：ロッキード，ノース・アメリカン航空，ジェネラル・ダイナミックス，ヒューズ航空機。

　政府・非軍需産業：海軍，陸軍，NASA，the FAA，全国標準局。

　その他：化学者，物理学者，研究者，教師，学生等々

である。

---

5) ヒューレット・パッカード社1970年会社概要による。

第4章 組織と市場　199

　1950年代後半の急速な拡大期前には，HPは職能別組織を採用していた。1955年の会社組織（図4―12a）はその製品が独立の販売代理者を通じて売られるという以外は普通一般の職能別組織である。工場はパロ・アルトおよびスタンフォードの2工場のみであった。50年代後半と60年代前半の間に同社は多数の他企業を合併することによって，その製品ラインの多様化を行なった。この製品多様化の結果，研究開発部門は製品ラインを多様化し，1965年には製品ライン別事業部の初期の徴候を発展させ始めた。[6]

　組織図では明らかではないが，各事業部の研究開発部門はマーケティングにおいても主要な役割を演じ，製造部門も指導してきた。実際，事業部研究開発部門はHPの組織構造の核であり，その性格は研究開発というよりも「新製品開発事業部」と呼ばれるにふさわしい。一製品マネジャーは，「わが社の各事業部研究所のよりよい名称は，新製品開発部ともいうべきで，その職務は新製品計画を包含する。各事業部研究所の連中は「象牙の塔」のタイプの人間ではない。全社的にはヒューレット・パッカードの本社研究所があり，新技術の基礎研究を行なっているが，事業部研究所は実際の事業に携わり，製品計画スケジュールを投資効率に基づいて行なっている。」と述べている。

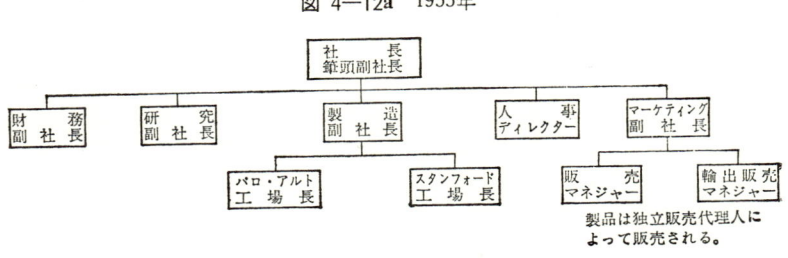

図 4―12　ヒューレット・パッカード社組織図
図 4―12a　1955年

```
                    社　　長
                   筆頭副社長
    ┌──────┬──────┬──────┬──────┬──────┐
  財務    研究    製造    人事       マーケティング
  副社長  副社長  副社長  ディレクター 副社長
              ┌────┴────┐      ┌────┴────┐
          パロ・アルト  スタンフォード  販売      輸出販売
          工場長        工場長        マネジャー  マネジャー
                                    製品は独立販売代理人に
                                    よって販売される。
```

────────────
6) HPの組織構造の変遷は企画ディレクター T. Perkins とのインタビューに基づく。

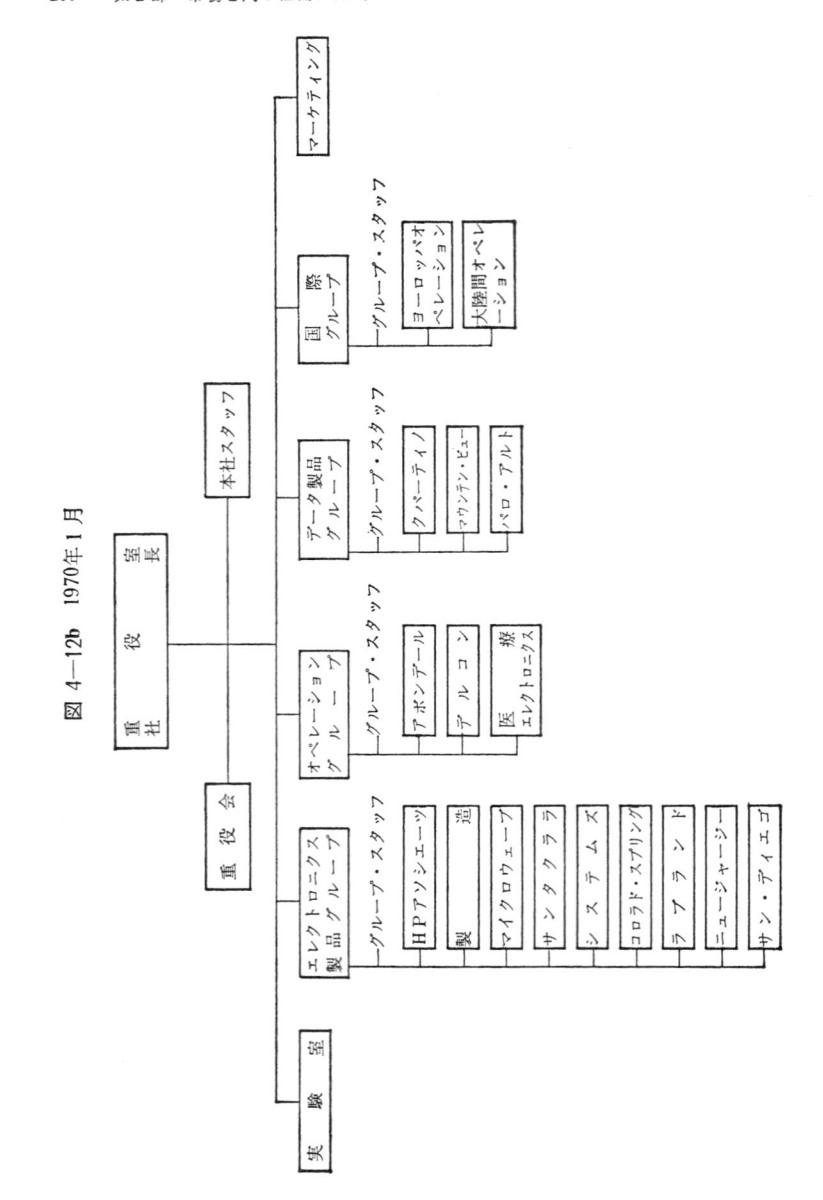

200　第2部　市場志向の経営組織論

図4—12b　1970年1月

```
                              社長
                               │
              ┌────────────────┼────────────────┐
           重役会            本社スタッフ
              │
  ┌───────┬───┴───┬─────────┬─────────┐
実験室  エレクトロニクス  オペレーション  データ製品  国際      マーケティング
       製品グループ    グループ        グループ    グループ
          │              │              │          │
       グループ・スタッフ  グループ・スタッフ  グループ・スタッフ  グループ・スタッフ
       ─HPアソシエーツ   ─アボンデール    ─クパーティノ    ─ヨーロッパオペレーション
       ─製造             ─アルコン       ─マウンテン・ビュー ─大陸間オペレーション
       ─マイクロウェーブ   ─医療          ─パロ・アルト
       ─サンタクララ      ─エレクトロニクス
       ─システムズ
       ─コロラド・スプリング
       ─ラブランド
       ─ニュージャージー
       ─サン・ディエゴ
```

一方，製品ラインの多様化と事業部の増加は組織の内部情報フローを著しく複雑化した。その結果，1968年末に組織の新しい「グループ概念」が事業部，グループ，本社間の主要な情報フローを明確にするために形成された（図4—12b）。事業部は明確に構造化された独立的事業部である。各事業部は研究開発（エンジニアリング），マーケティング（製品マネジメント），および製造をもち，その運営は相当程度の自治に任されている。しかし，販売担当者は本社マーケティングに所属している。各事業部の製品は地域別営業所を通じて販売され，セールス・エンジニアは機種別編成ではなく HP 全製品ラインを取扱っている（Sethi—1972）。

エレクトロニクス産業の市場において生存するための最も決定的な意思決定は新製品開発についてである。新製品開発に関する意思決定は各事業部に大幅に委譲され，一連の新製品開発と多様化は成功を収めてきた。しかし，製品の多様性を増すことは，財務および市場の監視を維持するために人的資源に重要な影響を与えるので，最近の傾向はむしろ多様化の再集権化の方向に向っている。しかし，この集権化は新規事業（多角化計画）に関する新製品計画に限られている。つまり，新製品が「全く新しい技術の方向に向うか，新しい競争者と競争するか，全く新しい顧客と対応するかの場合」に限って，[7]事業部の新製品計画は本社の検閲を受けることになった。

HP 社の新製品は多くの場合の技術的，応用的新しさから1次需要をマーケティングによって創造しなければならない。その結果，マーケティング部門の重要性が組織内に認識されてきている。一事業部長は，「市場における最も成功を収める可能性のある製品は，以前市場に存在しなかった製品であることが多い。この場合，われわれはこの製品の1次需要を創造しなければならない。新製品は顧客の生産過程あるいはエンジニアリング工程を変化さ

---

7) 多角化に関する Bill Hewlett の1971年6月25日付内部レポート。

せることにもなるので，マーケティングの重点はいかに新製品が顧客に利益を与えるかを教育する点にある。」といっている。

　また，一製品マネジャーは，「かつては研究所があったが，マーケティングはほとんどなかった。しかしながら，今日まで徐々にではあるが変化が起っている。われわれは非常に多くの製品を開発し，その結果実に多様な市場に直面することになってきた。結果は製品開発から市場開発が急務となり，今日ではマーケティングの発言力が強くなってきている。」と述べている。

　しかしながら，HPの組織構造特性を理解するうえで重要なことは，同社は強い製品開発（エンジニアリング）志向の企業であるということである。

3. カイザー・アルミニウム・ケミカル社

　Henry Kaiser とその仲間は1946年に第2次大戦中できた政府製造設備の払下げを獲得し，アルミニウム産業に参入した。終戦以来，カリフォルニアのオークランドに本社をもつカイザー・アルミニウム・ケミカル社（KACC）は，アメリカの「3大」アルミニウム・メーカーの1つとして成長を遂げてきた。

　アルミニウム産業は実質的に完全な独占で始まった。アルコア社は1940年までアルミニウムの唯一の製造メーカーであった。レイノルズとカイザーは政府の戦争余剰設備の処分を通じて第2次大戦後に設立されたのである。現在，業界は8メーカーをもつにいたっているが，アルミニウム産業の市場構造は Bain の分類によれば，タイプ1の「高度集中度」の寡占として特徴づけられる。アルミニウムの国内精錬能力別シェアは1970年でアルコア社31%，レイノルズ社23.6%，カイザー社17.2%であり，上位3社の占有率は72.8%に達している。

　8）　アルミニウム産業の市場構造特性についてはさらに Peck—1960 を参照されたい。

アルミニウム産業の買手の分布は, 1969年には建築関係 (22.3%), 輸送 (15.0%), 電気関係 (13%), 包装およびコンテナー (11.4%), 耐久消費財 (9.5%), 航空宇宙防衛 (8.5%), 機械および設備 (6.7%), 輸出 (7.9%), その他 (5.7%) であった。[10]

第2次大戦後アルミニウムの民間需要は拡大基調にあったが, 1950年の朝鮮戦争の勃発とともに軍需が再び急増した。[11] しかしながら, 朝鮮戦争後1950年代後半にはアルミニウム市場は着実な発展を示したにもかかわらずアルミニウムの需要は一時停滞した。

KACC が新しい組織構造を創設したのは1950年代中頃であった。KACC はもともと職能別組織を採用し, 生産, 販売, 財務から構成されていた (図4—13a)。[12] 1954年から1957年にかけて組織計画部門は増大する市場行動の多様化と複雑さに対処すべく, 現在および将来の組織構造を検討し, 現在の組織構造の有する潜在的問題点を指摘した。

1. 各職能はますます直接社長へ報告することを望むようになった。
2. 構造それ自体, 分権と委譲を奨励しなかった——とくにアルミニウム部門においては販売, 生産, 研究開発, 財務を統合できるのは社長だけであった。
3. 現在の統合的職能別組織構造は分割不能であり, 多様な市場における

---

9) この数字は Metal Week "Aluminum, Profile of an Industry 1, The Primary Producers," July 15, 1968, p. 13a. に基づく。
10) アルコア社1969年年間報告。
11) 政府のアルミニウム購買は1940年代後半にアルミニウムを「緊急財」と推定し, 緊急時に備えて供給力を増強するためのストック・パイリング計画 (在庫貯蓄計画) を開始したときに始まる。ストック・パイル計画はアルミニウムの重要な市場要因になってきた。
12) KACC の組織構造の歴史については本社組織計画 マネジャー R. Goelz とのインタビューに基づく。また "Kaiser Aluminum and Chemical Corporation", School of Business, Stanford University, 1958. も参照されたい。

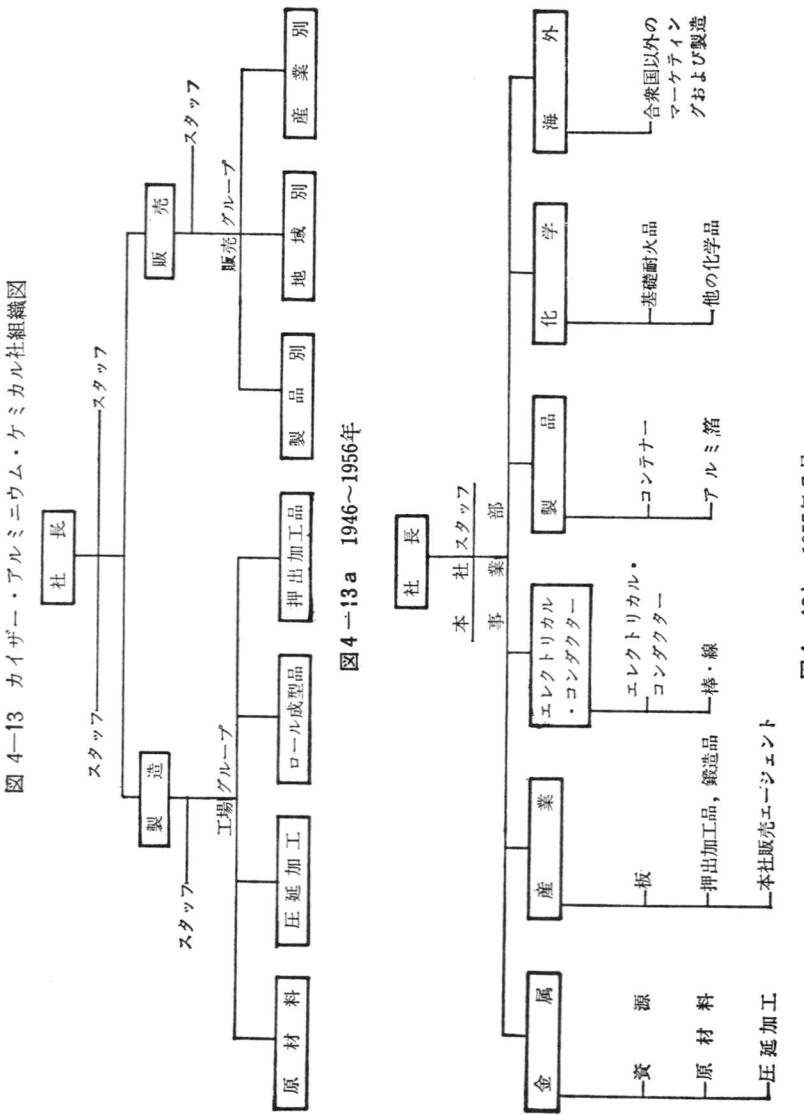

204　第2部　市場志向の経営組織論

図4-13　カイザー・アルミニウム・ケミカル社組織図

図4-13a　1946～1956年

社長
├─ スタッフ
├─ 製造
│　工場グループ　スタッフ
│　├─ 原材料
│　├─ 圧延加工
│　├─ ロール成型品
│　└─ 押出加工品
└─ 販売
　　販売グループ　スタッフ
　　├─ 製品別
　　├─ 地域別
　　└─ 産業別

図4-13b　1957年7月

社長
├─ 本社スタッフ
└─ 事業部
　　├─ 金属
　　│　├─ 資源
　　│　├─ 原材料
　　│　└─ 圧延加工
　　├─ 産業
　　│　├─ 板
　　│　├─ 押出加工品、鍛造品
　　│　└─ 本社販売エージェント
　　├─ エレクトリカル・コンダクター
　　│　├─ エレクトリカル・コンダクター
　　│　└─ 棒・線
　　├─ 製品
　　│　├─ コンテナー
　　│　└─ アルミ箔
　　├─ 化学
　　│　├─ 基礎耐火品
　　│　└─ 他の化学品
　　└─ 海外
　　　　└─ 合衆国以外のマーケティングおよび製造

第4章 組織と市場　205

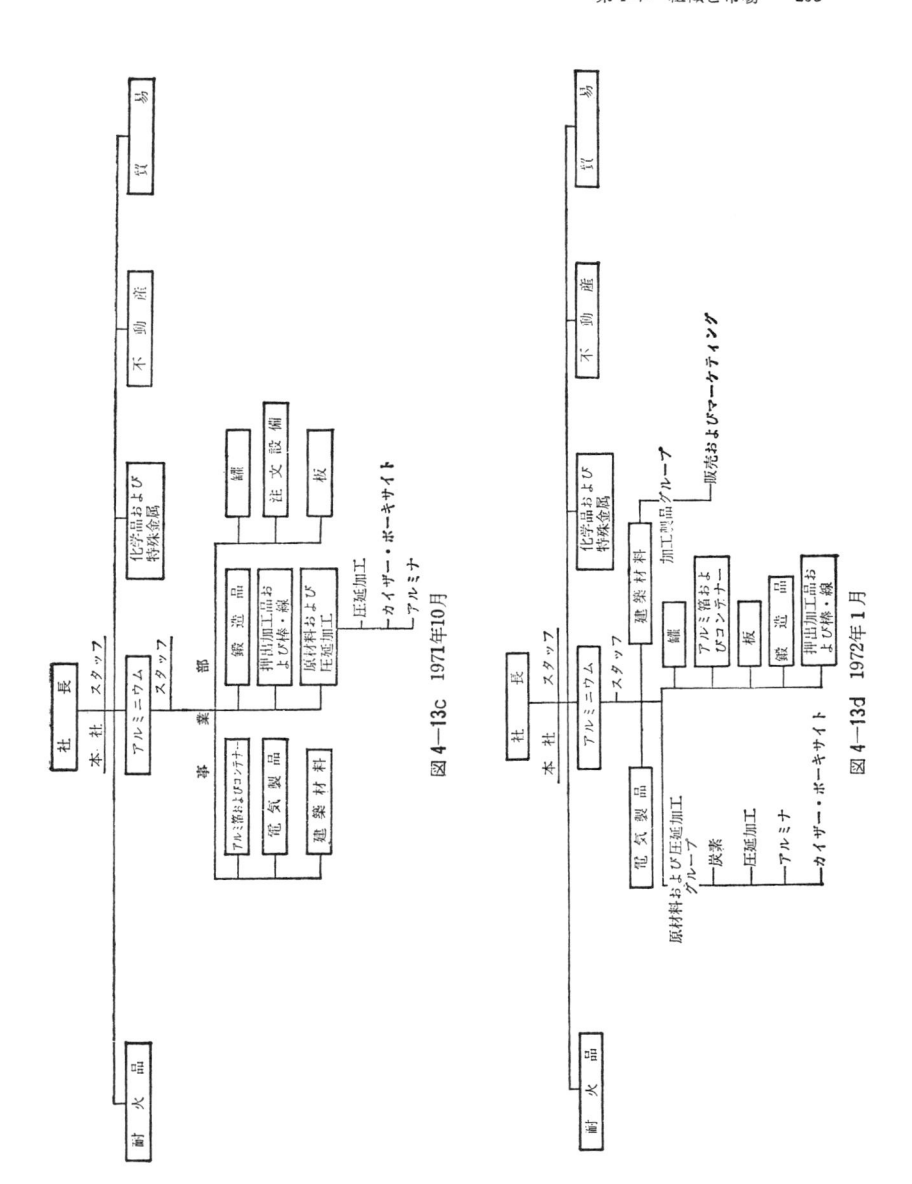

図4-13c　1971年10月

図4-13d　1972年1月

成長に対応できなかった。

4. 現在のスタッフの機能は広く分散し，現在の構造から監督と調整を容易に行うことはできなかった。

これらの職能別組織構造のもつ弱点を是正すべく，1955年6月 KACC のトップ・マネジメントは経営機能を利益センターに分散することを決定した（図4—13b）。彼らの組織構造の分権化のための理由は，(1)予測される大きな飛躍期間に準備する，(2)トップ・マネジメントから，あるルーティンの意思決定の責任を除去する，(3)生産と販売両面の知識をもつジェネラル・マネジャーを育成する，(4)生産と販売の責任をもつ事業部を有することによって，市場に対する迅速な意思決定を可能にする，(5)特定の製品を集中監視し，新製品開発の迅速かつ能率的な意思決定を円滑に行う，(6)責任を明確にし，効率的な業務遂行に必要な権限を付与する等であった。

現在の組織構造は若干の新業務が加わっているが，1957年のそれと本質的に同じである（図4—13c）。KACC の市場監視の主要な特徴の1つは，3側面の市場接近法をとっていることである。地域別第一線販売組織，製品別製品マネジャー・システム，そして個別産業への販売促進を集中的に行うための調整をする市場マネジャー・システムがこれである。この理由は，アルミニウム市場は多様化され，複雑であるが相互依存関係が強い，すなわち，「強く結合している」からである。この市場の相互依存関係は市場監視の情報プロセッシングに規模の経済性を導入させる可能性を秘めており，分権志向は潜在的に集権化とウラハラの関係ですすめられているのである。

アルミニウム産業は競争産業（銅，鉄鋼等）と比較すると成長性が高いと評価されてきた。例えば，1962年から1967年の間にアルコア，レイノルズ，カイザーの年間売上高増は8％に対し，主要銅製造者は6％，主要鉄鋼会社はわずか3.8％であった。しかしながら，最近においてはアルミニウム・メーカーの市場成果は低下しており，その主要因は過剰生産能力，主要製造業者

の新規参入，そして高い固定費設備を吸収するための各社の価格引下行為である。[13]

KACC の3側面の市場接近法は成長期にはきわめて効果的であるが，不況期には高価につく。したがって，最近の市場の退潮を反映して，マーケティング戦略は産業別接近よりは製品別接近に重点移行しつつある。一製品マネジャーは，「われわれは市場志向より製品志向を意図してきた。この点においては分権制から集権制への移行が始まり，責任権限が製品マネジャーに集中してきたといえるかもしれない。市場マネジャーは与えられた市場において，より広い製品の利用を最大限に浸透させることに努力をしてきたが，市場が逼迫してきた場合に多様な製品の拡販政策は製品の利益を中心に考えると，最良の策ではない。われわれは経常費を少なく維持し，より大きな利益幅をもつ製品をしぼり，市場マネジャーの広範囲製品の拡販というよりは狭い範囲の製品を強力に販売促進する方向に向っている。」といっている。

再集権化への動きは，最近アルミニウム部門の事業部が加工製品グループ，原材料還元グループに統合されたことによって，より顕著になった（図4—13 d）。一事業部長はグループ化についてこう述べている。

> 過去においてはトップ・マネジメントは新たに創設したアルミニウム事業部が最大の成長を遂げるために，事業部長は自らの事業を経営するという刺激をもつべきだと考えた。このために分権制の哲学あるいは自治が育成され，その哲学は当時の成長期には正しいと考えられていた。
>
> しかし，マネジメントはやがて事業部制が弱体事業部，不健全な内部競争，偏狭あるいは業務とコストの重複をうみだすという危険をもつことに気づいた。
>
> そして，組織は経営の現実に対応していかなければならない。これらの要素に加えて，マネジメントは最近におけるアルミニウム事業がボーキサイト採掘から最終の製造・販売にいたる統合と調整を必要とする商品事業になってきたことを認識したのである。[14]

---

13) Metal Week, op. cit., p. 27a.
14) News Notes, KACC, January 17, 1972, No. 3.

208　第2部　市場志向の経営組織論

　しかしながら，KACC は同時に市場における基本的条件が好転したときに備えて，組織多様性を創造することができる潜在的能力を持続している。組織計画部門のマネジャーは，「KACC は現在の市場条件に対応するために再集権化の方向に向っているが，分権制を最大化する基本政策は維持しつづける。そうすれば，アルミニウム産業が再び成長期を迎えたときに，当社は経済，市場を考慮した組織構造とその時に必要とされるマネジメント能力を供給できるであろう。」と言明している。

　KACC は逼迫した市場条件のもとで分権制から再集権制へ移行した。しかしながら，前述したように同社は市場多様化が増大したときに，再び分権制を採用する潜在力を維持する政策をとっているのである。

4.　リーバイ・シュトラウス社

　リーバイ・シュトラウス社は1850年にババリアからの移民である Levi Strauss が幌馬車用のテント地でカリフォルニアの金発掘人のためのデニム・ズボンを考案し，成功を収めた時に創設されたということは余りにも有名である。その後，同社の発展は次の社史における主要な歩みが示しているごとく，「リーバイ」のジーンズとして一般化し，今日世界的なブランドとなっている。

　　1850年　採鉱夫用と幌馬車用のテント製造
　　1853年　金採鉱夫用デニム・ズボンを広める
　　1861年　ポニー・エクスプレスの制服製造
　　1869年　石油採掘人への市場拡大
　　1873年　ズボンの後ポケット補強による強靱化
　　1906年　ジーンズ，カウボーイの制服に採用される
　　1937年　ジーンズの後ポケットにリベット採用（特許）
　　1941年　第2次大戦，軍隊へ供給
　　1946年　戦後大々的にヤング・カレッジ市場へ参入
　　1950年　輸出開始

1964年　スター・プレスト（世界最初のパーマネント・プレス）を開発，加工服業界での最も重要な技術革新となる

1968年　「リーバイス・フォー・ガールズ」ラインの発売，創業117年目で女性服装業界に進出

アパレル（縫製服）業界は年率6〜8％の成長率を持続している[15]。リーバイは業界平均をはるかに越える成長率，最近10年間年平均率20％を記録している。アパレル業界は多様なタイプの競争によって特徴づけられる。合併傾向も多少あるが，多くの独立中小メーカーが互いに競争している。ファッション業界においては中小メーカー生存の潜在的な余地がある。多くの場合，ファッション・リーダーあるいはリスク負担者は中小メーカーであり，当てれば一攫千金でもあるが，一夜にして消えていくメーカーも多いのである。

リーバイは3つのタイプの競争者と直面している。

(1) ファッション志向の中小企業：これらのメーカーは生産量では市場において重要な位置を占めていないが流行に迅速な適応を示し，斬新なスタイルをうみだす。

(2) 大型アパレル・メーカー：例えばブルー・ベル社，ファラー社，ヘイガー社，H.D・リー社，H.I.S.社，A-I社，ハリス社，それにデイズ社。

(3) プライベート・ブランドを販売する大規模チェーン：例えば，シアーズ・ローバック社，モンゴメリ・ウォード社，ペニー社で，これらのメーカーは販売量で勝負する。

アパレル業界の売手構造と競争のタイプから，この市場に対応する組織の戦略的特性は次表のように大別して2つある。

リーバイは大規模アパレル・メーカーであるから当然タイプ2の戦略を志向しているが，大規模メーカーでも製品計画の重点を流行の影響を受けない

---

15) リーバイの市場についての記述は内部資料，"Competition in the Casual Wear Market." by S. Bergman, Corporate Planning, March 1971 に基づく。

タイプ1：中小規模アパレル・メーカー型	タイプ2：大規模アパレル・メーカー型
市場機会主義	機会主義より計画的努力
柔軟性，迅速性	直観より公式的意思決定
リスク負担，機会志向	1人のルールよりチーム・マネジメント
スタイルの革新	ランダムな妥協に対して公式化した組織構造
市場の「すき間」をねらう接近法	柔軟性を若干失うが効率的
市場一般より，何か新しいもの，より良いもの，異色なものを	

基本ものにおくか，流行を追う「ファッションもの」におくかによって2つの主要戦略をとりうる。

大規模アパレル・メーカーの2戦略

要因	「基本もの」	「ファッションもの」
市場	製品志向	顧客志向
製品範囲	中範囲	広範囲
顧客層	マス・マーチャンダイザー，ディスカウント・ストア，チェーン・ストア	専門的デパートメント・ストア，チェーン・ストア
組織構造	職能別組織 集権型	事業部制組織 分権型
販売手段	価格	マーチャンダイジング スタイル
スタイル	模倣的	適応的
主要戦略	生産効率主義 コスト・コントロール	市場機会主義 流動性

ここで注目したい点は，過去のリーバイはもっぱら「基本もの」を中心とし，ファッション・リーダーではなかったということである。なぜならばリーバイのブルー・ジーンズはスタイルを変更する必要がなかったからである。したがって，上表との関連でいえば，リーバイの市場戦略は「基本もの」の特性を発揮してきた。ファッション・リーダーには通常リスク負担型の独立中小メーカーがなるのである。

過去，リーバイは高品質の男物ブルー・ジーンズの最大メーカー(ほとんど独占に近い位置を占めてきた)として2，3の限られた製品ラインに頼ってき

---

16) American Apparel Manufacturers Association, Apparel Management Letter, "Strategy Profiles of Apparel Manufactures in the Next Decade," March, 1970.

た。現在リーバイは不安定な「ファッションもの」の分野でも競争しているが，同社はなお，安定した「基本もの」の製品ライン，大量生産の規模の経済性を享有している。このため，リーバイの組織構造は最近にいたるまで集権的職能別組織で特徴づけられてきたのである。「同社は本質的に一製品の企業であるため，リーバイ・シュトラウス社は多くの企業が分権化を行なってきたなかで，組織の平凡な職能別タイプを保持することができた (Business Week, September, 1971)。」のであった。

1971年5月の改編前のリーバイの組織は職能別ラインにそって構造化されていた。1958年3月のリーバイの組織は典型的な職能別組織であり，生産，マーチャンダイジング，販売で構成されていた（図4—14a）。

しかし，同社が製品ラインの多様化をしはじめ，女物のファッション・ジーンズに参入したときにリーバイは，不断のスタイルの変化という新しい圧力のもとで顧客と競争者に相対することになった。この市場多様性に対処するためにリーバイス・フォー・ガールズは1968年に独立事業部として分離された。1969年6月リーバイはボーイズ・スポーツウェアー，ファッションおよびドレス・ジーンズのマーチャンダイジング機能を強化するために，製品マネジャー・システムを導入した。1971年5月同社はさらに製品ライン別事業部組織を確立した（図4—14b）。ジーンズ事業部，スポーツウェアー事業部，ボーイズ・ウェアー事業部が創設されたのである。

リーバイはしかしながら，現在あるいは近い将来に高度に多様化された組織構造を展開するとは予想できない。製品ラインが多岐にわたっても，広い範疇では「ズボンはズボン (pants are pants)」であるからである。それにもかかわらず，リーバイの長期組織計画立案のためのタスク・フォースは，同社の組織は製品ライン別の事業部構造を採用すべきであると結論づけている。企業計画担当重役でタスク・フォースのチェアマンは，「製品別事業部制に踏み切った主要因は，当社が歴史的に市場および顧客志向を方針としてきた

212 第2部　市場志向の経営組織論

図4−14　リーバイ・シュトラウス組織図

図4−14a　1958年3月

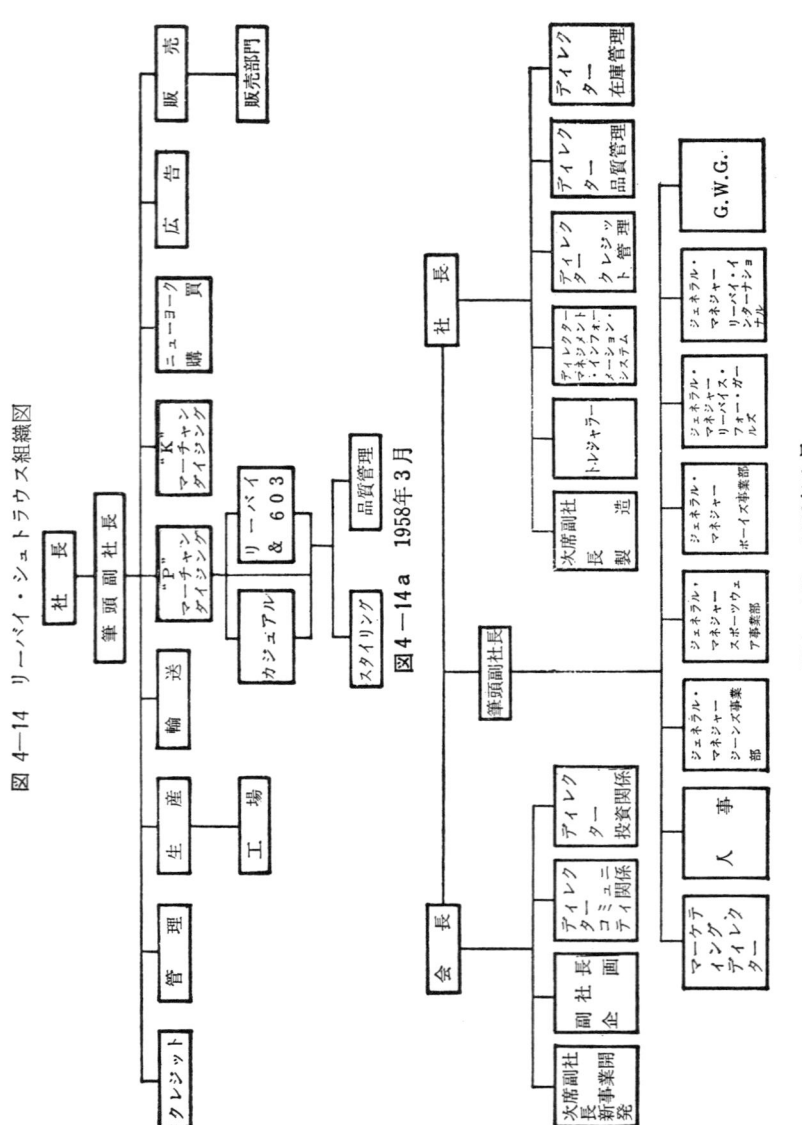

図4−14b　1972年1月

からであった。事業部による製品管理の概念は各マーケット・セグメントのきめ細かな市場監視を可能にし，当社のような大型組織に柔軟性を注入することができるのである。」と語っている。

こうして，リーバイは前述した大型アパレル・メーカーの市場戦略を引用すれば，「基本もの」から「ファッションもの」への戦略転換とそれに適応する組織構造を構築したのである。

さて，われわれは調査対象4社の組織構造，その特性，企業の直面する市場環境を簡単に概観した。われわれは組織と市場との相互作用の動的過程を厳密に研究したわけではないが，これらの記述は現実の企業組織と市場は絶えまなく変化する状態にあるということを指摘している。クロロックス社とリーバイ・シュトラウス社は組織多様性の過渡期にあり，一方，カイザー・アルミニウム社とヒューレット・パッカード社は現在の組織多様性の統合化を志向しているように思われる。

Ashbyの「最少有効多様性」の法則はコントローラーの能力を統制すべき環境の要求に適合させるための代案が2つしかないことを示唆している。(1)コントローラーの多様性を増すか，あるいは(2)統制すべきシステムの多様性を削減するかである (Hare, Jr—1967)。われわれの理論でいえば，このことは市場多様性に対処するために企業は情報フィードバック・センターの数を増加するか，あるいは市場監視の統制範囲を縮小するかを意味している。クロロックス社とリーバイ社はコントローラーの数を増殖している過程にあり，カイザー・アルミニウム社は市場監視の範囲を縮小あるいは統合することによって市場支配をせまく深く浸透させようとしている。ヒューレット・パッカード社は統制力のない新規参入市場の拡大に注意を払いながら，統制可能な現行市場の多様化を推進しているように見うけられる。

現時点で，われわれの組織構造の比較研究にとって，より重大なことは4

つの組織が直面する市場多様性は，組織によって異なるという基本的認識である。そして，4つのタイプの組織構造の「差」はそれぞれの組織が直面している市場多様性の「差」からくるのではないかということである。われわれは組織と市場多様性の概念を操作化した。この関係の調査結果の分析が次節の課題である。

第5節 調査結果および討議

本節では各社の市場多様性，組織多様性をそれぞれ分析し，最後に市場多様性と組織多様性の関係を明らかにする。

1. 各組織の直面する市場多様性

表4—5は調査参加各社の市場多様性のインディケータおよびその構成項目の平均値を示している。情報源の数（以下「情報源」と省略する），各情報源に送受信する情報量（「情報量」），情報の信頼性（「情報信頼性」），情報フィードバックの時間幅（「フィードバック時間」）のスコア（各構成項目の平均値の集計）を比較すると，クロロックス社は相対的に異質性の高い市場（「情報量」が高い），リーバイ・シュトラウス社（「フィードバック時間」が高い），カイザー・アルミニウム社（「情報信頼性」が高い）は不安定性の高い市場，ヒューレット・パッカード社は異質性および不安定性の高い市場（「情報源」，「情報量」，「フィードバック時間」が高い）に，それぞれ対応しているようである。市場多様性の総スコアを比較すると，HP，クロロックス，KACC，リーバイの順にランクづけられる。以下市場多様性総スコアの低い順に市場多様性のインディケータの細目を分析するが，各項目のスコアは，(1)組織の情報フィードバック・センターに対し，[1] 表4—3の双極7ポイント・スケールの測定用具（質問票）で測定され，(2)「高い」スコアは情報・意思決定の負荷が高いこと

を意味していることに留意されたい（情報の負荷があいまいな項目には「低い」あるいは「高い」と付記してある）。

(1) 市場多様性のプロフィール――リーバイ・シュトラウス社

「情報源」のスコアは各社間で大きな差はないが，リーバイのスコアは市場細分化，顧客の趣味，選好，顧客の発注方式の多様性において高い。他方同社は大量生産志向のアパレル・メーカーであるため製造技術の多様性は4社中最低スコアを記録し，流通面においても低いチャネル多様性のスコアが示しているように共通の配給経路を採用している。

「情報量」についてはリーバイの顧客は製品を熟知しており，購買計画は計画的である。同社はマス・メディアによる広告依存度が低く，技術的プロモーションの必要性はほとんどない（4社中最低スコア）。顧客は何が欲しいかを知っており（ジーンズ，スポーツウェア，ドレス，シャツの選択に顧客教育は必要がない），1次需要開拓の必要性もなく，新製品の多くは現存ラインの修正であり（同スタイルのジーンズの生地の色・柄の変化も新製品につながる），このスコアは4社中最低である。これらの結果他社に比較してリーバイは「情報量」，したがって，市場異質性のスコアにおいて最低を記録している。

「情報信頼性」においてリーバイは低い売手集中度，高い競争度に直面し，競争相手の行動予測性も低い（競争相手のファッション・スタイル戦略の予測は困難である）。さらに，同社のブランドに対する顧客のブランド忠誠度は相対的に低い（多分伝統的ブルー・ジーンズについては圧倒的強さをもっているが，新規

---

1) 各社の質問票の配布対象者は企画部あるいは人事の責任者が組織の市場特性の平均像が描けるよう配慮し選択した。事業部長，製品マネジャーを中心とし，情報フィードバック・センターに関連する若干のマーケティングおよび販売マネジャー他を含んでいる。全サンプル数は60名，うちリーバイ18名，KACC 14名，クロロックス9名，HP 19名であった。

216　第2部　市場志向の経営組織論

表 4—5　市場多様性の平均スコア

A. 異質性次元　　　　　　　　　　　　　　　　　　　　　　　(総サンプル数 N=60)

情報源の数	リーバイ ($n_1=18$)	KACC ($n_2=14$)	クロロックス ($n_3=9$)	HP ($n_4=19$)	計 ($n=60$)
1. 市場細分化	4.8	4.8	4.6	4.8	4.8
2. 地域差	4.1	4.5	5.1	2.4	3.8
3. 製品ライン・ブランドの多様性	5.1	4.8	4.7	4.5	4.8
4. 顧客の選好の多様性	5.0	4.5	5.0	3.8	4.5
5. 顧客のオーダーの多様性	4.5	3.6	2.9	5.3	4.3
6. 自社製品ラインの相互関連性：補完的（低い），独立的（高い）	3.5	2.3	3.8	2.1	2.8
7. マーケティング・チャネルの多様性	3.2	4.2	2.8	5.7	4.1
8. 製造技術の多様性	2.8	3.2	3.2	6.1	4.0
「情報源」計	33.0	31.9	32.1	34.7	33.1
平均「情報源」	4.1	4.0	4.0	4.4	4.1
各情報源に送受信する情報量					
9. 顧客の購買計画性	4.9	5.4	5.9	6.0	5.5
10. 顧客の製品知識	5.4	5.7	5.1	6.1	5.6
11. マス・広告への依存度	3.2	1.5	6.9	1.4	2.8
12. 技術データ配布の必要性	1.9	5.1	2.9	6.9	4.4
13. 1次需要喚起の必要性	2.6	3.5	5.1	4.6	3.8
14. 新製品開発の負荷	1.9	3.1	4.4	5.6	3.8
15. 販売促進手段の多様性	3.5	3.4	6.6	5.3	4.5
16. 主要競争戦略：価格志向（低い），非価格志向（高い）	3.9	3.3	6.3	5.4	4.6
「情報量」計	27.3	31.0	43.2	41.3	35.0
平均「情報量」	3.4	3.9	5.4	5.2	4.4
市場異質性計（「情報源」+「情報量」）	60.3	62.9	75.3	76.0	68.1
平均市場異質性	3.5	3.9	4.7	4.8	4.3

第4章 組織と市場

B. 不安定性次元

情報の信頼性	リーバイ ($n_1=18$)	KACC ($n_2=14$)	クロロックス ($n_3=9$)	HP ($n_4=19$)	計 ($n=60$)
17. 売手集中度：低集中度(低い)，高集中度(高い)	5.2	5.9	4.8	3.7	4.8
18. 買手集中度：低集中度(低い)，高集中度(高い)	1.4	1.9	1.4	3.0	2.0
19. ブランド忠誠度・高忠誠度(低い)，低忠誠度(高い)	3.5	4.7	2.3	2.3	3.2
20. 参入の脅威	4.6	5.1	5.7	5.1	5.0
21. 市場の競争度：相互依存的(低い)，競争的(高い)	5.4	6.1	5.4	4.7	5.4
22. 競争相手の行動予測性：可能(低い)，不可能(高い)	4.2	3.0	3.2	3.1	3.4
23. 企業の市場力：高市場力(低い)，低市場力(高い)	3.8	4.9	2.9	2.5	3.5
24. 政府の影響度	1.9	4.6	2.1	5.2	3.7
「情報信頼性」計	30.0	36.2	27.8	29.6	31.0
平均「情報信頼性」	3.8	4.5	3.5	3.7	3.9
情報フィードバックの時間幅					
25. 新製品開発の頻度	4.3	3.6	4.8	5.5	4.6
26. 顧客の選好の変化率	5.3	3.4	3.6	4.6	4.4
27. 技術の変化率	2.2	3.9	3.7	5.9	4.0
28. 需要の安定性：安定(低い)，不安定(高い)	3.3	3.6	3.2	2.9	3.3
29. 需要の予測性：可能(低い)，不可能(高い)	3.7	3.1	2.8	3.1	3.2
30. 顧客意志決定の時間幅：長い(低い)，短い(高い)	6.2	4.9	5.6	3.6	5.0
31. 成果フィードバックの時間幅：長い(低い)，短い(高い)	4.7	5.2	4.1	3.3	4.5
32. 販売促進努力の測定可能性：可能(低い)，不可能(高い)	5.2	4.6	2.7	4.8	4.5
「情報フィードバック」計	34.9	32.3	30.5	33.7	33.3
平均「情報フィードバック」	4.4	4.0	3.8	4.2	4.2
市場不安定性計(「情報信頼性」+「情報フィードバック」)	64.9	68.5	58.3	63.3	64.3
平均市場不安定性	4.1	4.3	3.6	4.0	4.0
市場多様性計(「市場異質性」+「市場不安定性」)	125.2	131.4	133.6	139.3	132.4
平均市場多様性	3.9	4.1	4.2	4.4	4.1

参入した女性用ファッション・ジーンズおよびドレス・シャツ等ではリーバイのブランドは確立されていない）が，同社の市場力は中間値である。一方，顧客（リーバイの小売商）は多数，地域的にも分散している。以上の結果リーバイは「情報信頼性」に第2位の地位にある。

「情報フィードバック」に目を転ずると，リーバイは新製品開発，技術変化の頻度は低いが，ファッション産業特有の顧客の趣味・選好の変化の最も激しい，需要予測の困難な，顧客意思決定の短い（それぞれのスコアは4社中最高），したがって成果フィードバックのきわめて短い市場に直面している。さらに，販売促進努力の測定は非常に困難であり（4社中最高），「情報フィードバック」に関する組織の市場操作が困難であることを示している。これらのファッション産業に固有の市場特性からリーバイは「情報フィードバック」スコアの最高位，したがって市場不安定性は2位にランクしている組織である。一方，市場多様性の総スコアは「情報量」が低いために，同社は4社中最低位にランクされているのは興味ある点である。

(2) カイザー・アルミニウム・ケミカル社

「情報源」については KACC は大量生産志向の点でリーバイとほぼ同様のパターンをもつが，より複雑なマーケティング・チャネル（直接販売とディストリビュータの併用）をもつ。一方，同社はリーバイに比較して顧客発注方式の多様性は低く，製品は相互補完的である。

「情報量」のスコアからは KACC の顧客は高い製品知識をもち，慎重な購買計画をたて，技術データを要求する。しかしながら，KACC はマス・メディア広告への依存度は低く，販売促進手段の多様性も必要としない。同社の市場における競争は，主要競争戦略の低スコアが示すように価格中心，1次元的であり，製品差別化の程度の低い市場構造をもつ産業に共通の競争特性を表現している（販売促進手段の多様性と主要競争戦略において同社は4社中

第4章　組織と市場　219

最低スコアを記録している)。さらに，顧客は購買製品を熟知しており，新製品は現在ラインの修正である（最近の主要新製品であるアルミ罐用超薄型アルミシートにしても圧延技術の改良による既存製品の修正である)。これらの点は同じ産業財メーカーである HP 社の当面する市場特性と著しい対照を示している。以上の点から KACC は「情報量」，そして市場異質性の低い組織として特徴づけられるのである。

　他方，KACC は「情報信頼性」における競争的スコアが非常に高い。すなわち，売手集中度，参入の脅威，市場の競争度が高く，政府財政支出の影響も強く受ける。最も重要なことは顧客の KACC に対するブランド忠誠および同社の市場力について KACC は4社中最低スコアを記録していることである。「情報量」の低スコアが示していたように，同質的製品の競争は価格中心である。加えて最近の過剰供給による価格の下落は競争を安定化させるための効果的市場戦略がないことを示唆しているように思われる。その結果 KACC は全社中「情報信頼性」において最高にランクしている。この点は今日 KACC が当面している市場多様性のきわめて重要な特性である。

　「情報フィードバック」に関しては KACC は新製品開発の頻度および顧客の趣味・選好の変化率において最低スコアをもつが，同社は速やかなフィードバック反応の不断の必要性に直面している（市場成果のフィードバック時間は4社中最高であることに注目されたい)。このことはアルミニウム業界において入札が一般的であり，入札の成否はきわめて短日時に決定されることから当然である。KACC は「情報フィードバック」の総スコアは高くはないが，「情報信頼性」が著しく高いために不安定性において最高位にランクされている。しかしながら，市場多様性の総スコアにおいて同社は「情報量」が低いために第3位にとどまっている。

(3)　クロロックス社

「情報源」に関してクロロックス社は地域差，製品ライン・ブランド，顧客の趣味・選好の多様性が高い。同社は製品ラインの相互関連性が低く，いくつかの異なる市場に対する独立情報源に対応していることを示している。同社の製品はスーパー・マーケット関連製品という言葉で一括することができるが，各ブランドは独立した市場特性をもっている（例えば，漂白剤クロロックス対飼猫用寝わらリッター・グリーン）。一方，以上の多様性に高スコアを示しながら，同社は生産技術はマス・プロ型であり，共通のマーケティング・チャネルを利用し（この変数は4社中最低のスコア），大量生産志向である。

クロロックス社を最も特徴づけるのは「情報量」である。同社はブランド別広告，1次需要喚起の必要性，販売促進手段の多様性，主要競争戦略のいずれの項目においても4社中最高点を記録している。これらの市場特性は消費者志向の，マス・メディアによる「プル」戦略をとる組織の共有する市場特性を反映している（クロロックスがプロクター＆ギャンブルによる買収によって後者の市場戦略の完全模倣を行なったことを想起されたい）。さらに，クロロックスは新製品開発の高い負荷にも直面している。同社の「情報量」のなかで唯一の低スコア項目は技術データ・プロモーションの必要性である。以上の点からクロロックスは「情報量」において4社中最高位，そして市場異質性の総スコアにおいてHPと並んで高い位置を占めているのである。そしてその結果市場異質性において4社中最高位にランクしているのである。

「情報信頼性」においてクロロックスのスコアは低い。売手集中度，参入の脅威，競争度のスコアは同社が競争市場に直面していることを物語っているが，クロロックスは強いブランド忠誠と支配力をもっているように思われる。事実，同社は「情報信頼性」において全社中最低位である。

クロロックスは「フィードバック時間」について新製品開発の高い頻度，顧客購買意思決定の時間の短さに直面するが（スーパー・マーケットの棚から特定ブランドを選択するのにどれほどの時間幅が必要であろう），これらの情報・意

思決定圧力は安定した，予測可能な需要，技術および顧客の趣味・選好の変化率の低さによってうめ合わされているようである。同社は販売促進努力の測定も可能であり，したがって販売促進のタイミングの操作が可能である。これらの点からクロロックスは市場不安定性スコアの最低を記録している。しかしながら，「情報量」の著しい高さによって，同社は市場多様性の総スコアにおいて第2位の地位にある。

(4) ヒューレット・パッカード社

「情報源」については HP は市場細分化，製品ライン・ブランドの多様性が高く，さらにマーケティング・チャネルはすべての異なる顧客への直接販売を原則とするのでその多様性は最も高い。生産技術の多様性が高いのは測定用器具は多種少量生産だからである。興味のある点は HP の製品は相互依存性，顧客の趣味・選好の多様性が高くないことである。これは多分HPのエレクトロニクス測定器具類は一般に単体というよりは，システムとして統合される可能性を常にもつこと，同社の市場戦略は顧客の選好の分析を待つよりは，自主的新製品開発により積極的に1次需要を創造することに関係があるのであろう。それにもかかわらず，HP は「情報源」の最高位にランクされている。

HP の市場多様性の特色の1つは高い「情報量」にある。このことは広告依存度を除いてほとんどすべての項目に高いスコアを得ている点に反映されている。同社の市場多様性の典型的特性は販売促進においてマス・メディア依存度の高いクロロックスと異なり，各顧客に専門的レベルの技術データの配布が必要とされる点である。この技術データ・プロモーションの必要性は組織が1つの器具を販売するときに，顧客に助言，知識教育，操作訓練，アフター・サービスを行わなければならないことを意味している。顧客は高い洗練された知識をもち，慎重な購買計画をたて，注文は多種小量である。HP

は多様な販売促進手段をもち，新製品の販売促進は1次需要喚起の必要性を伴う。そればかりではなく，同社の新製品は製品の技術的能力あるいは最終用途の単なる変更による既存製品の改良，修正ではなく，完全に異なる製品特性をもつ新製品開発を主とすることから，同社の新製品開発負荷は著しく高い(4社中最高スコア)。以上の点から HP はクロロックスと並んで「情報量」，したがって市場異質性が高く(最高位)，この次元において KACC，リーバイを大きく突き放している。

「情報信頼性」において買手が分散し，政府財政支出(とくに防衛関連産業)の影響をうけるが，HP のこのインディケータのスコアは概して低い。これは同社がエレクトロニクス関連機器のトップ・メーカーであり，クロロックスのように顧客の高いブランド忠誠を享受し，強い市場力(4社中最高スコア)をもつからであろう。

HP は「情報フィードバック」に関してはエレクトロニクス産業に固有のひんぱんな新製品開発と高い技術変化率に直面している(両スコアは全社中最高)。一方，フィードバック時間が比較的長い点に興味があるが，これは新製品開発の頻度が高く，この導入には顧客の学習期間を必要とするからであろう。しかし，エレクトロニクス産業特有の高い市場変化率のもとに行動する HP は「情報フィードバック」においてリーバイに次いで第2位を占めている。以上の点を統合すると，HP は市場不安定性において第3位にあるほかは，「情報源」，「情報量」，および「情報フィードバック」が高く，したがって，市場多様性総スコアで第1位に立っているのである。

情報フィードバック・センターの認知構造による市場多様性の測定は，各組織の直面する市場特性を適切に表現しているようである。市場多様性の総スコアの「差」の比較では4組織の市場特性が顕著に表現されないが，市場多様性の4インディケータおよび構成項目の平均値は4組織の市場特性の意

表 4-6 市場多様性変数の判別分析[2]

	リーバイ	KACC	クロロックス	HP
1. 市場細分化	-8.6	-10.5	-13.2	-7.2
2. 地域差	6.8	7.5	7.9	3.6
3. 製品ライン・ブランドの多様性	5.3	4.5	5.0	4.1
4. 顧客の選好の多様性	5.5	6.3	6.1	5.2
5. 顧客のオーダーの多様性	0.3	-0.3	-4.3	2.5
6. 自社製品ラインの相互関連性：補完的(低い), 独立的(高い)	11.2	10.4	15.1	6.4
7. マーケティング・チャネルの多様性	-3.1	-0.6	-5.8	-0.3
8. 製造技術の多様性	-1.0	-3.8	-0.8	0.4
9. 顧客の購買計画性	3.8	3.5	6.3	3.7
10. 顧客の製品知識	9.6	13.2	9.2	10.9
11. マス・広告への依存度	16.2	11.8	21.1	9.6
12. 技術データ配布の必要性	-2.5	3.3	-3.1	7.8
13. 1次需要喚起の必要性	-0.1	0.9	1.4	-0.7
14. 新製品開発の負荷	7.4	6.6	8.5	10.3
15. 販売促進手段の多様性	3.2	3.9	6.3	0.8
16. 主要競争戦略：価格志向(低い), 非価格志向(高い)	-4.8	-2.9	1.2	2.3
17. 売手集中度：高集中度(低い), 低集中度(高い)	4.6	5.1	6.6	1.3
18. 買手集中度：低集中度(低い), 高集中度(高い)	1.3	2.5	1.8	3.8
19. ブランド忠誠度：高忠誠度(低い), 低忠誠度(高い)	5.6	6.7	4.0	2.7
20. 参入の脅威	4.0	2.6	8.1	1.4
21. 市場の競争度：相互依存的(低い), 競争的(高い)	0.4	2.6	-0.6	5.4
22. 競争相手の行動予測性：可能(低い), 不可能(高い)	10.4	7.4	5.9	4.2
23. 企業の市場力：高市場力(低い), 低市場力(高い)	4.6	7.5	9.7	6.3
24. 政府の影響度	8.1	12.1	7.5	7.3
25. 新製品開発の頻度	-1.5	-5.4	-0.2	-6.1
26. 顧客の選好の変化率	-0.7	-3.0	-3.6	1.8
27. 技術の変化率	5.7	9.7	10.1	12.9
28. 需要の安定性：安定(低い), 不安定(高い)	-10.3	-8.0	-12.0	-11.8
29. 需要の予測性：可能(低い), 不可能(高い)	6.4	6.3	4.9	9.4
30. 顧客意思決定の時間幅：長い(低い), 短い(高い)	10.8	8.9	10.3	4.2
31. 成果フィードバックの時間幅：長い(低い), 短い(良い)	9.5	9.5	9.8	2.2
32. 販売促進努力の測定可能性：可能(低い), 不可能(高い)	9.3	6.3	9.6	6.4

味のある差別化を表現している。相対的に，クロロックスは「情報量」の高い異質性次元，リーバイは「情報フィードバック」の高い不安定性次元，KACCは「情報信頼性」の高い不安定性次元，HPは「情報源」，「情報量」，「情報フィードバック」の高い異質性，不安定性次元で行動していることが観察された。

このことは各組織の市場特性は必要情報の質と量において著しく異なっているという重要な事実をわれわれに提起している。われわれがさらに追求すべき点は市場多様性のこの「差」であり，この「差」こそ各組織の構造的特性の説明要因であるという基本的仮説を展開してきたのである。市場多様性の「差」の分析には，(1)統計的に32変数のさらに集約的比較を行うこと，(2)各組織毎に個別に臨床的追跡調査を行うことが考えられるが，後者は市場多様性と組織多様性の関係分析の項で取扱うこととし，ここでは前者の一手法として市場多様性スコアの判別分析について報告する。

表4—6は32変数の判別関数分析の結果である。各項目の値は平均値の比較同様，相対的比較が可能であるが重複的になるので省略する。ここでの関心は4社の32項目の「差」を極力オリジナル・スコアのもつ情報量を失わせることなく少数の変数で集約的に表現できないか，またこれらの「差」が統計的に4社の市場多様性を判別しているかということにある。このためにわれわれは逐次法判別分析プログラムの利点を利用して，F値に基づいて32項目の「差」の大きな上位10変数の判別分析を行なった。[3] その結果は表4—7の

---

2) 判別関数の各変数の値は表では相対的比較が可能なように各変数の標準偏差を乗じて標準化してある。標準化の必要な点については，Cooley-Lohnes—1971, p. 250, Tatsuoka—1971, p. 163, Morrison—1969 を参照されたい。また判別関数の比較分析については，Massy—1965, Green=Tull—1970 を参照されたい。

3) このプログラムはBMDO7M stepwise discriminant analysis, Biomedical Computer Programs, Health Science Medicine and Public Health, Dixon, J. ed., Department of Preventive Medicine and Public Health, School of Medicine,

表 4—7 市場多様性の上位10変数（F値順）の判別分析[4]

順位	変　　数	リーバイ	KACC	クロロックス	HP	F 値
1	技術データ配布の必要性(Q)	−0.60	7.40	0.73	15.27	100.31
2	マス・広告への依存度(Q)：会社イメージのみ(低い)，ブランド別(高い)	4.97	1.83	12.22	1.70	32.84
3	主要競争戦略(Q)：価格志向(低い)，非価格志向(高い)	7.00	7.11	12.75	9.21	12.79
4	成果フィードバックの時間幅(T)	4.58	5.09	4.24	1.50	8.30
5	ブランド忠誠度(R)：高い(低い)，低い(高い)	4.72	5.59	4.34	0.99	5.62
6	製造技術の多様性(S)	0.80	0.56	1.58	5.34	5.30
7	顧客選好の変化率(T)	1.80	−0.89	−1.37	−0.12	4.80
8	技術の変化率(T)	4.76	8.09	9.53	9.76	4.28
9	地域差(S)	4.22	5.13	6.00	2.24	4.10
10	顧客オーダーの多様性(S)	0.82	0.71	−1.50	2.40	3.97

ごとくである。

　ここには4社の市場特性が10変数で集約的に表現されている。例えば，リーバイの市場多様性は顧客の趣味・選好の変化率の速さ，成果フィードバックの短さが強調される一方，技術的プロモーションの必要性，技術的変化率の低い特性をもっている。マス・メディア広告は若干行うが，競争戦略は比較的価格志向であり，KACC，クロロックスのように大量生産志向でもある等々である。そしてこれら10変数による判別関数の予測力は表4—8の分類マトリックス（あるいは混同マトリックス）に示されているように98％（もちろん32変数では100％であった）とほとんど完全に近く，われわれの選択したインディケータによって組織の市場特性の「差」が十分判別されていることを示し

　UCLA, 1964 である。このプログラムの判別方法は Anderson の方法に基づいている (1958)。上位から10変数までという選択はF値の観察によるわれわれの判断によるものである。

4) 　上位10変数の構成は「情報源(S)」3項目，「情報量(Q)」3項目，「情報信頼性(R)」1項目，「情報フィードバック(T)」3項目と「情報信頼性」を除いては同数項目が4社の市場多様性をよく判別していることは興味のある点である。

表 4—8 市場多様性上位10変数の判別分類マトリックス

実際	予測グループメンバーシップ				計
	クロロックス	リーバイ	KACC	HP	
クロロックス	9	0	0	0	9
リーバイ	0	17	1	0	18
KACC	0	0	14	0	14
HP	0	0	0	19	19

トータル・ヒット=59, %=59/60=98%

ている。

　このことは,さらに図4—15の散布図 (scatter diagram) にもきれいに示されている。この散布図は表4—8の正準相関係数に基づいている。[5)]

表 4—9　上位10変数の正準相関係数

順位	変　数	1(X)	2(Y)	3	4
1	技術データ配布の必要性	0.85	−0.66	−0.26	0.66
2	マス・広告への依存度：会社イメージのみ(低い),ブランド別(高い)	−0.31	0.63	−0.04	0.27
3	主要競争戦略：価格志向(低い),非価格志向(高い)	0.39	0.59	−0.17	−0.10
4	成果フィードバックの時間幅	−0.35	−0.21	−0.40	0.10
5	ブランド忠誠度：高い(低い),低い(高い)	−0.32	−0.21	−0.41	−0.12
6	製造技術の多様性	0.26	0.15	0.22	0.04
7	顧客選好の変化率	−0.07	−0.16	0.51	0.12
8	技術の変化率	0.23	0.23	−0.39	−0.80
9	地域差	−0.13	0.05	−0.34	−0.19
10	顧客オーダーの多様性	0.16	−0.17	0.22	−0.04
	分散説明の程度	0.67	0.90	1.00	1.00
	グループ平均で求められた正準相関変数				
	グループ1（クロロックス）	−2.92	4.16	−0.93	0
	グループ2（リーバイ）	−3.31	−1.01	1.39	0
	グループ3 (KACC)	−0.28	−2.03	−1.94	0
	グループ4 (HP)	4.72	0.47	0.56	0

＊ これら2つの正準相関変数が図4—15の散分図の次元である。

---

5)　BMDO7M プログラムは判別関数の分類結果を正準相関分析 (canonical analysis) を通じて散布図にプリントする。正準相関分析は分類変数を0, 1の2分法スコアにした場合に判別関数を代用する。このグラフでは各サンプルは正準相関

第4章 組織と市場　227

図 4—15 最初の2正準相関変数の散布図

（オーバー・ラップは $, グループ平均は * でそれぞれ表示されている。 C=クロロックス・グループ (n=9) の成員, H=HP (n=19) の成員, K=KACC の成員 (n=14), L=リーバイの成員 (n=18)

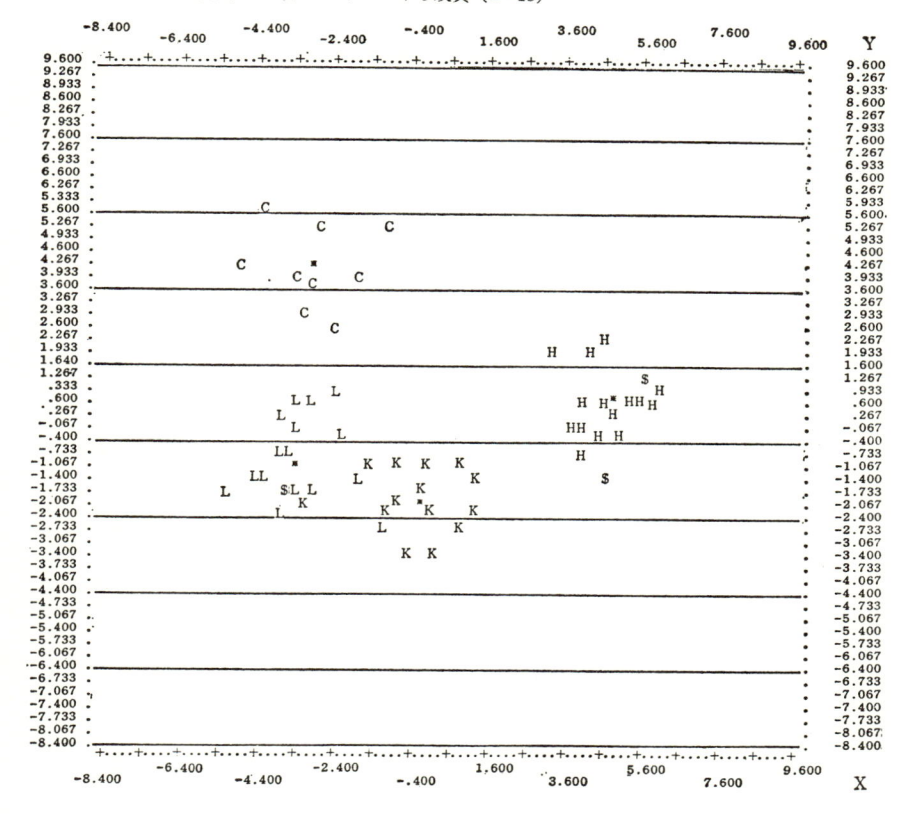

```
          -8.400       -4.400       -.400        3.600        7.600
                -6.400       -2.400       1.600        5.600       9.600   Y
 9.600 .+....+....+....+....+....+....+....+....+....+....+....+....+.    9.600
 9.267 .                                                             .    9.267
 8.933 .                                                             .    8.933
 8.600 .                                                             .    8.600
 8.267 .                                                             .    8.267
 7.933 .                                                             .    7.933
 7.600 -                                                             -    7.600
 7.267 .                                                             .    7.267
 6.933 .                                                             .    6.933
 6.600 .                                                             .    6.600
 6.267 .                                                             .    6.267
 5.933 .                                                             .    5.933
 5.600 -             C                                               -    5.600
 5.267 .                 C       C                                   .    5.267
 4.933 .                                                             .    4.933
 4.600 .                                                             .    4.600
 4.267 .          C   *                                              .    4.267
 3.933 .              C C   C                                        .    3.933
 3.600 -                                                             -    3.600
 3.267 .                                                             .    3.267
 2.933 .                  C                                          .    2.933
 2.600 .                     C                                       .    2.600
 2.267 .                                                             .    2.267
 1.933 .                              H   H                          .    1.933
 1.640 -                                                             -    1.600
 1.267 .                                        $                    .    1.267
  .933 .                                           H                 .     .933
  .600 .         L  L                       H  H * HH H              .     .600
  .267 .           L                                                 .     .267
 -.067 .           L   L                       HH  H H               .    -.067
 -.400 -                                                             -    -.400
 -.733 .        LL  *                                 H              .    -.733
-1.067 .            LL       K  K  K   K                             .   -1.067
-1.400 .        L  $L  L       L       K          $                  .   -1.400
-1.733 .             L             K        K                        .   -1.733
-2.067 .              L        K  K *K                               .   -2.067
-2.400 -                          L K    K                           -   -2.400
-2.733 .                                                             .   -2.733
-3.067 .                                                             .   -3.067
-3.400 .                   K  K                                      .   -3.400
-3.733 .                                                             .   -3.733
-4.067 .                                                             .   -4.067
-4.400 -                                                             -   -4.400
-4.733 .                                                             .   -4.733
-5.067 .                                                             .   -5.067
-5.400 .                                                             .   -5.400
-5.733 .                                                             .   -5.733
-6.067 .                                                             .   -6.067
-6.400 -                                                             -   -6.400
-6.733 .                                                             .   -6.733
-7.067 .                                                             .   -7.067
-7.400 .                                                             .   -7.400
-7.733 .                                                             .   -7.733
-8.067 .                                                             .   -8.067
-8.400 .+....+....+....+....+....+....+....+....+....+....+....+....+.   -8.400
          -8.400       -4.400       -.400        1.600        5.600
                -6.400       -2.400       -.400        3.600       7.600      9.600  X
```

分析の上位2複合 (compound) 変数の次元によって散布されている。この2複合変数の構成する次元は主成因分析 (principal components analysis) の主成因（あるいは因子）同様解釈が可能であるが，われわれの分析結果では第1複合は技術データ・プロモーション志向の産業財市場特性，第2複合はマス・メディア・プロモーション志向の消費財市場特性をそれぞれ表現しているようであった。判別関数，正準相関分析，主成因分析が相互に関連している点については，Tatsuoka—1971, p. 190 を参照されたい。

2. 組織多様性

(1) 水平的多様性

われわれの組織多様性の測定は情報フィードバック・センターの自らの組織多様性に対する認知構造と組織構造の実体測定の2面があることを既述したが，表4—10にはそれぞれのスコアを要約してある。前者のスコアは167頁の質問項目に対する平均値であり，後者は組織図およびインタビューによる情報プロセッシング・センターの計算結果である。後者の計算については各組織の分権は会社規模に関連していることが指摘されているので(Chandler—1962)，比較分析が可能なように組織のサイズを売上高でコントロールした水平的分権のインデックスを作成した。

表 4—10　4組織の水平的組織多様性

組織名	事業部数 (A)	製品マネジャー数 (B)*	計 (A+B)**	水平的多様性インデックス	水平的多様性 (認知構造)
HP	17	67	84	(84/375)***×100=22.40	5.5
クロロックス	2	13	15	(15/146)×100=10.27	5.0
リーバイ	5	24	29	(29/405)×100=7.16	4.1
KACC	7	21	28	(28/597)×100=4.69	4.2

　* この数は製品マネジャーを監督する上司（組織によってマーケティング・マネジャー，マーチャンダイジング・マネジャー，広告マネジャーと名称が異なるが）を含む。
 ** 事業部と製品マネジャーの単純な加算合計ではなく，それぞれの組織多様性の次元のウエートが将来考えられるべきかもしれない。
*** 分母は1971年関連市場の純売上高（単位100万ドル）。KACC はアルミニウム売上高に限定してある。

上表の水平的分権の認知構造とインデックスのランク・オーダーはほとんど一致しているが，リーバイ・シュトラウスの認知構造スコアが低いのは，われわれが調査を行なっていた最中に同社が集権から分権へ移行したので，分権の実体と認知構造のタイム・ラグが存在するためと考えられる。

(2) 垂直的多様性

垂直的多様性の認知構造および情報プロセッサーの役割の数によるそれぞ

れのスコアは表4—11に要約されている。前者は167頁の2質問項目の平均値であり，後者はインタビューによる実態調査結果である。後者の実態調査には多くの時間が費やされた。既述したように情報プロセッサーの役割の数は各組織の中心事業部における本質的意思決定に参画しているそれにかぎられた。われわれは各社企画部マネジャーとの事前インタビューによって，各社の中心事業部をクロロックス社はオークランド製品 (Oakland Products) 事業部，リーバイ・シュトラウス社はリーバイス・フォー・ガールズ (Levi's for Gals) 事業部，KACCは薄圧板 (Sheet and Plate) 事業部，HPはマイクロウェーブ (Microwave) 事業部にそれぞれ決定した。ついで選択された中心事業部の部長とのインタビューによって各組織の本質的意思決定は広告，マーチャンダイジング，価格，新製品開発であることが認定された。

われわれは本質的意思決定プロセスの探索を製品マネジャーから開始し，そこに参画する役割の数を計算した。1つの意思決定はいろいろな意思決定のハイアラキー，すなわち段階で構成されるが，何が1つの段階を形成するかは明確ではない。しかしながら，われわれは情報収集，起案，相談，意思決定，評価の情報プロセッシングの1フィードバック・サイクルを認知したときにそれを一段階とした。各組織の中心事業部における本質的意思決定および参画情報プロセッサーは表4—12から表4—15に要約してある。これらの表から情報プロセッサーの役割の数を計算し，その結果を認知構造による結果とあわせて要約すると次のとおりである。

表 4—11 4組織の垂直的組織多様性スコア

組　織	認知構造	役割数
HP	5.7	19
クロロックス	5.6	3
KACC	4.5	11
リーバイ	3.1	12

表4—11によれば垂直的多様性の認知構造と情報プロセッサーの役割数に

230 第2部 市場志向の経営組織論

表4-12 新製品開発の情報意思決定プロセス：HP・マイクロウェーブ事業部

意思決定段階	誰が起案するか	誰が情報を提供するか	誰に相談するか	誰が最終決定するか	誰が結果を評価するか
1 新しいアイデアの提起およびスクリーニングを行う	研究開発マネジャー 研究開発セクション・マネジャー 製品マーケティング・マネジャー 地域マネジャー	研究開発セクション・マネジャー 実験室エンジニア 製品マーケティング・マネジャー 地域セールス・エンジニア	研究開発プロジェクト・エンジニア マーケティング・マネジャー 製品セールス・エンジニア 地域セールス・エンジニア 顧客	研究開発マネジャー 研究開発セクション・マネジャー 製品マーケティング・マネジャー	事業部長 研究開発マネジャー
2 事前調査	研究開発マネジャー 研究開発セクション・マネジャー	研究開発プロジェクト・エンジニア	研究開発プロジェクト・マネジャー マーケティング・マネジャー 地域セールス・エンジニア 顧客	事業部長	事業部長 研究開発マネジャー 研究開発プロジェクト・エンジニア
3 プロトタイプを発展させる	研究開発マネジャー 研究開発セクション・マネジャー	研究開発プロジェクト・エンジニア メカニカル・エンジニア エレクトリカル・エンジニア	研究開発プロジェクト・エンジニア マーケティング・マネジャー 製品セールス・エンジニア 販売店 顧客	事業部長	事業部長 研究開発マネジャー 研究開発プロジェクト・エンジニア
4 市場開拓の全体戦略を決定する					
4.1 製品応用情報およびデータの作成・配布	サービス・エンジニア テクニカル・ライター	研究開発プロジェクト・エンジニア 製品マネジャー	研究開発プロジェクト・エンジニア 製品マーケティング・マネジャー	製品マネジャー	製品マネジャー マーケティング・マネジャー 製品マーケティング・マネジャー 事業部セールス・マネジャー
4.2 販売事前、事後のセールス・エンジニア、顧客教育および製品のテスト・デモンストレーションの実施	製品マネジャー マーケティング・マネジャー 地域セールス・エンジニア 販売店	製品マネジャー マーケティング・マネジャー 製品セールス・エンジニア 作業者	製品マーケティング・マネジャー 製品セールス・エンジニア 地域セールス・マネジャー	マーケティング・マネジャー 製品マーケティング・マネジャー 販売セールス・マネジャー	事業部長 研究開発マネジャー 研究開発プロジェクト・エンジニア
5 生産計画を立案する	研究開発マネジャー 研究開発セクション・マネジャー	研究開発プロジェクト・エンジニア メカトリカル・エンジニア 製品マネジャー	研究開発プロジェクト・エンジニア 製品マーケティング・マネジャー 製品セールス・エンジニア 地域セールス・エンジニア 顧客	事業部長	事業部長 研究開発マネジャー 研究開発プロジェクト・エンジニア
6 試作する	研究開発マネジャー 研究開発セクション・マネジャー	研究開発プロジェクト・エンジニア メカトリカル・エンジニア 製品マネジャー 作業者	研究開発プロジェクト・エンジニア 製品マーケティング・マネジャー 製品セールス・エンジニア 地域セールス・エンジニア 顧客	事業部長	営業部長 研究開発セクション 研究開発プロジェクト・マネジャー
7 納期計画を決定する					
7.1 最大代替期余裕時間の決定	製品マネジャー 販売部マネジャー	製品マネジャー 販売セールス・エンジニア	製品マーケティング・マネジャー 製品セールス・エンジニア	製品マーケティング・マネジャー 製品セールス・エンジニア	事業部長 製品マーケティング・マネジャー 製品マーケティング・マネジャー
7.2 予算	製品マーケティング・エンジニア	製品マーケティング・エンジニア	製品マーケティング・マネジャー 製品マーケティング・マネジャー	製品マーケティング・マネジャー	事業部長 製品マーケティング・マネジャー 製品マーケティング・マネジャー

表 4—13 広告および販売促進情報・意思決定プロセス：クロロックス・オークランド製品事業部

意思決定段階	誰が起案するか	誰が情報を提供するか	誰に相談するか	誰が最終意思決定するか	誰が結果を測定するか
1 現在市場におけるブランドの位置を定義する	市場調査マネジャー	ブランド・マネジャー セールス・マネジャー	広告エージェンシー 市場調査マネジャー		
2 販売促進目標の決定	ブランド・マネジャー 広告エージェンシー	ブランド・マネジャー	市場調査マネジャー 広告エージェンシー セールス・マネジャー	ブランド・マネジャー	ブランド・マネジャー
3 ブランド販売促進手段を決定する					
3.1 広告（TV）の決定	市場調査マネジャー	ブランド・マネジャー	広告エージェンシー 市場調査マネジャー	広告マネジャー ブランド・マネジャー	ブランド・マネジャー
3.1.1 コピー戦略を決定する	ブランド・マネジャー	市場調査マネジャー	市場調査マネジャー	広告マネジャー	ブランド・マネジャー
3.1.2 コマーシャルレイアウトの決定	ブランド・マネジャー	広告エージェンシー	広告マネジャー		ブランド・マネジャー
3.1.3 コマーシャル製造時間の決定	広告エージェンシー	広告エージェンシー	ブランド・マネジャー	ブランド・マネジャー	広告マネジャー
3.1.4 最終コマーシャルの決定	ブランド・マネジャー 広告エージェンシー	市場調査マネジャー	広告マネジャー 広告エージェンシー	ブランド・マネジャー	ブランド・マネジャー
3.2 店内販売促進の決定	市場調査マネジャー	ブランド・マネジャー	広告マネジャー 広告エージェンシー	ブランド・マネジャー	ブランド・マネジャー
3.3 包装の決定	市場調査マネジャー	ブランド・マネジャー	広告エージェンシー	ブランド・マネジャー	ブランド・マネジャー
3.4 関連販売促進手段の決定	市場調査マネジャー	ブランド・マネジャー	広告エージェンシー	ブランド・マネジャー	ブランド・マネジャー

よるスコアのランク・オーダーはクロロックスに大きな不一致が見られる。クロロックスは膨大な「情報量」に対応していることをわれわれは知った。この情報・意思決定の負荷に少数の情報プロセッサーの役割数で応答することは困難なはずである。この原因の追跡調査の結果クロロックスの本質的意思決定である広告意思決定の情報プロセッシングの重要な部分が広告エージェンシーによって行われていることが判明した。つまり、クロロックスは本質的意思決定の情報・意思決定の一部を他組織に転嫁することによって情報プロセッシングの経済性を図っていたのであった。広告エージェンシーの意

表 4—14 価格（オーダー）意思決定の情報・意思決定プロセス：
KACC・薄圧板事業部

意思決定段階	誰が起案するか	誰が情報を提供するか	誰に相談するか	誰が最終意思決定するか	誰が結果を測定するか
1 引合いをプロセスする	販売担当者	顧客	セールス・マネジャー		
2 引合内容を分析し関連情報を収集する	地域製品マネジャー	セールス・マネジャー 販売担当者	工場製品エンジニア		
3 コストおよび生産能力を決定する	工場製品エンジニア	地域製品マネジャー	生産管理マネジャー 技術マネジャー インダストリアル・エンジニア		
4 取引内容を評価し，価格を決定する	地域製品マネジャー	工場製品エンジニア	製品マネジャー	製品マネジャー	製品マネジャー
5 高額あるいは重要取引については取引内容および価格決定を再評価する	製品マネジャー	地域製品マネジャー 工場製品エンジニア	会計マネジャー	副社長 価格マネジャー	製品マネジャー

思決定プロセスを分析し（表4—16），その結果クロロックスの情報プロセッサーの役割数を修正すると，表4—17のとおりとなり，認知構造による垂直的多様性のランク・オーダーと調査時に分権制を採用したリーバイを除いてほぼ一致した結果を得たのであった（役割数による垂直的多様性の順位は水平的多様性インデックスの順位とも一致する）。なお，表4—18には情報プロセッサーの数によるスコアの明細が要約してある。[6]

---

6) われわれは組織の垂直的多様性のインディケータの1つに組織の本質的意思決定に参画する情報プロセッサーの役割数を提案したが，その測定過程で意思決定の客観的分析がきわめて困難であることを経験した。例えば，1つの問題としてあらゆる組織の購買意思決定過程に，普通妥当にあてはまる唯一真の意思決定過程が存在するかということである。このような普遍的な意思決定過程は組織特徴，種々の意思決定段階に含まれる人間，状況，仕事の「差」により全く個別に展開するのではあるまいか。

　意思決定過程の分析には意思決定過程というプロセスをどういう実体でとらえるかという問題が常に残る。意思決定過程を記述する場合，意思決定過程の共通の要素は何か，そしてその要素はどのようなインディケータで記述できるのか。

　Simon がビュロクラシーおよび人間の動機づけ理論とは別に，意思決定概念で組織のメカニズムを説明しようとしたことは，理論的にきわめてすぐれた着想

第4章　組織と市場　233

表4-15　マーチャンダイジング情報・意思決定プロセス：リーバイス・フォー・ガールズ事業部

意思決定段階	誰が起案するか	誰が情報を提供するか	誰に相談するか	誰が最終意思決定するか	誰が結果を測定するか
1 スタイルおよび市場ニーズを決定する	デザイナー 製品マネジャー	販売担当者 デザイナー 製品マネジメント （織物メーカー、 業界リサーチャーナル）	マーチャンダイジング・マネジャー	マーチャンダイジング・マネジャー	マーチャンダイジング・マネジャー
2 価格を決定する	製品マネジャー	製品マネジメント （織物メーカー、 販路）（材料）	事業部長 マーチャンダイジング・マネジャー	事業部長	マーチャンダイジング・マネジャー
3 販売予子測する	製品マネジャー	製品マネジメント マーケティング・ （風物メーカー・マネジメント）（資料）	事業部長 マーチャンダイジング・マネジャー セールス・スタッフ	事業部長	マーチャンダイジング・マネジャー
4 購物都入計画を決定する	マーチャンダイジング・マネジャー		製品マネジャー（他事業部）（織物メーカー・マネジメント）	マーチャンダイジング・マネジャー	マーチャンダイジング・マネジャー
5 生産計画立案	製品マネジャー 製造スタッフ	製造マネジャー	製造マネジャー	マーチャンダイジング・マネジャー	事業部長 マーチャンダイジング・マネジャー
6 生産フローを監視追跡する	製造マネジャー 製造スタッフ	製造スタッフ	マーチャンダイジング・マネジャー 製造マネジャー	マーチャンダイジング・マネジャー	マーチャンダイジング・マネジャー
7 在庫管理	製品マネジャー	配給セクション・システム（資料）	製品マネジャー 配給セクション・マネジャー	マーチャンダイジング・マネジャー	マーチャンダイジング・マネジャー 製品マネジャー

（　）＝他組織の情報プロセッサー

表4-16　広告（TV）作成の情報・意思決定プロセス：広告エージェンシー

意思決定段階	誰が起案するか	誰が情報を提供するか	誰に相談するか	誰が最終意思決定するか	誰が結果を監視するか
1 広告目的を設定する	アカウント・エグゼクティブ アカウント・スーパーバイザー	（広告マネジャー）	顧客リサーチ・ディレクター	（広告マネジャー）	顧客リサーチ・ディレクター
2 目標視聴者を決定する	（ブランドマネジャー）	顧客リサーチ・ディレクター アカウント・エグゼクティブ	顧客リサーチ・ディレクター	（広告マネジャー） アカウント・ディレクター クリエイティブ・ディレクター	顧客リサーチ・ディレクター
3 クリエイティブ戦略を決定する	クリエイティブ・ディレクター アート・スーパーバイザー メディア・ディレクター	メディア・ディレクター アカウント・エグゼクティブ	（社外調査機関の顧客リサーチ） ディレクター	メディア・ディレクター アカウント・ディレクター	顧客リサーチ・ディレクター
4 メディア戦略を決定する	メディア・ディレクター アカウント・スーパーバイザー	（ブランドマネジャー） アカウント・エグゼクティブ エージェンシー・リサーチ		（広告マネジャー） アカウント・ディレクター メディア・ディレクター	エージェンシー・リサーチ・ ディレクター 顧客リサーチ・ディレクター
5 広告調査（事前・事後） と実施を決定する	（広告マネジャー）				

（　）＝他組織の情報プロセッサー

表 4-17 4組織の垂直的組織多様性スコア

組織	認知構造	役割数
HP	5.7	19
クロロックス	5.6	15
KACC	4.5	11
リーバイ	3.1	12

表 4-18 4組織の本質的意思決定および参画情報プロセッサーの数

広告および販売促進意思決定 (クロロックス・オークランド製品事業部)	頻度*	マーチャンダイジング意思決定 (リーバイス・ガールズ製品事業部)	数	価格・薄正意思決定 (KACC製品事業部)	頻度	新製品開発意思決定 (HP・マイクログローブ事業部)	頻度
1. ブランド・マネジャー	25	1. マーチャンダイジング・マネジャー	19	1. 製品マネジャー	9	1. 製品マネジャー	23
2. 市場調査担当者	11	2. 製品マネジャー	11	2. 地域製品マネジャー	4	2. 製品マーケティング・マネジャー	14
3. 広告マネジャー	7	3. 事業部長	7	3. 工場製品エンジニア	4	3. 研究開発エンジニア	15
4. セールス・マネジャー	2	4. 製造マネジャー	5	4. セールス・マネジャー	2	4. 研究開発セクション・マネジャー	12
5. (籠本リサーチ・ディレクター)**	(9)	5. デザイナー	5	5. 販売担当者	2	5. 事業部長	12
6. (アカウント・エグゼクティブ)	(5)	6. 副社長	2	6. 副部長	1	6. 研究開発プロジェクト・マネジャー	11
7. (アカウント・スーパーバイザー)	(4)	7. 配給センター事業部マネジャー	2	7. 個数担当事業部マネジャー	1	7. マーケティング・マネジャー	11
8. (アート・ディレクター)	(3)	8. セールス・マネジャー	2	8. 事業部マネジャー	1	8. 地域セールス・エンジニア	8
9. (クリエイティブ・ディレクター)	(2)	9. 販売担当者	1	9. 生産管理マネジャー	1	9. 販売マーケティング・エンジニア	5
10. (メディア・ディレクター)	(2)	10. 原価計算マネジャー	1	10. 技術マネジャー	1	10. メカニカル・エンジニア	3
11. (メディア・スーパーバイザー)	(2)	11. 製品メーカー (他事業部)	1	11. インダストリアル・エンジニアリング・マネジャー	(4)	11. 事業部セールス・エンジニア	3
12. (エージェンシー・リサーチ・ディレクター)	(2)	12. (職物メーカー・マネジメント)	1			12. インダストリアル・エンジニア	3
13. (ライター)	(1)					13. エレクトリカル・エンジニア	2
14. (アカウント・ディレクター)	(1)					14. 製造マネジャー	2
15. (社外調査機関顧客リサーチ・ディレクター)	(1)					15. 製造エンジニア	2
						16. 作業者	1
						17. 実験室エンジニア	1
						18. サービス・エンジニア	1
						19. テクニカル・ライター	1
計 15 役割	頻度計 77	計 12 役割	頻度計 57	計 11 役割	頻度計 27	計 19 役割	頻度計 139

* 本質的意思決定の基本決定過程に参画した頻度。つまり何回その決定の意思決定過程に顔を出すかということである。われわれはこの頻度が役割頻度と全く一致しているかが問題にしなかったが、当然情報処理の負荷のインディケーターとしてとらえられるべきかもしれない。

** ( )=他組織の情報プロセッサーを示す。

3. 組織―市場多様性の関係

ここで以上独立に分析をすすめてきた市場多様性および組織多様性の関係を集約する。表4―19は認知構造による市場多様性スコアと組織多様性スコアのランク・オーダーの比較である[7]。その結果市場多様性の総スコアは組織多様性の総スコア,水平的および垂直的スコアのランク・オーダーと完全に

表 4―19 市場―組織多様性スコアのランク・オーダー

市　場　多　様　性												組　織　多　様　性					
異　質　性				不　安　定　性				市場多様性計				水平的		垂直的		計	
組織	「情報源」	「情報量」	計	組織	「情報信頼性」	「フィードバック」	計	組織	計								
HP	34.7 4.4	41.3 5.2	76.0 4.8	KACC	36.2 4.5	32.3 4.0	68.5 4.3	HP	139.3 (4.4)	HP	(5.5)	HP	(5.7)	HP	(5.6)		
クロロックス	32.1 4.0	43.2 5.4	75.3 4.7	リーバイ	30.0 3.8	34.9 4.4	64.9 4.1	クロロックス	133.6 (4.2)	クロロックス	(5.0)	クロロックス	(5.6)	クロロックス	(5.3)		
KACC	31.9 4.0	31.0 3.9	62.9 3.9	HP	29.6 3.7	33.7 4.2	63.3 4.0	KACC	131.4 (4.1)	KACC	(4.2)	KACC	(4.5)	KACC	(4.4)		
リーバイ	33.0 4.1	27.3 3.4	60.3 3.5	クロロックス	27.8 3.5	30.5 3.8	58.3 3.6	リーバイ	125.2 (3.9)	リーバイ	(4.1)	リーバイ	(3.1)	リーバイ	(3.6)		

サンプル数60 (HP=19, クロロックス=9, KACC=14, リーバイ=18), （ ）内平均値

であったが,彼の実証研究は理論ほどにすぐれた成果を収めていない。意思決定過程を記述する客観的方法が確立されていないため,意思決定過程の構成単位を規定することが困難であるからである。

具体的には,意思決定過程の記述には,個人を記述する。集団を記述する,活動 (activities) を記述する方法が考えられる。個人の記述は例えば,マーケティングにおいて Howard 以来の消費者行動論でとってきた方法であり, 小集団相互作用の記述にはグループ・ダイナミックスの貢献がある。われわれの立場は意思決定過程の活動分析の試みであった。いずれの方法をとるにせよ,われわれは今後意思決定過程分析についてのさらに明確な方法論をもたなければならない。

7) 市場の多様性と組織多様性のそれぞれのスコアを同一次元で比較するために,組織多様性のスコアは市場多様性と同一測定方法による認知構造スコアを使用する。組織多様性の認知構造と実態調査のスコアは前述のごとく,ほぼ一致していた。

一致し，市場―組織多様性の間に強い関係があることを示している。

しかしながら，市場多様性の内容分析をさらにすすめると，市場異質性は組織多様性を水平的にも垂直的にも増殖させるが，市場不安定性は逆に両次元を削減させるのではないかという興味ある関係を示唆している。すなわち，情報の量的側面を表現する市場異質性は組織の分権を促進し，情報の質的側面を表現する市場不安定性は組織の集権を助長するかのようである。

伝統的には組織は不安定性に直面したときに強力な集権制を敷くと主張されてきた (Price―1968)。しかしながら，Burns=Stalker, Lawrence=Lorsch の研究は環境の不安定性が組織の有機化あるいは分化を促進することを示唆してきたので，われわれの仮説はこの考え方の延長線上にあった。調査結果は組織が情報の質的負荷に直面したときに，その削減の方法が多様であることを示唆しているように思われる。既述したように Ashby の「最少有効多様性」の法則は，(1)増大する市場多様性に比例して組織の情報処理能力を増大させるか，あるいは(2)対象とする市場多様性の範囲を限定し，組織の情報処理能力を集中的に強化するかの両面があることを示唆していた。さらに，情報の質的負荷の削減には情報プロセッサーの増加に伴う情報ノイズを最少にするために，むしろ集権をすすめることがありうるであろう。この場合組織はその多様性を削減しながら結果的には情報の質的処理能力を増殖させていると考えられるのである。

次に市場多様性のそれぞれの次元のインディケータを検討してみると，「情報量」は異質性，「情報信頼性」は不安定性のそれぞれランク・オーダーの決定に強い影響を与えている。それに対して，「情報源」あるいは「情報フィードバック」はそれだけでは異質性あるいは不安定性をうみだす力とはなりえていない。しかも表4―19から明らかなごとく，市場多様性のインディケータの重要性は組織によって異なるという事実が指摘されなければならない。例えば，クロロックスは「情報量」，KACC は「情報信頼性」，リ

ーバイは「情報フィードバック」,そして HP は「情報源」,「情報量」,「情報フィードバック」と市場多様性の中心が異なり,それぞれの組織は固有の市場特性に直面している。これら4組織の集計的スコアの比較は,(1)市場異質性は組織の水平的および垂直的分権を,(2)市場不安定性は,むしろ組織の水平的および垂直的集権を促進し,また(3)市場多様性の中心的なインディケータは組織によって異なることを示唆している。しかしながら,われわれの当初の仮説は,さらに組織は自らの市場監視能力に応じて情報プロセッシングの経済性を追求すると主張していた。この点の分析は,さらに市場多様性の4つのインディケータの相互作用の分析を必要とする。

われわれの市場多様性分析の1つの問題点は市場多様性の次元,したがって,4つのインディケータがおそらく相互に完全に独立でなく,しかも相互に関係をもちながら組織多様性に影響を与えるということである。市場多様性次元の独立性を検証することは今後の課題としても,市場多様性の4つのインディケータの組合せによって対応する組織多様性のパターンが変ることは明らかにされなければならない。このためには認知構造による市場多様性スコアの比較分析だけでは不十分であるので,われわれは各組織のインタビューによる追跡調査を行なった。以下に展開する各組織における市場多様性と組織多様性の関係の分析は完全なものではなく,仮説的分析を含んでいる。われわれの実証研究には市場多様性の測定が,実体測定ではなく,認知構造による測定であるため,4組織の当面する市場多様性の相対的比較のみにとどまり,結果の一般化を行うにはサンプル組織数が少ないという限界をもっているからである。なお以下の各組織の組織―市場多様性の分析には表4―5 (216〜217頁)を参照されたい。

(1) ヒューレット・パッカード社

HP は高い「情報源」,「情報量」,そして「情報フィードバック」が必要

とされる市場で行動する。同組織は産業財販売組織が通常用いる需要「プッシュ」戦略を積極的に採用している。図4—15の正準相関分析による散布図は製品マーケティングにおける2つの主要情報・意思決定負荷のパターン，すなわちマス・メディアおよび技術データ・プロモーションを対照させていたが，HPの市場戦略は個別の顧客への高度技術データ配布の必要性を極端に表現しており，その組織多様性の程度は水平的，垂直的次元のいずれにおいても4社中最も高かった。

HPは最も高い「情報源」に対応しており，市場細分化，顧客の発注方式，生産技術の多様性を高く認知していた。ところで，これらの市場多様性の構成項目は，もし同組織がクロロックス，リーバイのように共通のマーケティング・チャネルを採用し，Aldersonのいう分類(assorting)および配合(matching)の情報処理(1957)をチャネルに転嫁するならば，情報源の数は必ずしも大きくならなかったと考えられる。しかるにHPはマーケティング・チャネルの多様性において最高スコアを記録しているのは，組織のセールス・エンジニアがさまざまな顧客に個別に接触し，情報交換を行わなければならないからである。HPがこのように極端な直接販売を行わなければならないのは各情報源に送受信する情報量に強く関係しているためである。

4組織の「組織―市場多様性」の関係の項で議論したように，「情報源」はそれ自体では高い異質性をうみだすとはかぎらない。しかし，それが「情報量」と結びついたときに高い市場異質性をもたらすのである。HPは「情報量」スコアにおいてクロロックスとほぼ同様に高く，KACC，リーバイとは比較にならないほど大きい。HPの顧客はエレクトロニクス機器の購買を慎重に検討し，購買製品に対して高い洗練された知識をもっている(両スコアは4社中最高)。組織はマス・広告を使用しないが(4社中最低スコア)，単一製品毎に高度な専門的レベルの技術データを個々の顧客に配布しなければならない(この項目に最高スコアを記録し，判別分析で4社を最も判断していたのもこの

変数であった)。このような技術データ販売促進は情報量の負荷について多くのことを意味している。例えば，購買前後における顧客への継続的な技術サービス提供，測定器具の使用および応用に関する顧客の知識あるいは実技教育の必要性等々である。ディストリビューターがこのような技術データ・プロモーションの情報プロセッシング能力がないかぎりクロロックス，リーバイのような共通のマーケティング・チャネルの使用が困難となる。かくして，組織は自ら個別顧客へ直接接触しなければならず，「情報源」，そして最終的には「情報量」の情報プロセッシングの経済性を図ることができないのである。また販売促進手段の多様性と主要競争戦略のスコアは非価格競争の程度がクロロックスに次いで高いことを示している。この点は上述した点からすでに明らかであるが，顧客は HP の納入製品について高い知識をもつが，その半面その製品の他用途への適用と開発された新製品の機能については無知であるので，同社は製品ラインの1次需要創造の必要性という大きな情報負荷を担わなければならない。しかも，HP の新製品は製品の適用分野と技術能力において全く異なる新製品であることが多いので，新製品開発の負荷は4社のなかで最高スコアをとっている。

　これに対して，情報負荷減少の要因としては HP 製品の相互関連性が高い点があるが（エレクトロニクス測定機器のシステム構成の可能性が高く，情報の相互利用が可能なことを示している），この項目が低いだけでは「情報量」における他項目の高さを相殺できず，HP は結局各情報源に送受信する情報量が著しく高い市場多様性に直面しているのである。高い「情報源」と結びついたこれらの高い「情報量」の項目は HP の組織が高い水平的および垂直的分権を維持しなければならない十分な圧力を負荷しているように思われる。

　HP はさまざまなエレクトロニクス測定および試験器具の市場におけるトップ・メーカーである。このことは高い売手集中度，高い顧客銘柄忠誠，高い市場力および低い市場競争度のスコアに明確に反映されている（4社中最低

スコア)。一方同社はクロロックス, リーバイに見られない不安定性発生源をもつ。すなわち, 高い顧客集中度および政府への依存度(宇宙・防衛関連製品)の高さがこれを示唆している (全社中最高スコアを記録)。次に, HP の「情報信頼性」のスコアは全体から見れば比較的低い値である。このような低い「情報信頼性」は組織多様性とどのように結びつくと考えるべきであろうか。われわれ4社の組織―市場多様性の比較分析は, 市場の競争的脅威の減少は事業縮小の必要性がないので, 組織多様性を増殖させ, 組織スラック拡大の好意的機会を提供することを示唆していたが, HP にも同様のことがいえる。もちろん, 将来例えば, 政府への高度依存に示されているような顧客集中度の高さは高い, 「情報信頼性」を要求し, 現在の組織構造の統合の誘因になるかもしれないが。

HP はリーバイに次いで「情報フィードバック」が高い。組織の認知する「情報フィードバック」の顕著な特性は新製品開発の頻度の高さと急激な技術の変化率である (両スコアは4社中最高)。顧客の趣味・選好の変化率も高く, 販売促進努力は明確に測定できず, 組織による情報フィードバック時間幅の操作が困難である。一方, HP は顧客意思決定, 成果フィードバックの時間幅についての変数に4社中最低の値を示している。これらのエレクトロニクス産業の市場特性は, 組織は多様な市場の変化する技術に不断に適応し, 時間のかかる教育と説得を通じて顧客の1次需要を創造しなければならないことを示唆している。かくして, 高い「情報源」および「情報量」と低い「情報信頼性」を結合した高い「情報フィードバック」は, 高い組織多様性を水平的にも垂直的にも増殖させることに貢献している。これらの複合効果と高い「情報フィードバック」, とくにひんぱんな新製品開発と急速な技術変化率は組織構造を多様な市場が要求するフィードバックの時間幅に適合するよう多様な情報プロセッシング・センターを水平的に分割させる圧力を課する。同時に, 新製品および新技術への適応はこの市場多様性削減を垂直的に行う

多様な情報プロセッサーをも要求する。相対的に顧客意思決定の長さはこの点を支持している。情報プロセッサーの数が多ければ多いほど，多様性削減の時間幅が長くなるのである。

　HPは高い「情報源」，高い「情報量」，高い「情報フィードバック」，そして低い「情報信頼性」の市場のもとで行動している。もし，組織が4つのインディケータすべてにおいて高いスコアを得た場合には組織の情報・意思決定の負荷は巨大なものになるであろう。このような場合組織は膨大な情報の質および量の負荷に直面して，最少有効多様性を自らの組織内に構築して対応することが組織の人的・物的資源の範囲をはるかに越えるかもしれない。もしそうであるならば，HPはクロロックス，リーバイの共通のマーケティング・チャネルおよび広告エージェンシーの使用のような情報プロセッシングの経済性を組織独自の情報構造を発展させることによって確立しているにちがいない。われわれの追跡調査はこの発見に向けられた。

　HP独自の情報プロセッシング構造は新製品開発の内部フィードバック構造にあった。中心事業部であるマイクロウェーブ事業部の1責任者はこう述べている。

　　　新製品開発において，第一線販売担当者からの情報フィードバックはさして重要ではない。伝統的にわれわれの会社内の研究開発部門が最もよい顧客なのである。つまり，われわれの設計開発した機器は社内の研究開発部門でまず使用するものである。われわれ自身がわれわれの製品を業務遂行上必要とするので，これが新製品市場導入前のテスト・マーケットを代替し，われわれの新製品の成功への卓越したガイドラインを提供してくれる。われわれの製品の多くはこのカテゴリーに入るものである。
　　　このような製品をもつことによって，製品のもつべき技術特性および性能が判定できる。われわれは顧客をひんぱんに訪問するが，彼らは実際われわれの新製品開発上有効な情報をわれわれに提供してくれるとはかぎらないのである。

　このHPの新製品開発過程のユニークな特性はおそらく新製品開発に付帯する情報プロセッシング負荷の経済性に大きく貢献しているにちがいない。

もし組織にこのような固有のフィードバック構造が構築されていなかったならば，HP は市場多様性の 4 つのインディケータにそれぞれの最高スコアを記録したかもしれないのである。

(2) クロロックス社

クロロックスの認知している市場多様性は高い「情報量」と低い「情報信頼性」および低い「情報フィードバック」によって特徴づけられる。組織は水平的および垂直的に分権化されている。しかしながら，垂直的分権の情報プロセッサーの役割調査はクロロックスが他組織に垂直的情報プロセッシングの負荷を転嫁させることによって自らの組織は集権化していることを示唆していた。垂直的多様性に関する 2 つの測定方法による矛盾はこの研究の興味ある発見の 1 つであった。なぜならば，見方によってはクロロックスは水平的に分権化し，垂直的には広告意思決定の情報処理を広告エージェンシーに転嫁することによって集権化しているともいえるからである。

「情報源」については各社のスコアは接近していたが，クロロックスの高い項目は組織が顧客の趣味・選好の高い多様性，地域差，そして製品ライン・ブランドの多様性に直面していることを示している。一例として，クロロックスの 409 スプレーおよびバスルーム・クリーナーの競合しているブランドを列挙してみる。A ジャックス，トップ・ジョブ，ミスター・クリーン，スピック・アンド・スパン，ファンタスティック・スプレー，ファンタスティック・バスルーム・クリーナー，ジャニター・イン・ドラム，ライゾール・クリーナー，ライゾール・ベイジンタブ，ライゾール・タイルクリーナー，ダウ・バスルーム・クリーナー，セーフウェイ・ホワイト・マジック，等々。もしローカル・ブランドも包含するとこれらの競合ブランドの数は膨大な数にのぼる。実際 1 ブランド・マネジャーが指摘したように管理可能性 (manageability) のみが市場における「情報源」の境界線設定の基準になるのであ

る。加えて，組織内におけるブランド競合度は少なく（4社中最高スコア），各ブランドはそれぞれ独立市場をもっている。しかしながら，すでに指摘したように「情報源」のみでは高い異質性をうみだすとはかぎらない。われわれはクロロックスの直面する各情報源に送受信する情報量負荷の特性を調べなければならない。

　クロロックスは最高の「情報量」に直面している。「情報量」についてのクロロックスの市場特性は，たえずブランド毎に全国的 TV ネットワークを通じて広告し，さらに1次需要を喚起しなければならないことである（両スコアは4社中最高）。60年に近い歴史をもつ漂白剤クロロックスでさえ，さまざまな使途の開発，例えば，パーマネント・プレス，おむつ，病室の備品，皿，浴室，台所，便器，ゴミ箱等のクリーニングにもクロロックスが使用できることを常時教育し，さらにクロロックスの漂白効果は競争者の開発した酵素入り製品よりも勝っており，人体に無害，環境にも無公害であることを説得しなければならない。酵素は漂白剤の代用ではない（"Enzymes are not a substitute for bleach"[8]）のである。また，クロロックスにおいては1つのブランドの販売促進を行う場合，非価格志向の販売手段の数は膨大な数にのぼる。すなわち，広告，店頭販売促進，包装，製品データの配布，等々（4社のなかで販売促進手段の多様性および主要競争戦略のスコアが最高であった）。

　かくして，「情報源」の数と結びついた高い「情報量」は組織に1つのブランド毎に専門的な情報フィードバック・センターを多数創造させる圧力を負荷する。すなわち，これがブランド・マネジャーであり，ブランド・マネジャーは1つのブランドのすべての安寧福利に貢献するのである。しかしながら，われわれはクロロックスがHPのような多数事業部多数製品マネジャーの組織構造ではなく，小数事業部多数ブランド・マネジャーの構造特性を

---

8) クロロックス容器の広告，"Directions for Using Clorox" の一部。

もっていることに注目すべきである。そして，同様なパターンの組織構造はスーパー・マーケット製品メーカーにも普及しているのである（例えば，プロクター＆ギャンブル，ジェネラル・フーズ等々）。

　上記の組織特性は組織のチャネル利用と関係がある。クロロックスはマーケティング・チャネルの多様性スコアが4組織中最も低かった。このことは組織が共通のマーケティング・チャネルの採用によって情報プロセッシングの経済性を達成する可能性のあることを示唆している。実際，クロロックスの多角化は既存の配給機構を徹底的に利用開発することによって行われてきた。「この機構は全国的にグロサリー・ストアの重要な棚の空間を獲得できる79の食料品ブローカーの強力なネットワークを含んでいる……(Business Week, February 27)。」のである。共通のチャネルが使用できるかぎり，市場多様性は事業部を形成することなくブランド・マネジャーの数を増すことによって対処されうる。しかしながら，食品（BインB・マッシュルーム，キッチン・ブケイ，クリーム・オブ・ライス）は異なるマーケティング・チャネル（食品ブローカー）を必要とするため，オークランド製品事業部から独立した食料品事業部が設立されたのである。少数事業部，多数ブランド・マネジャーの組織構造特性はクロロックスの水平的多様性の本質的特徴である（そして，多分多くのスーパー・マーケット関連製品メーカーの特徴でもある）。

　「情報信頼性」，「情報フィードバック」においてクロロックスのスコアは4社中最低であった。しかし，以下の点に注目する必要がある。第1に「情報信頼性」において組織は顧客の強いブランド忠誠を享受しており，第2に「情報フィードバック」において組織の製品の需要は予測可能であり，販売促進努力は測定できるということである。これらの点は組織の市場多様性の操作可能性 (manipulability) を増大させる。すなわち，組織はもし強いブランド忠誠および市場力をもつならば，組織独自の利益のために「情報量」を操作することができ，そして，もし需要が予測でき，組織の販売促進の測定

が可能であるならば，組織それ自身の時間的展望のなかで情報フィードバックの時間幅を統制することができる。それでは，高い「情報信頼性」，「情報フィードバック」は組織多様性とどのような関係にあるのか。われわれの調査結果から見れば，低い不安定性は多分組織多様性を水平的に増殖させるであろう。なぜならば組織は競争および市場条件をおそれて，その市場監視能力の制限あるいは縮小の必要がないからである。

さて，われわれの最初の探求に戻り，なぜクロロックスが情報プロセッサーの役割数で垂直的に集権化されていたのかを考える。それは同組織がマス広告および広告エージェンシーを使用するからである。ブランド1品毎の広告は膨大な情報・意思決定の負荷を課するが，一度決定されるとそれは販売促進の規模の経済性を達成する。すなわち全国的規模におけるマス・コミュニケーションの徹底的利用であり，これが需要「プル」戦略の情報負荷の点から見た本質である。さらに，広告を製作および執行することに付帯する情報・意思決定の負荷は広告エージェンシーの利用によって内部的に吸収されるのである。クロロックスの情報プロセッシングの経済性は広告エージェンシーの利用による。1ブランド・マネジャーが述べていたように，広告および販売促進に関する意思決定の大半は広告マネジャー，製品マネジャー，および広告エージェンシーの三位一体の情報処理活動によって遂行される。マス広告志向組織の極端な場合には，現場第一線の販売担当者が少数あるいは皆無であるということも起りうるのである。

また，共通のマーケティング・チャネルの使用は組織の垂直的集権に貢献するであろう。なぜなら，自らの組織の第一線販売担当者による直接販売のケースのように情報源の「取りそろえ」および「組合せ」は組織内部で処理せず，その情報プロセッシングの負荷を他組織（79ブローカー）に転嫁することができるからである。

(3) カイザー・アルミニウム・ケミカル社

　他の3組織に比較して KACC は「情報源」,「情報量」のランクにおいてトップあるいは最低スコア項目できわめて少ない。「情報源」に1項目,「情報量」に2項目だけである。「情報源」における最高スコア項目は市場細分化であるが, 他の組織も同値である。したがって, ランク・オーダーを「高い」,「低い」の2分法でとらえると, 比較的高いスコアは地域差, 製品ライン・ブランドの多様性, マーケティング・チャネルの多様性が得られる。アルミニウム製品は広義のカテゴリーで同質的な1製品と考えられがちであるが, 実際は膨大な型およびサイズが存在する。KACC はルーティンな少量注文の標準品についてはディストリビューターを使用するが, 大口標準品および非標準品については自らの組織による直接販売を行う。したがって, 集中的配給チャネルの使用については同組織は他の3組織の中間に位置している (クロロックスとリーバイはマス・チャネル使用の極であり, HP は直接販売の一方の極である)。比較的低スコアの項目には, 顧客注文方式の多様性, 製品ラインの独立性, 生産技術の多様性がある。生産における規模の経済性の強さおよび顧客注文方式の低い多様性はアルミニウム一貫製造産業のような高度資本投下産業の直面する本質的な市場特性である。したがって, KACC は「情報源」において最低スコアを記録している。

　「情報量」については KACC は販売促進手段の多様性および主要競争戦略に最低スコアを示している。価格理論はもし製品がすべて同質的であり, 完全に代替品であるならば, 競争には唯一の次元, すなわち価格しかないことをわれわれに教えている。「適切な原価と適切な価格が鍵なのである……(KACC 年間報告, 1970, p. 9)」。この点が同じ産業財メーカーである HP の市場特性との本質的相違となっている。HP のように KACC も慎重に購買計画をたてる顧客, および高度の製品知識をもち, 専門的レベルの製品技術データの配布を要求する顧客に直面している。しかしながら, 販売促進手段

の限定された多様性および価格志向競争（それらは標準化製品のマーケティング特性を表現しているのであるが）のために，組織は HP のように1次需要の創造と新製品開発の負荷を担い，したがって高い「情報量」をもつ必要がないのである。

　低い「情報源」および「情報量」に直面する組織は高い水平的・垂直的分権化の必要がない。KACC は水平的にも垂直的にも HP と比較して低い分権化を示している。加えて KACC の集権化に圧力をかける市場多様性の別の特性がある。

　それは KACC が4組織のなかで最高の「情報信頼性」をもっていることである。情報信頼性は市場構造および競争を表わす項目より構成されているが，KACC はそのうち5項目について極端なスコアを記録している。すなわち，最低の売手集中度，最低のブランド忠誠度，最高の競争度，そして最低の市場力である。これらのことは組織が高い競争と市場操作の無力性を強く認知していることを示唆している。調査時点におけるアルミニウム市場はきわめて厳しい情勢にあった。年間報告は，「われわれの売上高の 3/4 を占めるアルミニウムに関してはわれわれの業績は市場の周期的変化が最低点にあることと強く結びついている。いかに積極的マーケティング努力を払っても，いかに製造効率を向上させても，需要供給のアンバランスは弱含みの価格をうみだし，それは原価上昇とともにアルミニウムのような資本集約型事業にとっては低レベルの利益を余儀なくさせたのである（年間報告，1971, p. 7）。」といっている。

　伝統的に，競争に関する「情報信頼性」を向上させるため，標準化された製品市場（例えば，鉄鋼）のもとで行動する寡占メーカーは企業間コミュニケーションの方法を制度化してきた。例えば，判事 Gary の晩餐会，プライス・リーダーシップ，業界機関等である（Scherer—1970, 野中—1974）[9]。今日では，しかしながら，市況の悪化，新規参入メーカーの増加によって組織間相互協

調体制は必ずしも効果的に運用されていない。加えて，政府財政支出，および最終的には経済全体の動きはアルミニウム需要の喚起に好意的ではなかった。「価格は下落した……原価は上昇した。そして，国内産業の回復のスタートは遅く，わが社の多くの製品市場において急速な回復をうながすにいたらなかった。

すべて既述したように，会社が直面している事業条件はここ10年以上のうちで最も不満足な状態にあり，平均以下の合衆国の成長率および弱含みの海外経済は価格浸蝕とコスト上昇を伴って利益の徹底的削減に拍車をかけた (年間報告, 1971, p. 4)。」のである。

これらの状況に対処するために KACC は第4節で述べたように集権化に対して決定的ステップを踏みだした。「情報信頼性」は水平的集権化に貢献することが示唆されたが，その理由を考察する。「情報信頼性」は市場構造特性および競争を反映している。もしわれわれが限られた競争手段 (例えば，価格志向性，企業の製品に対する低ブランド忠誠度，低市場力等) で，広範囲の市場にわたって破壊的競争に直面した場合，とりうる手段は限られた領域に組織の市場監視能力を選択あるいは縮小し，その領域で強く，深く競争することである。換言すれば，組織は水平的に組織多様性を統合し，特定の製品市場に関する信頼性のある情報を獲得する能力を強化するのである。実際，選択的マーケティングは会社の主要戦略として採用されたのである。

　1970年のわれわれのアルミニウム事業への接近法は次の4目標に集中する。
　1. コスト低減……
　2. 技術的努力の強化
　3. 選択的マーケティング，そして……
　4. 価格回復

---

9) 米国においてアルミニウム産業は最も強い業界機関をもってきた。業界機関が組織間情報プロセッシング・センターの役割を果たしている点については The Aluminum Association Directory, 1970 を参照されたい。

われわれは昨年製造原価の低減，生産性向上，組織の合理化，販売および配給コストの低減に成果を収めた（年間報告，1970, p.9）。

「情報信頼性」が垂直的分権にどのような影響を与えるかは十分に明らかではない。「情報信頼性」は両方の方向で組織多様性に影響を与えるかもしれない。われわれはより信頼性のある情報を収集するためにより多くの情報プロセッサーを必要とする。また，情報ノイズを最少にするために逆に情報プロセッサーを削減するかもしれない。おそらく，両方向がありうるのであろう。どちらの方向に向うかは「情報信頼性」だけではなく他の市場多様性のインディケータによって決まるのである。とくに「情報量」および「情報フィードバック」がそれである。ところで，KACC の場合，「情報量」および「情報フィードバック」のスコアは比較的低く，したがって垂直的分権も低くなったと考えられるのである。

「情報フィードバック」に目を向けると，KACC のスコアは相対的に低いが，組織のこの点における1つの重要な特性が存在する。すなわち，2項目が他組織に比較して最低スコアを記録している。新製品開発の頻度および顧客の趣味・選好の変化である。最高スコアの項目は需要の不安定性および成果フィードバックの時間幅である。当然のことながら，エレクトロニクス産業のようにアルミニウム産業において新製品開発の頻度は高くない。むしろ，興味のある点は KACC が成果フィードバックの時間幅において4社中最高スコア（この場合最高スコアは情報時間幅が短いことを意味する）を得ていることである。アルミニウム産業における多くの取引は競争的入札形式である。入札結果の成功，失敗がいかに早く，明確にフィードバックされるかは明らかである。この点の負荷になんらかの情報プロセッシングの経済性が考慮されるべきであろう。事実，顧客の要求に敏速に応答する能力を向上させるために，KACC の中心事業部は独自のフィードバック構造を発展させていた。1製品マネジャーは，「われわれは顧客への反応を迅速化するために独自の

情報交換ルートを組織化した。われわれは顧客に販売担当者を通さずに工場に直接コンタクトできるような構造をつくりあげた。したがって，顧客は工場から注文製品に関する情報の直接フィードバックを得ることができる。往々にして，第一線販売担当者はこれら情報交換内容を知らないことが多いくらいである。ルーティン・タイプの情報に関する顧客—工場間の直接的関係はわれわれの敏速なフィードバックを助長するのである。」と述べている。このことは多分，より垂直的集権化を助長したにちがいない。

(4) リーバイ・シュトラウス社

リーバイは「情報源」において第2位に位置し，それらの項目のなかでの最高スコアには製品ライン・ブランドおよび顧客の趣味・選好の多様性がある。広い意味において，「ズボンはズボンである」が，ズボンは色，スタイル（ブルー・デニム・ジーンズ，ファッション・ジーンズ，スポーツ・ウェア），市場（ボーイズ，メンズ，ジュニアズ，ミッシーズ）によって膨大な多様性をうみだすことができる。顧客の趣味・選好もデニム・ジーンズ，フレアズ，ベル・ボトムズ，コーデュロイ，スター・プレスト，ニット等々と多様な範囲にわたる。加えて，リーバイは多様なシャツ，ジャケット，ブラウス，スカートを製造している。また，同組織は市場細分化，顧客発注方式，製品の独立性（ボーイズ，メンズ，ウーマンズは全く異なる市場である）にも高いスコアを得ている。一方，リーバイはクロロックスのように共通の集中的チャネルを使用し，強く大量生産方式を志向している（製造技術の多様性は最低スコア）。

リーバイが最低の「情報量」をもつ組織であることに注目することは重要である。「情報源」は「情報量」と結びつかなければ，必ずしも異質性をうみだすとはかぎらないことはすでに論じた。事実，4社はHPを除いて「情報源」の総スコアではほとんど等しく，差がない。このようにして「情報量」の役割は組織の多様性に影響を与える重要なインディケータであるように思

第4章 組織と市場 251

われる。HP とクロロックスは高い「情報源」と高い「情報量」の結合効果に対処するために高い水平的組織多様性を構築していた。さて，リーバイは産業財マーケティングを特徴づける変数においても，消費財マーケティングを特徴づける変数においても高いスコアを得ていない。4社のうちで最低のスコアは技術データ配布の必要性，1次需要創造の必要性，そして新製品開発の負荷である。市場における各情報源に対処するために HP のような膨大な情報量の送信をズボンやファッション製品を売る場合に必要としないことは自明のことである。新織物としての最近のニットの導入は例外であるかもしれないが，その場合でさえエレクトロニクス機器を売る際に必要とされるような複雑な技術データ配布の必要性はない。加えて，リーバイの織物購入先の業者（例えば，バーリントン社）が積極的にニットの1次需要創造の負荷を担っているのである。さらに，リーバイの組織にとってスタイルの変化は新製品開発につながる可能性をもつことである。新製品は織物の色，ポケットの位置，デニム・ジーンズからフレアあるいはベル・ボトムズへのデザイン変化によって比較的簡単につくりだされる。これらは本質的に現在ラインの修正であり，さらにリーバイの主要製品群はファッションの安定した「基本もの」にある。1971年の年間報告は，「このことは（1株当り利益が1970年よりも低いこと—筆者注）この年に突然ファッションの選好が変り，ある製品ラインの異常な廃止および値下げがあったためである。しかしながら，リーバイの強い基本ファッションもの (basic fashions)—2年以上製品ラインにとどまっているモデルで，売上げの48%はこのラインである—によって築き上げられた強固な基盤，およびわれわれの国際的に継続してきた利益の成長は，これらの要因にもかかわらずわれわれにとってよい年であらしめた。」と報告している。リーバイは「プッシュ」戦略と「プル」戦略スペクトラムの中間戦略を採用している組織の興味ある例を表わしている。この組織はマス・メディア広告も若干行うが，その重点は会社イメージの強化にある。たとえば，

「リーバイは伝統的ジーンズから最も現代的なファッションに手を伸ばしている (1971年の TV 広告の主張)」のである。また，リーバイは購買時の顧客計画にも低いスコアを示している (顧客はこの場合小売商人である) が，歴史的に，組織は需要「プル」を喚起する強力なマス・メディア広告よりは小売商人を「プッシュ」するセールスマンの人的魅力に強く依存してきた。販売促進手段の多様性のスコアも低く，主要競争戦略の低いスコアと合わせて，ファッション・メーカーであるにもかかわらず，リーバイにとって価格決定が重要であることを示唆している。リーバイのマーチャンダイジング概念は一貫して「合理的価格の高品質の衣服 (quality garments for a reasonable price) (年間報告，1970, p. 6)」を強調してきた。これらの要因がリーバイをして最低の「情報量」の組織たらしめたのである。

高い「情報源」，しかし低い「情報量」の市場特性からわれわれは高い水平的分権，そして多分高い垂直的分権組織を期待することはできない。事実，リーバイは水平的あるいは垂直的分権のどちらも高くない。しかし，問題はこの組織が「まだ本質的に一製品の会社—世界最大のズボン・メーカー (年間報告, 1971, p. 2)」であるにもかかわらず，何がリーバイに分権化の決定的な第一歩を踏みださせたのかということである。

この組織は「情報信頼性」において第2位にあるが，第3位の HP との差は僅少である。リーバイは売手および買手集中度の低い，競争市場に直面している。組織へのブランド忠誠度と組織の市場力は比較的低く認知されている。これは多分リーバイへのブランド忠誠は伝統的ブルー・ジーンズにおいて著しく高いが，新しいスポーツ・ウェアおよび女性用ファッション (リーバイス・フォー・ガールズ) においては低いからであろう。競争相手の行動はファッション産業においてはほとんど予測できない (4社のうちで最高スコア)。政府の財政支出の影響はこの業界ではほとんど問題にならない。しかし「情報信頼性」におけるリーバイのスコアは必ずしも同組織を他組織から差別化

していないので，明確な解釈ができない。リーバイが「情報信頼性」において最低あるいは最高にランクしている4項目があるが，いずれも僅少差なのである。市場構造および競争状態の特性からくる市場特性はリーバイの組織構造改編には決定的影響を与えなかったと思われる。この点についての追跡インタビューは競争市場におけるリーバイのマス・マーケティングの特性を明らかにしている。リーバイス・フォー・ガールズの一役員はリーバイと市場競争の関係について次のように述べている。

> われわれは大量市場を狙わなければならない。われわれの組織は大きすぎて，市場における革新的ファッション・リーダーにはなりえない。われわれはいつもタイミングよくファッションを革新し，常時製品ライン改廃のリスクを負うこともできよう。しかし，それはわれわれの顧客がわれわれに期待しているものではない。顧客はわれわれから大量のファッションを欲しているのである。顧客はリーバイの製品が陳列窓の装飾品であることを欲していない。われわれの組織はファッション・リーダーを志向していない。リーバイの革新的なファッションはむしろ製造技術である。例えば，この産業において大きな衝撃を与えたスター・プレスト（パーマネント・プレスはリーバイが世界に先がけて開発した―筆者注）がそれである。われわれは大きいからそれができ，われわれは他組織ができない製造技術を発達させうるのである。われわれは大量織物を織物製造業者から購入できるので，織物工場も新しい製造技術を開発するために膨大な投資をすることを恐れていない。わが社の方針は「顧客に誰にでもできないちょっとしたエキストラを与えよ (give customers a little extra that nobody else can)」ということである。

このように，リーバイにとって競争はむしろリーバイを助けるのである。リーバイのような大量生産志向組織のマーチャンダイジング戦略は比較的少数のファッション・リーダーによって創造されたデザインの成長性の高いものをいち早く見抜き，それにリーバイ特有のエキストラ品質を加味して大量市場に導入することである。かくして，組織はきびしい競争から生き残り，成功したファッションを監視し，それを自らファッション・リーダーのリスクを負うことなくマス・マーチャンダイジングに利用するのである。

最後に,「情報フィードバック」がリーバイの直面している市場特性の最も重要な特性を示しているように思われる。なぜなら,この組織は4社のうちで「情報フィードバック」の最高のスコアを記録しており,リーバイの分権化への情報・意思決定の圧力はこの「情報フィードバック」に基づいているように思われるからである。この組織のスコアは他組織と比較して,次の2項目で最高である。すなわち,顧客の趣味・選好の変化と顧客の意思決定の時間幅の短さである。これらはファッション産業における本質的情報負荷特性である。この組織はまた需要の予測性と販売促進努力の測定可能性において最高にランクされている（高いということは予測および測定の困難性を示している）。「情報フィードバック」の高いもう1つの組織HPとリーバイの間に興味ある相違が存在する。HPにとって,「情報フィードバック」の重要項目は新製品開発の頻度および技術の変化率（これらはリーバイでは比較的低い）であり,一方リーバイの「情報フィードバック」の重要項目は顧客の選好の変化,顧客の意思決定の時間幅,需要および販売促進の不安定性である。組織の決定的反応はこれらの項目に対する迅速性および柔軟性である。かくして,「分権制はリーバイの行動する市場セグメントを,より競争的にすることを意図し,それぞれのセグメントの固有の要素に焦点を合わせ,生産設備,マーチャンダイジング,販売組織を通じての市場への敏速な応答を可能にすることである。このことは,もちろんリーバイの小売店および最終顧客へのよりよい反応とサービスを意味しているのである。(年間報告,1971,p.3)。」

　しかしながら,生産の多様性においてリーバイは4組織のなかで最低スコアを記録し,最も大量生産志向であることを示していた。リーバイは水平的組織の多様性を増殖することによって,一方では安定的・伝統的ジーンズの製造による規模の経済性を獲得し,他方では不安定な女性用ファッション製造に必要とされる生産の多様性という相対立する矛盾状態を解決することを意図しているように思われる。リーバイス・フォー・ガールズのジェネラル

・マネジャーは，「われわれの直面している最も重要な問題はスタイルにあるのではない。われわれはスタイルについてきわめて豊富な知識をもっている。

今日われわれが当面している問題は生産の迅速な方向転換である。すなわちスタイルの知識を吸収し，それを生産過程に即座に応用する能力，これである。われわれすべてが注視しているのはスタイルの決定とタイムリーな生産適用の結果としての市場反応である。このことは分権化なしに行うことができなかった。分権によってわれわれは事業部（市場）毎に独自の生産スケジュールおよび技術を展開させることができるのである。」と述べている。

例えば，もし事業部からウールを生産し，そのウールが1カ月か6週間遅れて市場に導入された場合，ウール・シーズンは終っている。適切な時期の適切な量が鍵である。実際，リーバイの組織は内部にきわめて異なる時間の展望をもっている。スタイル変化の頻度の順は伝統的ブルー・ジーンズ，ファッション・ジーンズ，スポーツ・ウェア，そして，リーバイス・フォー・ガールズである。ブルー・ジーンズはスタイル変化を必要としないが，女性用ファッション（リーバイス・フォー・ガールズ）は年4回のスタイル変化を必要とする。この多様性に対処するために，リーバイは組織の全体構造を分解し，個々の市場特性の要求する時間展望と一致したいくつかの独立フィードバック・センターに再構造化したのである。このように顧客の要求する時間の長さに一致した生産調節はリーバイの組織改編の本質的な特徴であると考えられる。実際，表4—15のリーバイの本質的意思決定過程は組織の製品マネジャーがきわめて生産志向であることを示していたのである。

なぜリーバイの組織は垂直的組織多様性において中位か，あるいはむしろ低いのであろうか。低い「情報量」から高い水平的および垂直的分権を期待することはできない。加えて，クロロックスの集約的配給チャネルの使用のような独自の情報プロセッシング構造が存在している可能性がある。リーバ

イはマーケティング・チャネルの多様性においてクロロックスに続いて低スコアであった。リーバイは消費者に到達するための共通のマーケティング・チャネルを利用しているが，このほかに実はリーバイ独自の情報プロセッシングの経済性が存在する。

　高い「情報フィードバック」の項目で述べたように，最も重要な意思決定負荷の1つは顧客の選好の急速な変化，例えばスタイル変化にともなう組織の生産活動を調節することである。ひんぱんなスタイルの変化およびその結果として生ずる生産調節はファッションの将来予測情報を組織内部の情報プロセッサーだけで収集するとしたら膨大な情報・意思決定の負荷になるにちがいない。しかも，この情報は市場第一線にある小売商に蓄積されている情報（例えば，製品別売上高）に一歩先んじていなければならない。なぜならば，リーバイは彼らへの新しいファッションの供給者であるからである。リーバイは別のチャネルを利用して，この情報・意思決定負荷を削減している。アパレル産業のチャネルは織物製造業者（例えば，バーリントン）からアパレル製造業者（例えば，リーバイ・シュトラウス），小売商へと連なる。そして，実はファッションに関する重要情報は織物メーカーが握っているのである。リーバイの1つの特異な情報フィードバック構造はチャネルの内蔵するこの情報を徹底的に利用することである。表4—15のリーバイのマーチャンダイジング意思決定に織物メーカーのマネジメントがしばしば参画した。リーバイの製品マネジャーがよく「市場で買物をする (shopping the market)」というが，それは織物メーカーのエグゼクティブとファッション情報交換に出歩くことを意味している。これらのエグゼクティブはどんな種類の色，品質の織物およびスタイルがきたるべき市場に到来するかを市場に一歩先んじて知っている。もし組織が新しいスタイルを導入するという不断の圧力のもとにいるとき，このことはHPの新製品の内部テストあるいはクロロックスの広告代理店使用のように大きな情報プロセッシングの経済性を確保したことに

なる。必須情報がチャネルに内蔵されているかぎり，これの開拓によって情報プロセッサーの数を増加することなしに情報負荷を破壊することができる。このことは情報プロセッシングの経済性に貢献し，高い組織多様性を垂直的に創造する必要性を減少させているのである。

われわれはこれまで4組織の組織—市場多様性の関係を考察し，同時にそれぞれの組織が市場多様性に対応するために独自に発展させてきた情報プロセッシング構造を考察してきた。ここでわれわれの分析および議論を要約する。

（1） 市場異質性は水平的，そして多分垂直的分権と正の関係がある。

われわれの調査結果は市場異質性，すなわち市場多様性における情報の量的側面を示す次元が組織多様性の水平的および垂直的次元と正の関係にあることを強く示唆していた。しかしながら，市場異質性をインディケータの相互作用を考慮した分析ですすめると，「情報源」スコアは4組織を強く差別化せず，「情報量」が水平的および垂直的組織多様性に決定的影響を与えるようであった。HP，クロロックス・グループは各情報源に送受信する情報量において常に KACC，リーバイ・グループに大差をつけていた。

高い「情報量」が組織多様性に強い関係があることは，組織の市場適応に積極的および消極的の2側面があることを示唆している。積極的適応において組織は単に市場がうみだす多様性に順応するだけではなく，市場からくる多様性を，たとえば，積極的広告，顧客教育，1次需要の創造，販売促進手段の多様な展開，以前に市場では存在していなかった完全な新製品の導入等を通じてさらに増大させる。ひとたび組織が適応に成功し，主要な地位を確立すると，組織は市場多様性への消極的適応に転換するかもしれない。組織—市場の多様性の関係サイクルはこうしてわれわれが137頁で示したように，継続的な循環運動を示すのである。クロロックスやHPのような高い「情報

量」，そして低い「情報信頼性」の組織はこのようなカテゴリーのもとで行動しているのである。かくして，市場異質性が高ければ高いほど，これと対抗するために高い組織多様性が必要とされるのである。

　（2）　**市場不安定性は逆に水平的，そして多分垂直的分権と負の関係がある。**

　われわれの調査結果は市場不安定性，つまり市場多様性における情報の質的側面を示す次元が組織多様性をむしろ削減させることを示し，集権に関する伝統的考え方を支持していた。しかしながら，より厳密には「情報フィードバック」は組織多様性の増殖と正の関係がある点も観察された。例えば，HPの場合高い水平的および垂直的多様性は高い「情報源」，高い「情報量」，および高い「情報フィードバック」によって創造された。リーバイの場合も組織の水平的多様性の増殖を開始したのは高い「情報フイードバック」と関係があるようであった。したがって，「情報信頼性」は水平的組織多様性を制限するが，「情報フィードバック」は「情報信頼性」の値によって組織多様性の増殖あるいは削減の両方向に貢献しうるのではないかと思われる。この点の分析は今後の課題である。[10]

---

10)　われわれの当初の仮説からは組織―市場多様性の関係は，

	安定的	不安定的
同質的	KACC	リーバイ
異質的	クロロックス	HP

であり，同質・安定的対異質・不安定的を基軸として対比

していたが，調査結果は

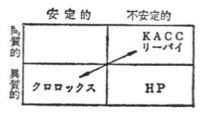

	安定的	不安定的
同質的		KACC リーバイ
異質的	クロロックス	HP

であり，同質・不安定的対異質・安定的を基軸にしているようであった。この結果から考えられることは，今日同質・安定的市場に直面する組織はおそらくないこと，そして多くの組織が同質・不安定的か異質・安定的かの市場にあり，異質・不安定的市場に直面すると膨大な情報・意思決定の負荷から異質性あるいは不安定性のどちらかの次元を削減し

(3) 水平的および垂直的分権の程度は組織の情報プロセッシングの経済性に負う。

われわれの追跡調査は組織が自らの組織多様性を増殖させると同時に情報プロセッシングの経済性を追求していることを発見した。例えば，クロロックスおよびリーバイの集中的な配給チャネルの利用，クロロックスのマス・メディア広告それ自体の使用等である。より興味のあることは，組織は情報プロセッシングの経済性を拡大するために独自の情報プロセッシング構造を発展させていることである。例えば，クロロックスの広告代理店の利用，HP の内部のテスト・マーケット構造，リーバイのチャネル内に蓄積された情報の開発，そして KACC の工場―顧客間の直接フィードバック構造である。

組織と市場の多様性の関係の一般的性質は(1)および(2)で表現されているが，市場多様性の構成項目のパラメーターの値，すなわち，市場多様性の各インディケータの重要度は組織によって異なり，組織は独自の市場多様性に対応するために独自の組織多様性を構築していたのである。

これらの発見は市場多様性が組織多様性に影響を与える，すなわち，市場

て基軸に戻る運動を示すことが考えられる。HP は相対的に異質・不安定的市場に直面していたが，すべてのインディケータに最高のスコアを得ていたわけではなかった。これらの点は と要約される。実際 HP は新規市場への多角化に警戒を示したし，KACC は不況市場への応答として市場の選択的集中化を図り，クロロックスおよびリーバイは長期にわたり単一製品に固執していた。リーバイは伝統的ブルー・ジーンズから男性用および女性用ファッション市場への進出により，同質・安定的市場から同質・不安定的市場に直面し分権化した。今後とくに女性用ファッション・ラインをより強化することになれば，異質性も増加させることが予想され，異質的・不安定的市場へ向う運動に入ることも考えられるのである。これらの点を明らかにすることは今後の課題である。

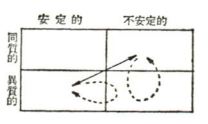

のうみだす情報・意思決定の量的および質的負荷が組織の情報プロセッシング構造を規定するというわれわれの基本命題を強く支持し，市場多様性の各次元の組織多様性への関係の仕方は上記(2)を除いてわれわれの当初の仮説を支持していたのである。

第5章　市場条件適合理論に向って

第1節　組織―市場多様性理論の展開

　われわれは組織が市場のうみだす多様性に自らの情報・意思決定構造を多様化して適応するという命題を提示した。この考え方に基づいて組織―市場多様性理論をさらに拡大展開することが可能である。

　われわれの提案した組織多様性の概念は市場多様性と比べて比較的簡単であった。Galbraith は組織の情報処理能力の増進には組織が情報処理の必要性を削減するか，あるいは組織の情報処理能力そのものを向上させるかの2方法があることを指摘している[1] (1972, 1973)。例えば，情報処理必要性の削減にはスラック資源の利用（納期，予算目標，技術規格等を緩和あるいは低下させることによって情報処理を組織能力の範囲に押える），権威構造の改編（自己充足的組織単位の構築により情報処理通過レベルを削減する―われわれの水平的多様性に類似）があり，情報処理能力の増進には垂直的情報システム（アシスタント，スタッフ，コンピューター等―われわれの垂直的多様性に類似）の導入および水平的関係[2]（横の直接コンタクト，仲介役割，タスク・フォース，チーム，統合役割―例えば，製品マネジャー，プロジェクト・マネジャー等），統合部門，マトリックス組織等[3]

---

1)　われわれの指摘した Ashby の「最少有効多様性」と同じ考え方である。
2)　水平的関係(lateral relationship)の研究は60年代に入ってからの胎動であり，それ以前の組織論研究は主に垂直的関係の研究に終始してきた。水平的関係の研究では Landsberger―1961, Sayles―1964, Strauss―1962, Walton=Dutton―1969, Lawrence=Lorsch―1967a 等があるが，その関心は組織内部門間の葛藤および葛藤処理の理論化にある。
3)　マトリックス組織は米国における航空宇宙産業のプロジェクト・マネジメント

の確立が考えられる。われわれの追跡調査においては，さらに他組織情報プロセッサーの利用（リーバイ，クロロックスの共通配給チャネルの利用，クロロックスの広告エージェンシーの利用，リーバイの織物メーカー・マネジメントからのファッション情報収集等），組織間情報プロセッシング・システムの確立（KACCの場合の業界機関の利用等）を指摘したが，さらに社会的情報プロセッサー（例えば，政治家，官僚，学者，新聞記者，顧客等）の利用も考えられる。実際，キューバへの侵略が，Castroに対する組織的反乱をもりたてるかどうかについてはCIAのAllen Dallesよりも「ヘラルド・トリビューン」の一記者のほうが予測力の高い情報をもっていたのである（Wilensky—1967）。このように組織多様性の増進方法はさまざまである。

　組織多様性の概念を豊富にした後でわれわれの組織ー市場多様性理論にとってさらに重要な点は組織構造と組織行動の関係の展開である。われわれの基本的接近法はすぐれて構造的であったが，第1章において指摘したように構造の重要性は構造が単なる建造物にとどまらず人間行動を規定する点にあることである。われわれが情報の質と量の点から市場特性と組織構造特性の関係を導きだしたときに，その関心は単に組織の情報プロセッシング構造のタイプを説明するだけではなく，そのタイプの考察が組織行動の予測に結びつかないかを考えていたのである。産業組織論者が市場構造ー市場行為ー市場成果の関係に関心をもったのと同様である。問題は情報プロセッシング構造が何を媒介にして組織行動に連結されうるかである。

　MouzelisはSimonの意思決定論の概念がコミュニケーション工学とサイ

　　　から発展してきた組織構造で，通常の階層的意思決定（タテ）と問題解決（ヨコ）の混合デザインであり，職能別およびプロジェクト構造ともいわれる。それは一方において職能別組織の経済性を維持しながら，プロジェクト・マネジメントの調整の利点を合わせもたせようとしている組織デザインである。この研究の詳細については，Kingdon—1973を参照されたい。

バネティックスから借用されているが,コミュニケーションとサイバネティックスの概念では組織における価値,地位体系,集団の闘争等の現象が説明できないと批判している。彼は,「……コミュニケーション理論家は……組織におけるすべての難点および問題点をコミュニケーションの問題に帰し,それらはコミュニケーション・チャネルの改良,ノイズの削減,メッセージの重複化によって解決できるとしている。このようなテクニックは,ある場合には非常に有効であるが,実際の問題がコミュニケーション工学の悪さにあるのではなく,他の分野,例えば権力あるいは資源を求めて闘争している敵対的集団にある場合には有効ではない。そのような場合,コミュニケーションの破綻は問題の原因ではなく,単なる結果である (1967, p. 141)。」といっている。

われわれはこの批判を妥当でないと考える。なぜなら,組織における情報は現実に組織における権力の分布を規定すると考えられるからである。「組織における情報は中立的で個人的データではなく,権力の手段であることは誰でも知っている (Thoenig—1973)。」のである。権力の分析は社会学の中心課題の1つであるが,Stinchcombe は権力についての理論モデル・ビルディングの有効な戦略の1つは,権力を情報から説明することであると提唱している。物的システムにおける制御と情報の関係は電気的システムあるいはコンピューター研究において厳密に,数学的にも美しく展開されてきたが,この情報理論あるいはサイバネティックス的視角の厳密性を人間システムに適用することは余り有用ではないが,「統制がコントロール・メカニズムによって送受信された情報量を上回ることはできないという基本的な考え方は人間間の連結からなるシステムにも一般化できる。権力が情報量に基づくという概念化は行政システムを分析するのにきわめて有用である (Stinchcombe—1968, p. 152)。」と指摘しているのである。

組織―環境関係の研究のなかでも,例えば技術学派の Woodward は技術

と組織構造の関係を調査している過程で製造システムのタイプによって組織内集団間の関係，彼女の場合研究開発，生産，およびマーケティング間の関係が異なることを発見した。技術特性が各職能の独立性の程度（研究開発，生産およびマーケティングが相互に時間的，空間的に切離せる程度）および各職能の課業のプロセスに登場する順序を規定し，さらに各製造システム毎に企業の成功および存続に最も大きな影響をおよぼすという意味での中心的かつ決定的重要性がある職能が存在するように思われたのである。[4] 単品生産および小規模バッチ生産企業においては製品計画がエレクトロニクス機器メーカーのように注文生産であるため製造サイクルはマーケティング→研究開発→生産となるが，組織の中心的機能は研究開発が果たし，そのエンジニアはいわゆる組織エリートを形成していた。そして，単品生産では業務上各機能の相互依存性が高く，マーケティング，研究開発，生産の密接な相互協力が常時必要であった。大規模バッチ生産および大量生産企業の製造サイクルは研究開発→生産→マーケティングであるが，企業の業績が生産の効率，とくに単位費用の削減が最も重要であるため組織の中心的機能は生産部門にあった。しかしながら，組織エリートは財務管理と生産工学の管理者層であった。各機能は単品生産よりも互いに独立的，自己充足的であり，生産と研究，生産とマーケティングの関係は密接ではなく，むしろ対立的であった。装置生産においては製造サイクルは研究開発→マーケティング→生産であるが，市場確保が重要な点からマーケティング機能が支配的位置を占めていた。マーケ

---

4) Woodward はケース・スタディのなかで業績が平均より上の企業には共通してそれぞれの組織のなかで中心的役割を果たす機能が明確に認知されているという興味のある情報を得ている。インタビューに応じた管理監督者は，どの部門も同様に重要であるといっていながら，組織における部門間の地位体系を暗黙裡に認めていた。さらに，研究した企業の多くのなかで，最も地位の高い部門は最高責任者がかつて働いた部門で組織のエリートはこの最高責任者と緊密な協力関係にあった一群の人々であった (Woodward—1965, 8章)。

ティング部門の最も重要な任務は新製品市場の発見とその開拓であった。しかしながら、マーケティング担当者は組織内において単品生産における研究開発担当エンジニアのような組織エリートとして十分に認知されていなかった。各機能間関係は大量生産の場合のように独立的で、相互作用が少なかった。以上の関係は Woodward によって図5―1のように要約されている。

図 5―1 Woodward の調査企業の各生産システムの特徴
　　　　Woodward―1965, 矢島＝中村訳, p. 153

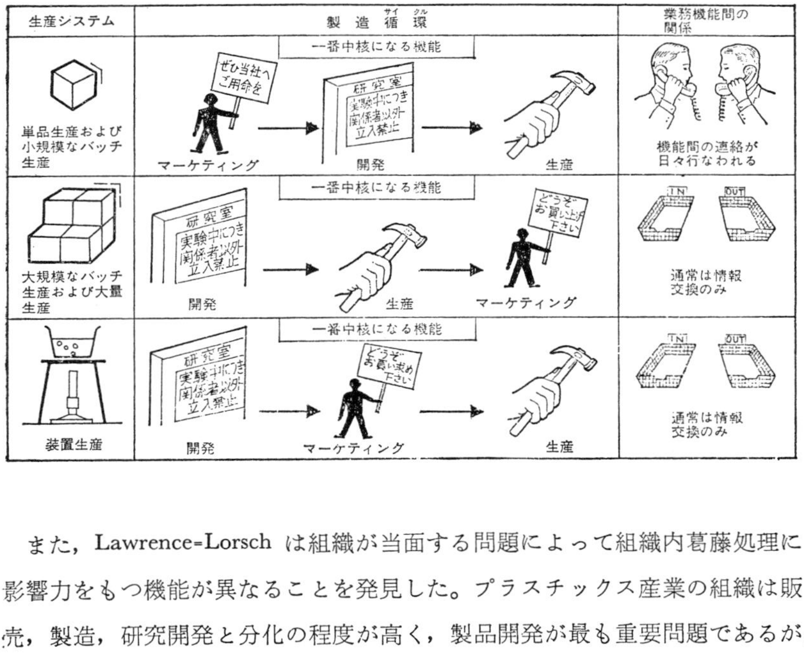

また、Lawrence=Lorsch は組織が当面する問題によって組織内葛藤処理に影響力をもつ機能が異なることを発見した。プラスチックス産業の組織は販売、製造、研究開発と分化の程度が高く、製品開発が最も重要問題であるが、この目的に各機能が同等に貢献するので、統合単位が組織内葛藤解決に強い影響力をもっていた。食品産業の組織は製品開発が重要問題であり、市場および科学的知識が必要であるため、販売および製品開発が葛藤処理に支配的力をもっていた。配送および品質管理が最も重要問題であるコンテナ―産業

の組織においては，販売および製造が葛藤の問題解決に決定的影響力を有していたのである。

　われわれは組織における権力の分布は市場多様性のうみだす情報・意思決定負荷を中心に展開すると考える。われわれはこの点を追跡調査で明らかにしたかった。組織の直面する情報・意思決定負荷は市場特性によって異なるが，われわれはその情報・意思決定負荷が組織の本質的意思決定に最も集約的に表現されると仮定して（もちろん第4章第5節において考察したように組織の情報プロセッシング構造の状態を説明する場合に，本質的意思決定だけでは不十分ではあるが），各組織毎に本質的意思決定と組織内集団の権力順位の関係を調査することにした。このため当初の4組織の他に鉄鋼メーカー（カイザー・スチール），セメントメーカー（カイザー・セメント），食品メーカー（デル・モンテ）の組織を追加し，それぞれの組織の事業部長，企画，組織計画，マーケティング担当マネジャーにインタビュー調査を行なったが，その結果は表5―1のとおりである。[5] これらの結果は組織における権力構造は主に本質的意思決定を軸に展開していることを示唆している。とくに価格が組織の本質的意思決定と認知されている4組織の権力順位がほとんど一致していることはきわめ

---

5)　この場合の質問（測定用具）は次のとおりであった。
　　組織は販売，マーケティング，製造，研究開発，財務，会計の集団から構成されますが，それぞれの集団は組織内で異なる権力度（degree of power）をもつと考えられます。次の5つの集団のもつ権力度の順位をつけてください（a. 販売，b. マーケティング，c. 製造，d. 研究開発，e. 財務・会計）
　　　最も権力がある　　1　　2　　3　　4　　5　　最も権力がない
　　　　　　　　　　　（　）（　）（　）（　）（　）
　　この質問は，しかしながら，その性質からして組織―市場多様性の質問票のように組織内マネジャーに広く配布することはできず，各組織とも1～2名の関係マネジャーに限定的に行わざるをえなかった。しかし組織内権力構造の認知は一般に組織内成員のどのレベルにも共通に認知される傾向があるので，サンプルの大きさは決定的問題にはならないと思われる。

第5章 市場条件適合理論に向って

て興味ある事実であった。

表 5-1 各組織に認知された本質的意思決定と組織における権力順位

組織	KACC	カイザースチール	カイザーセメント	デル・モンテ	リーバイ・シュトラウス	クロロックス	HP
主要関連市場	アルミニウム	鉄鋼	セメント	食品(罐詰他)	アパレル	漂白剤およびスーパー・マーケット関連製品	エレクトロニクス
本質的意思決定	価格	価格	価格	価格広告	マーチャンダイジング	広告および販売促進	新製品開発
組織における権力順位 (1)	生産	生産	生産	生産	マーケティング	マーケティング	研究開発
(2)	財務=会計	財務=会計	財務=会計	財務=会計	生産	販売	マーケティング
(3)	マーケティング	販売	販売	マーケティング	販売	財務=会計	販売
(4)	販売	マーケティング	マーケティング	販売	財務=会計	研究開発	財務=会計
(5)	研究開発	研究開発	研究開発	研究開発	研究開発	生産	生産

組織の情報プロセッシング構造が組織内権力構造を規定するとするならば，組織の権力構造は究極的に組織行動に影響を与えると考えられる。例えば，Stinchcombe は「組織とは特定の権力が彼らの特定の目的を達成できるように委任された意思決定システムである (1968, p. 154)。」といっている。したがって，組織の創造とは特定の目的達成のために必要な権力の収集と分布を決定する，すなわち可能な権力の連合体 (coalition) を形成することである。そして連合体で構成される組織の目標は連合体間の交渉過程を通じて形成されるのである (Cyert=March—1963)。そうであるならば，組織構造(われわれにとって情報・意思決定構造) は連合体間の権力分布を規定し，意思決定構造の中枢に台頭した集団は自らの目的を他連合に比較して組織の全体目的に最も強く反映させることによって，究極的に組織行動に影響を与えるのである。例えば，ジェネラル・モーターズが組織を多様化したときに，同社は販売あるいはマーケティングの情報・意思決定を組織内の重要意思決定にするよう構造化することによって，マーケティング担当者の組織内台頭を可能にした。

その結果ジェネラル・モーターズの組織行動はマーケティング集団の目標遂行を反映して当時のフォードと全く対照的な市場志向を示しえたのであった[6]。Stinchcombe はこう述べている。

> ジェネラル・モーターズ……は販売が問題であると構造的に見なしうる組織を構築した。販売および製品デザイン（製造プロセス・デザインに対して）の専門家がトップ・マネジメントにおいて，より大きな役割を果たした。販売は関連事業部の独立自治（例えば，資金的に独立会社）の機構に支えられて生産ライン・マネジメントの支配下に入ることをまぬがれた。ディーラーは政策決定機関に組織化され，販売計画の種々の問題に参画された。

---

[6] Stinchcombe の指摘しているように，ジェネラル・モーターズの分権は構造的に組織内に販売あるいはマーケティング集団の台頭を促し，彼らの意思決定がトップ・マネジメントの意思決定に最も大きな影響をもち得たのであった。実際，ジェネラル・モーターズの中心事業部は今日でもシボレー事業部であるが，同事業部の責任者は Richard Grant であった。彼は当時 GM の副社長，GM のトップ・マネジメントのうちの五指に入る有力者で多数の政策グループに参画し，流通委員会の委員長でもあった。NCR のセールスマン出身の彼は Sloan の事業部制の採用後 革新的マーケティングを シボレー事業部に 導入することができた（例えば，ディーラー政策，販売優位の生産計画等），それとともに彼の影響を受けた販売集団は，やがて GM 組織内で強力な連合体の１つを形成していった。
「1929年，Grant は"階段を昇って" GM の経営管理者に参画した。GM の副社長として Grant はシボレー当時と比べて特定範囲の経営権限と広範囲の 影響力をもつようになった……Grant はシボレーの重要な販売政策の多くを他の事業部に注入することができた。Grant の訓練をうけたシボレーの販売担当者たちが続々と他事業部の販売責任者に任命されたからである。ポンティアック（C. P. Simpson, 彼の上司もかつてのシボレー・マン, Harry Klingler である），オールズモビル（D. E. Ralston），そしてキャデラック（故 J. C. Chick) も例外ではなかった。またクライスラーからきたビュイック事業部の Bill Hufstader は BOP 時代に Grant のもとで働いていたとき販売の原理原則を会得した。今日 GM のすべての自動車事業部門で実践されている販売テクニックの出所をたどるとその大半は Grant に直結するのである (Fortune, February 1939)。」
さらにこれらの経過の詳細については，例えば Chandler—1962, 1964, Sloan—1964 を参照されたい。

第5章 市場条件適合理論に向って 269

　これら企業（GMとフォード—筆者注）の政治構造の差はよく知られているように，全く異なる市場行動をうみだした。自動車市場が発展し，大量生産の基本的問題が解決されてからは，ジェネラル・モーターズの構造は継続的成功の確保によりよく適していたのであった。この構造のためにはGMは現実問題であった経済環境情報，すなわち自動車の販売を問題にすることができたのであった（1960, p.78）。

　このような考え方は市場多様性のうみだす情報負荷，組織の情報処理構造，および組織の権力構造は一貫性（consistency）を保たなければならないということを示唆している。しかしながら，このバランスは常に自動的に確保されているとはかぎらない。

　例えば，情報負荷と情報処理構造間の関係があげられる。Wilenskyは組織が有効な情報収集処理の機能を有しなかったために適切なインテリジェンス（情報）をもたない状態を「インテリジェンスの失敗（intelligence failure）」といっている。「インテリジェンスの失敗」をもたらす組織特性として過度の階層分化，専門分化と専門間競争，集中化，職業的イデオロギー，その他のコミュニケーションによる阻害要因が考えられる。そして，「インテリジェンスの失敗」の顕著な現実の事例としては，真珠湾の敗北，イギリス空軍のドイツ地域（諸都市の労働者階級の居住区）爆撃，アメリカのドイツ産業への選択的正照準爆撃，キューバ・ピックス湾の侵略，日本・朝鮮・ベトナムに対する戦略爆撃，フォードのエドセルの失敗等があったことをあげている（1967）。

　次に情報処理構造と権力構造間の関係である。Wilenskyは情報処理構造

---

7) 組織構造のことをStinchcombeはorganizational constitutionと表現しているが，「組織構造は組織の政策決定における人および集団の安定的，かつ合法的権力および責任の分布と定義される。社会心理学の焦点である個人的動機よりも制度に重点をおく考え方が企業行動力をよりよく予測できるのである（Stinchcombe—1960, p.75)。」と述べている。

8) Wilenskyのインテリジェンスは政策決定に関連するあらゆる情報を意味し，事実，データ，問題提起，洞察，仮定を含み，科学的知識のみならず政治的・イデオロギー的情報をも包含している。

が適切であっても，その情報を組織内意思決定に連結できる適切な情報プロセッサーの分布が構造化されていない場合がありうることを指摘し，こういっている。「有益なインテリジェンスの源泉が探求され，良質のインテリジェンスが意思決定者にとどいても，意思決定者が彼の統制力をこえた力によって束縛されているために，インテリジェンスに基づいた行動を展開することができないような場合は，インテリジェンスの失敗の事例とはみなされない。もし，国家の首脳があらゆるテクノロジーと人的資源をもってしても，未知の惑星からの差し迫った攻撃を傍受することができず，あるいはまた，かれらの攻撃を十分に予知しながらも対策を講ずることができないという場合には，インテリジェンスではなく**権力の不足**に問題があるのである (Wilensky—1967, 市川他訳, pp. 4〜5, 太字—筆者)。」

この点の具体例としてFortuneの掲載したジェネラル・エレクトリックの原子力およびコンピューター事業での衰退という興味ある事例がある。GEは3, 4年毎に，とくに問題のある事業部門においてマネジャーのローテーションを早く行う方針を堅持している。[9] その理由はローテーションがマネジャーに視野の広い経験を与え，職務倦怠を防止するからである。一方においてこの政策は前GEマンの1人が回顧するようにひんぱんなローテーションのために「実際顧客および製品を十分知るひまがなかった」という予期せざる結果もうみだしている。

　このゲームの，当然の1つの結果は—GEのマネジャーは担当事業の長期的未来よりは短期的目標を重視する傾向があることであり，それはGEの業績評価システムによっても強化された。GEのこの方針はまた「回転パーソナリティ (turnaround personalities)」，すなわち，赤字事業部をわたり歩いて黒字にすることによって名声を得たマネジャーをうみだしている一時にこの回転は確固たる長

---

9) GEの管理者育成方針の詳細についてはCordiner—1956を参照されたい。またGEがこの哲学に関連してCrotonvillにおける社内管理者教育を開始したことは広く知られている。

期再建というよりは短期的補修作業であったことが判明するのであった。そして，「回転パーソナリティ」は往々にして担当製品のライフ・サイクルを共に経験する前に昇進してその仕事を離れていくのである (Fortune, October 1970)。

GE の事業部制は GM よりはさらに細分化の徹底した点で著名である。これは組織の最少有効多様性が十分に確立されてはいたが，それが適切な情報プロセッサーによって運用されなかったために，長期的に適切な市場行動に結びつかなかった事例と考えられる。すなわち「多様性のみが多様性を破壊できる」という Ashby の原則に反していたのである。

最後に市場多様性に対する組織の最少有効多様性および適切な権力構造の調節には組織制約が常に存在することである。Kaufman は組織変化の阻害要因として，安定の全体的利益，変化に対する抵抗（現状の利点，製品の質の保護，変化の精神的コスト），知的盲目化（慣行への執着，プログラム化された行動の浸透），組織障害（資源の制約，埋没コスト，行動の公式，非公式の制約，組織間協定―例えば，労組協定）等をあげている (1971)。いいかえれば，情報プロセッシングおよび情報プロセッサーの権力構造調節の重要阻害要因としては，人的・物的資源の制約，埋没コスト，安定による規模の経済性，プログラム化された行動，組織間協定，加えて権力闘争，報償制度等が考えられるのである。

組織制約条件を勘案し，市場行動，市場成果のフィードバックを通じて市場多様性に対応する組織の「最少有効多様性」および権力分布のパラメーターを最適に調節するのは組織構造設計者の役割である。組織構造設計者は Churchman のいうシステム・プランナーである (1971)。システム・プランナーは，実際にはさまざまな役割を包含する。例えば，ジェネラル・モーターズの組織構造のデザインに参画した者は社長 Alfred Sloan, 財務担当者 Donaldson Brown および John Pratt であった。[10] Chandler のデュポン，ジ

---

10) これらの組織デザイナーが共通して構造的・エンジニアリング的思考をもった

ェネラル・モーターズ，スタンダード石油(ニュージャージー)，シアーズ・ローバックの組織革新の歴史分析は組織構造のデザイナーがトップ・マネジメントにかぎらず，財務，マーケティング，販売，エンジニアのマネジャー諸集団を広く包含し，彼らが組織制約のなかで政治的ゲーム，交渉，葛藤を通じて組織革新を誕生させたことを鮮明に記述している。

　以上を要約して，われわれは組織―市場多様性モデルを図5―2のように展開する。

　われわれの組織―市場多様性モデルにとって，重要なことは市場多様性，したがって情報・意思決定負荷は経時的に変化するということである。われわれの調査組織の事例からも明らかであったように，KACCは協調的寡占体制から破壊的競争に変化したとき，組織はむしろ情報・意思決定負荷に集中的に対処するために組織多様性を削減し，選択的市場戦略を採用した。リーバイ・シュトラウスは伝統的ブルー・ジーンズから男性用，女性用ファッション市場に参入したとき，組織は増大する市場多様性に応答するために誕生100年余ではじめて分権制を採用した。組織が市場において生存していくためには図5―3のようにたえず経時的に変化する市場多様性に組織多様性をダイナミックに適応させていかなければならないのである。

　組織の権力はまた，組織の情報プロセッシング構造とともに変化する。ここで注意を喚起しておきたいことは，組織が市場志向性であるということは組織の権力分布が常に販売あるいはマーケティング集団中心に展開するとは

　　　パーソナリティの持主であったことは興味深い。彼らは，Chandlerによれば，GMの創始者Durantのような楽天的，外向性の魅力はなく，誰も彼らを愛称で呼ぶことはなかった（DurantはBillyという愛称で親しまれていた）。これら組織のデザイナーはいずれも工科大学出身者でFord, Durantと教育訓練，職業経験，個性が全く異なっていた。Chandlerは「もし彼らが工科大学で正式の技術教育を受けていなかったとしたら，はたしてあのような合理的かつシステマティックな企業組織をつくることができたかどうか（1962）」と問うている。

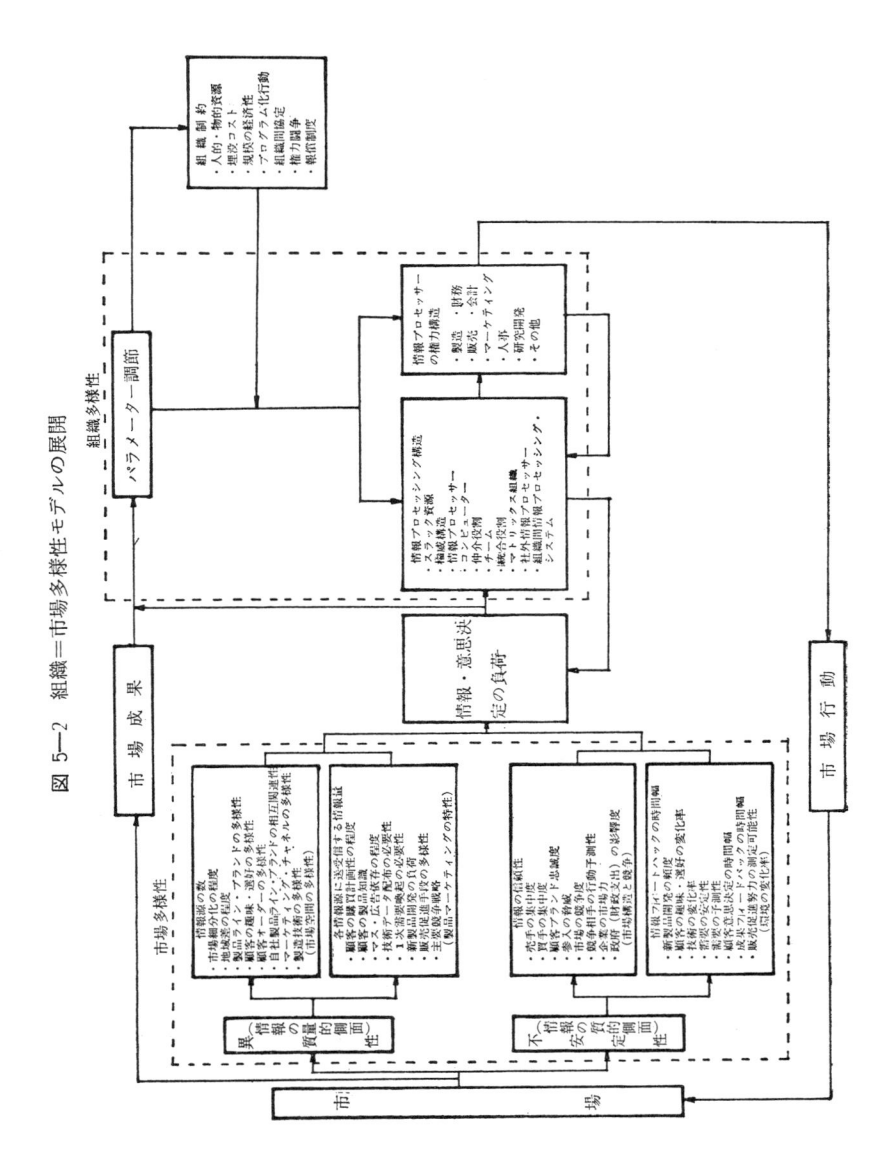

第5章 市場条件適合理論に向って 273

図5-2 組織=市場多様性モデルの展開

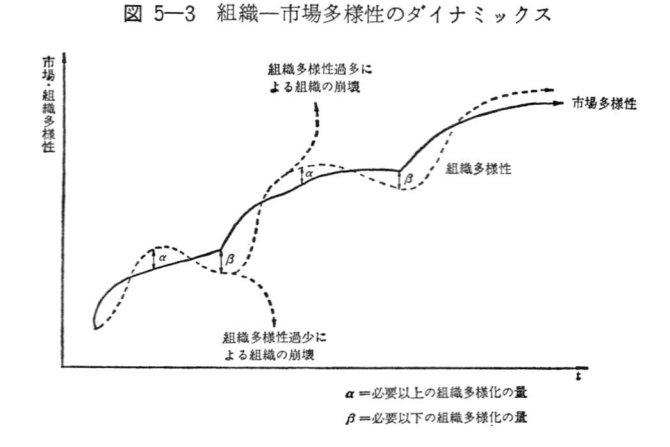

274　第2部　市場志向の経営組織論

図 5—3　組織―市場多様性のダイナミックス

(図：縦軸「市場・組織多様性」、横軸「t」。曲線上に「組織多様性過多による組織の崩壊」「市場多様性」「組織多様性」「組織多様性過少による組織の崩壊」のラベル、α と β の表示)

α ＝必要以上の組織多様化の量
β ＝必要以下の組織多様化の量

かぎらないということである。市場特性の変化によって中枢集団も変化するのである。

「会社が合併および拡張によって成長，巨大化し，安定と利潤を重視するにつれて財務問題が注視されてくる。トップへの道は変化する。すなわち販売よりも財務からの昇進がひんぱんになる。つまり，資金獲得，合併，資本改善の複雑さを熟知している者にとって代わられる。しかしながら，そうなると，会社は新市場の探索，技術および市場に対する迅速な内部適応能力を失うであろうし，適応性を確保するための変革期のムダおよび非能率を許さなくなるであろう。これに代わって原価計算，合理化，予測性，資源の緻密な節約がとって代わるのである (Perrow—1972, pp. 179～180)。[11]

以上の考え方を基本にして，組織，市場多様性モデルはさらに緻密な変数の開拓，変数間関係の規定，およびそれらのダイナミックスが実証分析を通じて洗練されなければならない。そして最後にそのモデルは数学という言語

---

11) 組織内における意思決定の政治のダイナミックスは組織行動の解明に重要なテーマを提供するが，文献はきわめて少ない。最近におけるこの分野の研究にはPettigrew—1973 がある。

で表現され，関数の形およびパラメーターの推定にまですすまなければならない。その意味においては現段階でのわれわれのモデルは，まだその初歩的段階にあるにすぎない。[12]

---

12) このモデルの制御理論を利用したきわめて初歩的数学モデル化の試みについては Nonaka—1972 を参照されたい。ここで数式化を最後にといったのは社会科学の理論構築において数学という言葉による表現は理論化プロセスの最後にくるものであって，それ以前の段階では概念および概念間関係の開発が先行するからである。実際，経済学の発展は，このような理論化の段階を通っている。経済現象（例えば，企業の行動，消費者個人の行動）についてのイメージは，やがて変数間の関係が明確にされて，価格理論として成立し，さらに理論が前世紀末に利用できる数学（初期の階段では微積分）へと，翻訳され，数理経済学がうまれた。さらに経済学者の統計学の使用が増加するに伴って，1930年代に既存の数学モデルと統計が合体して，エコノメトリックスへと展開していった。一方，行動科学（心理学，社会心理学，社会学等）は，事象についての多様なイメージを持ち，その理論化も経済学よりはるかに遅く，その理論は数学モデル化というステップを通らずに，統計学およびコンピューターの発展と結んで実証研究へと向っていった。このプロセスは，Nicosiaの示唆によれば次のように図式化されるだろう。

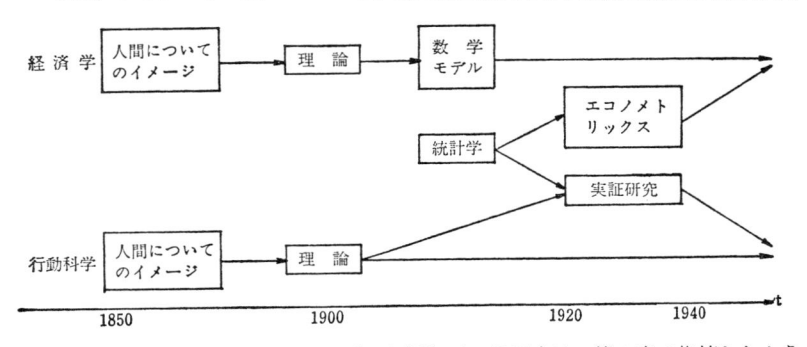

```
経済学   人間について →  理論  →  数学
         のイメージ              モデル        ↘
                                              エコノメト
                                統計学  ↗    リックス     ↘
                                        ↘    実証研究     ↗
行動科学  人間について →  理論  ──────────→
         のイメージ
        ├────────┼────────┼────────┼────────→ t
       1850     1900     1920     1940
```

組織論の数学モデル化が経済学より遅れている理由は，第1章で指摘したように組織現象の研究には経済学のように集計変数によるミクロからマクロの世界への統合が困難であること，そのよりよい説明には多変数を取扱わざるをえないこと等が考えられるであろう。

第2節　市場条件適合理論

　Perrow は組織論が最近までそのモデルのなかに異なるタイプの組織の系統的な分析を欠いてきたことを指摘し，多様な組織の構造あるいは目標の「差」を秩序づけて説明できる類型が必要であるといっている (1972)。実際，第3章第3節で展望した技術学派は Perrow も含めて組織の製造技術による類型を試みてきた。

　われわれの理論においても市場特性のうみだす情報の質および量による組織構造の類型が可能である。Burns-Stalker, Lawrence-Lorsch は環境の不安定性による組織の類型を試みた。われわれは環境一般よりも市場の役割を重視し，市場多様性という概念による類型を提唱する。市場特性を重視する理由は，少なくとも現段階で組織の構造に最も重要な影響を与える環境要因を市場と考えることがより大きな説明力をうみだすと考えるからである。「事業の志向性は生産から販売に，顧客に，そして総合事業システムにおけるマーケティングに変化してきた (Kelley—1972, p. 66)。」ともいわれているのである。

　Lawrence=Lorsch は Fiedler の条件適合理論を組織と環境のレベルで復活させたが，条件適合理論は明らかに一般理論よりも特定理論の開発を志向している。今日ほど組織現象が多様化しているときに，すべての組織現象を普遍妥当に説明できる理論は抽象レベルの高い一般理論にならざるをえない。かといって詳細な個別理論を1つ1つ展開することも一般化を求める理論の役割を見失うことになる。そこで一般化を失わないように，しかも現実の説明力を高めるという折衷的接近法として共通特性をあるレベルの集合でくくるという類型論が考えられるわけである。しかしながら，すべて場合による (it all depends) という考え方は，明確な基本モデルを欠く場合には単なる類

型論に終る危険性がある。われわれの理論は市場特性→情報・意思決定負荷→組織構造の関係を基本モデルとし，市場多様性のパラメーターの値によっていくつかの類型が展開できる可能性を有している。Burns=Stalker の「機械的」および「有機的」モデル，Lawrence=Lorsch の「分化」と「総合」モデルは，しかしながら，基本モデルがあいまいであるために，その理論構成は明確さを欠いている。一方，Woodward, Thompson, Perrow 等の技術学派の理論は基本モデルは明確であるが，モデルの展開が十分なされていない。例えば，技術のタイプが異なれば，それは組織行動にどういう影響を与えるのか。おそらく組織の有する技術特性からは組織における成員の行動，あるいはリーダーシップ・パターンは予測しえても，組織の環境適応行動の予測にまで理論展開をすることは困難であろう。

　われわれの市場条件適合理論においてはまず「組織はどのような市場多様性に直面しているか」を問題とする。そして，「組織は市場多様性に対応するためにどのような最少有効多様性を構築していくべきかを」問題とする。組織構造設計の唯一最善の方法はない。われわれは市場特性に最適に適応するための必要な情報の量と質，すなわち，「情報源の数」，「各情報源に送受信する情報量」，「情報の信頼性」，「情報フィードバックの時間幅」のパラメーターの値の分析によって組織の類型を構築することが可能であると考えた。例えば，われわれの調査組織と市場特性の関係を基本類型にして，他産業への一般化を仮説的に展開してみると，図5—4の類型が考えられるのである。

　われわれは組織論においても，またマーケティングにおいても環境，なかでも市場特性の「差」を無視して，組織の環境適応行動の原理原則を余りにも自由に，そして唯一最善の一般化として展開しすぎる傾向があったことを認めないわけにはいかない。したがって，今後の課題として，例えば図5—4のセル1，セル2……等々の各セル別の組織—市場関係の特定理論が今後開

278　第2部　市場志向の経営組織論

図 5—4　組織—市場多様性関係の仮説的4類型*

	時間の多様性	
空間の多様性	安定的	不安定的
同質的	組織—市場多様性の基本型① 農業関係（アメリカン・シュガー，ユナイテッド・フルーツ），木材，セメント，鉱業（アナコンダ，ケネコット等），肉製品（アーマー，スウィフト等）	組織—市場多様性の基本型② KACCタイプ：高い「情報信頼性」，低い「情報量」で，少数事業部，少数製品マネジャー。同型と仮定される産業：鉄鋼（U・S・スチール，ベスレヘム，リパブリック等），材料（アメリカン・キャン，インターナショナル・ペーパー等）
異質的	組織—市場多様性の基本型③ クロロックスタイプ：高い「情報量」で，少数事業部，多数製品マネジャー。同型と仮定される産業：化粧品・食料品（プロクター＆ギャンブル*，ゼネラル・フーズ*，ゼネラル・ミルズ*，ピルスベリー*等），石油（スタンダード（ニュージャージー*），シェル*等），ゴム（U・S・ラバー*，グッドイヤー*，グッドリッチ*等）	組織—市場多様性の基本型④ HPタイプ：高い「情報源」，「情報量」，「情報フィードバック」で，多数事業部，多数製品マネジャー。同型と仮定される産業：化学（デュポン*，ダウ*，モンサント*等），家庭電器（GE*，ウェスチングハウス*等），エレクトロニクス（RCA*等），自動車（GM*他）

* Chandler の調査した産業および事業部制採用企業（1962）の類型化を仮説的に試みた。
* 印は Chandler の調査時点で分権制を採用していた組織である。

発されることが考えられるのである。

第3節　結　　語

　最後にこの研究の全体系を要約することにする。第1部においては組織論が今日までに組織の運動について何を明らかにしてきたかを考察した。第2部においてこの展望の上に立って組織と市場の関係についての理論化を試みた。

　第1部の現在までの組織論の展望は，組織論研究者の関心が個人の運動から集団へ，集団の運動から組織全体の運動へ，つまり分析レベルのミクロからマクロ化への重点移行という潮流の認識の上に成立している。組織論の初

期の段階では組織の最もミクロな構成要素である個人をいかに統制するのか，あるいはいかに動機づけるのかに研究者の関心が向けられていた。例えば，Taylor は科学的管理法で作業者個人の機械的統制を意図した現場管理組織を提唱した。その後機械的な現場管理のいきすぎに反応して Mayo とハーバード・グループの人間関係論が台頭し，個人の社会的欲求を組織(とくに非公式組織)のなかで充足することによって作業者個人の動機づけを行うことを主張した。

Mayo とハーバード・グループの研究者は，まだ作業者個人に分析の中心をすえた産業心理学的接近法をとっていたが，実験の過程でバラバラの個人が集団を形成したときに，集団は個人には見られない独自の運動を示すことを認識し，作業集団の形成が人間の動機づけに大きな力を発揮することを指摘した。彼らは集団の運動法則を解明することができなかったが，彼らの主唱した人間関係論は理論というよりは，1つのイデオロギーとして科学的管理法に代わって1950年代の米国産業界にひろく伝播した。しかしながら，彼らがホーソン工場実験の名のもとに行なった一連の実験のなかで，組織論研究の多様な方法論を開拓し，その後の組織論研究に実証科学の伝統を確立したことは大きな貢献であった。

一方，集団現象の研究は全く異なる，少なくともハーバード・グループとは異なる知的背景をもった集団に担われることになる。ゲシタルト心理学の後継者としての Kurt Lewin は，人間行動は彼の認知した場に動くさまざまな力によって生起されるという「場」の接近法で個人と環境の相互作用から人間行動を考える，いわゆる「生活空間」の心理学を提唱した。元来ゲシタルト心理学者の接近法は人間の認知現象の全体観の上に成立していたが，Lewin はこの全体観を個人の生活空間から集団の生活空間へ拡張する。彼は個人間で共通に認知される生活空間が，集団内個人の行動におよぼす影響を解明するために，グループ・ダイナミックスを創始した。グループ・ダイナ

ミックスの研究対象とした集団における成員間の相互作用の研究は，社会心理学的世界のエッセンスでもあり，Lewin の後継者たちの手によっておびただしい数の集団現象の実証研究が行われ，その研究は1950年代に1つの頂点に到達した。グループ・ダイナミックスは個人には見られない集団現象，例えば集団凝集性，集団圧力，集団目標，リーダーシップ等の法則を明らかにしたが，これらの集団の運動法則は後期人間関係論に理論的基盤を提供していった。

グループ・ダイナミックスは主にミシガン・グループによって展開されてきたが，後期人間関係論のなかで最も体系的，実践的な理論として Likert 理論がある。Likert 理論は単なるヒューマニズム一般論（例えば Maslow, McGregor, Argyris）ではなく，集団の運動法則の延長線上に構築されたモデルとしてとらえられる。ここにおいて，人間関係論は Mayo とハーバード・グループによる産業心理学的人間関係論から，ミシガン・グループによる社会心理学的集団志向の後期人間関係論へ変貌をとげたのである。ここでは組織の中核に集団をすえ，集団の力によって成員の自己実現欲と自己統制を公式組織のなかで実現させようという積極的人的資源開発の姿勢が見られるのである。

しかしながら，グループ・ダイナミックスは，集団がそれらの集合である組織の性質をすべて具現しており，組織現象は本質的に集団現象と同じであるという仮定の上に立っていた。Likert は集団をビルディング・ブロックとして組織を構築するという連結ピンの構想を提示した。実際，組織を操作的に扱う場合に集団のレベルでとらえることが便利である。しかしながら，この接近法は同時に集団の運動の単なる加算的集合と異なる組織現象を，十分に説明することができないという限界をもつ。組織論における全体観はゲシタルト心理学の個人の認知現象というミクロのレベルでとらえられたが，Lewin は全体観を個人から集団のレベルに引上げた。しかしながら，組織もまた集団の加算的集合と異なる全体，すなわちゲシタルトを形成するのであ

る。現在の複合組織が集団へのアナロジーからでは説明できなくなってきているところに社会学者が再び台頭してくる基盤があった。

元来，個人でも集団でもなく組織全体を分析単位とする接近法は，主として社会学者によってとられてきた。Weber のビュロクラシーは勃興する資本主義社会の統治機構という社会的レベルの組織を対象としていたが，その後の社会学者の関心は一般の個別組織にとってのビュロクラシー分析に向けられ，組織におけるビュロクラシーの予期せざる結果（逆機能）の研究，および組織構造の多変量的分析の2つに向けられていった。人間の態度，動機を考えずに構造変数を重視してきた点については Taylor の科学的管理法や古典的管理論，Simon 理論でさえも社会学者の構造的接近法に近似していた。

しかしながら，60年代に再び始まった公式組織構造の研究は，従来のビュロクラシー研究とは明確に異なる視角をもっている。新しく台頭してきた一群の社会学者の関心は組織構造そのものの分析というよりも複合組織を環境との相互作用の関連においてとらえる。彼らは組織を分析単位とし，組織が環境にオープン・システムとして対応するとき，どのような構造および行動パターンをもつのか，環境に対応する最適組織構造とは何かについての研究を開始したのである。Woodward, Thompson, Perrow は技術と組織構造，Burns=Stalker, Chandler, Lawrence=Lorsch は環境，あるいは市場と組織構造および行動の関係についての理論化を試みた。これらの研究者の結論に共通の認識はあらゆる環境のもとに普遍妥当にあてはまる唯一最善の組織構造はないということである。最適組織構造はおかれた条件によって「機械的」にも「有機的」にも，「分化」にも「総合」にも，「集権」にも「分権」にもなるのである。組織と環境の関係をつきつめればつめるほど，組織の直面する環境は，環境一般論では処理できない面をもっており，それは個々の組織との対応において認識することが必要であり，Lawrence=Lorsch はこのような考え方を条件適合理論と呼んだのである。こうして公式組織の構造の研究は

クローズド・システムとしての静的なビュロクラシー論からオープン・システムとしての条件適合的な組織構造論に変化してきたのである。

このような組織論の潮流のなかで，第2部において，組織—市場関係の理論化を試みている。これまでの組織と環境論者の研究に比べて，この研究の問題意識は，第1に組織と環境の関係のなかで組織構造の最も重要な規定要因は，技術よりも，また環境一般よりも市場ではないかということ，そして第2に，もしそうであるならば，組織と市場の関係をどういう理論フレームでとらえ，このフレームの構成変数を具体的なインディケータとの関連においてどうとらえたらよいか，ということである。組織と市場の関係の研究は少ないけれどもなかったわけではない。例えば，Burns=Stalker, Lawrence=Lorsch 等の研究は環境要因としての市場の不安定性を重視していた。しかしながら，彼らのいう市場の不安定性とは何なのか，そして市場の不安定性がなぜ組織構造に影響を与えるのかについて必ずしも明確な理論フレームをもっていなかった。Chandler の研究は市場の重要性を最初に指摘したが，市場をどう概念化したらよいかについてほとんど触れていなかったのである。

組織と市場の関係を研究する場合に逢着する基本的な問題点が2つある。第1はこの関係をどう概念化したら最もよいか，そして，第2にそれらの概念をどう操作化したらよいかである。われわれは市場志向の組織論における組織と市場の関係づけを情報および意思決定の負荷という観点から考察した。市場は組織の情報・意思決定負荷に影響を与えるもの(要因)に関連して概念化され，これを市場多様性と定義する。組織多様性は情報フィードバック単位および情報プロセッサーの数に関連して概念化され，分権の程度を意味する。そうすると，この理論の基本的なフレームは次のとおりである。組織は本質的に Simon のいうように意思決定構造である。そして，意思決定は関連情報が利用できる場合にのみ可能である。組織は市場多様性のうみだす情報・意思決定負荷に対応するために，自らの組織の情報プロセッシングの最少

有効多様性を構築して,市場に適応するのである。したがって,市場多様性が大きければ大きいほど組織は多様化するが,組織は同時に情報プロセッシングの経済性導入にも努める。かくして,組織と市場の関係は組織が市場に適応するために必要な情報の質と量に関連して,最もよく説明できるのである。

　それならば,われわれの理論を構成する概念はいかに操作化されたか。われわれは Lazarsfeld 学派の方法論に基づいて,概念を概念の次元の決定,次元のインディケータの決定,測定手法の決定のステップで操作化した。市場多様性は異質性と不安定性という2つの次元をもつ。異質性は「情報源の数」と「各情報源に送受信する情報量」という2つのインディケータをもつ。不安定性は「情報の信頼性」と「情報フィードバックの時間幅」という2つのインディケータをもつ。それぞれのインディケータは多変量的（各インディケータは8変数,合計32変数）である。これらの項目（変数）は組織が市場で生存するために必要な情報の質と量を表示している。組織多様性も水平と垂直の2つの次元をもち,水平的多様性のインディケータは独立事業部の製品マネジャーの数であり,垂直的多様性のインディケータは重要意思決定に参画する情報プロセッサーの数である。

　選択したインディケータの測定用具には Likert スケールに近似した質問票と面接を採用した。調査戦略は4つの異なる市場に直面している組織をサンプルとして抽出し,各組織の事業部長および製品マネジャーを対象に上記測定用具による調査を行なった。調査結果は市場多様性が組織多様性を規定するというわれわれの命題を強く支持していた。この結果に基づいて各組織別に組織特性が市場多様性の各インディケータ,およびそれらの相互作用との関係において説明される。その詳細は省略するが,全体として,情報の量的側面を示す市場異質性は組織の分権を,また,情報の質的側面を示す市場不安定性は組織の集権に影響を与えるようであった。そして,追跡調査のなかで,組織─市場多様性モデルがさらに展開されることになる。すなわち,

市場多様性，組織多様性，情報プロセッサーの権力分布の一致が，組織の最適な市場行動および市場成果を決定するという包括的モデルへの展開である。さらに，われわれの組織―市場多様性の基本モデルから市場条件適合理論の開発も可能であることを指摘したのである。

　われわれはこれまで一貫して組織を分析単位として理論構築を試みてきた。そして，われわれの接近法はすでに明らかなように，第1章の組織論の接近法の分類でいえば，構造的，すなわち組織社会学的であった。ところが，組織社会学的接近法について最近 Argyris が興味ある批判を行なっている (1972)。彼の批判は主として，Thompson, Perrow, Blau の技術学派に向けられたものであるが，その要旨は次のとおりである。

(1) 社会学者は組織を全体として取扱うが，個人，個人間，集団要因とそのダイナミックスを無視している。
(2) 社会学者は最小のリスクで最大の利益を得られるような構造化された環境を好むような合理的，市場志向的人間像を仮定している。しかし，人間は責任感もあり，創造的であると同時にたびたびフラストレーションも起し，防御的にもなる欲求志向の生物であり，組織の条件にさまざまな感情的・欲求充足的方法で応答する生物でもある。
(3) 社会学者は組織における社会心理学的要因を，明確にあるいは暗黙のうちに指摘するが，それらを拡大しようとしない。
(4) 社会学的組織論は1次元である。それは人間の成果に対する組織構造の影響のみを見て，個人の組織に対する影響については何もいっていない。
(5) 社会学的データは個人データの単なる集計であって，個人のデータを無視する。
(6) 社会学者は非公式組織を無視する。
(7) 社会学者は組織の主要な決定要因を1つに削減する傾向がある。例えば，Perrow は組織のすべてに影響を与える主要因として，技術をとりあげた

が，他の独立変数例えばリーダーシップ，統制，規程，人間的統制等を無視している。
(8) 多くの社会学的理論は静的，相関分析から生れているが，この分析は変数間関係を示すことができても，その相関関係の底に横たわるプロセスと人的ダイナミックスを示すことはできない。

以上の批判は技術学派を通じて組織社会学一般にも適用されるだろう。われわれは組織と市場の関係を説明するのに基礎的なサイバネティックスの考え方を採用し，構造的，社会学的，エンジニアリング的接近法を基本としてきた。われわれの理論で仮定する人間に対するイメージは，Simon 同様人間は情報プロセッサーにすぎない。そこには動機づけ論者，例えば Maslow, McGregor, Argyris 等のいう自己実現欲を求める人間もいなければ，Scheinのいう複雑人としての人間もいない (1970)。つまり，われわれの理論の分析単位は組織であり，その展開過程で集団にまでおりてきたが，個人の動機には全く触れなかったのである。第1部における組織論の展望において今日までの組織論の発展が個人，集団，そして組織の運動法則の究明に重点移行してきたことを指摘したが，分析の焦点が組織レベルに展開したときに，そのことは暗黙裡に従来開拓されてきた個人，集団の理論も包含した組織の統合的理論構築の必要性を示唆しているのである。[1]

Argyris は組織を分析単位とする組織社会学は個人のパーソナリティ，個人間の相互作用を無視しているとし，結局組織の運動は最終的に個人の運動に帰らなければならないという還元主義の立場を主張している。いいかえれば，組織心理学と組織社会学の統合が必要であると主張しているのである。

---

1) 例えば，Lorsch-Lawrence は，「組織が効果的であるためには，組織の内部機能は，組織が行う仕事，それがもっている技術および外部環境，さらにはその成員の欲求などと一貫性を保たなければならない (1970, 清水勣監訳, p. 1)。」といっている。

つまり，第1章において考察した動機と構造を統合したセル4の理論構築の必要性である。

　Argyris は統合理論モデルを自ら提唱しているわけではない。そればかりか統合理論に伴う組織心理学，組織社会学の方法論上の問題点を十分認識していないように思われる。われわれが第1章において指摘したように分析レベルに固有の運動，つまり基本変数の存在によって，組織理論は経済学のように個人の単なる集計がそのまま集団，組織の運動の説明につながらない，つまり集計変数だけでミクロからマクロの世界に変換できない現象を説明しなければならないことを指摘した。この点の認識に立つと理論には分析レベルに妥当な接近法あるいは理論が存在可能となる。すでに指摘してきたように，組織全体を分析単位としたときにその運動を社会心理学的接近法で分析することは困難である。いや，そればかりではない。同じ分析レベルの現象の説明においても人間に対するイメージ同様，さまざまな概念化が可能なのである。例えば，組織論において最も根源的概念である組織でさえも理論家のイメージによって，いろいろな概念化が可能であることはすでに指摘した。社会科学における概念，つまり言葉の意味はその現象に対する人の洞察力あるいはイメージによってさまざまなのである。言葉の意味分析，すなわち変数としての言葉のあらゆる可能性を開拓することに社会科学方法論の第一歩があることを Lazarsfeld は指摘したが，われわれは彼のフレームに従って第4章第3節において，われわれの概念の操作化を行なったのであった。

　われわれは現段階において分析レベルによって（もちろん分析レベルは複数にまたがりうる）最適な接近法が存在すること，さらに同一レベルの現象の説明においてもある場合にはこの理論，またある場合には他の理論と，理論化の多様性と柔軟性を認めるものである。さらに，われわれは Merton のいう中範囲理論のより多くの開発の必要性，そしてそれらの結果として将来いくつかの理論の融合性が明確化されながら，統合理論が構築されるという考

第5章 市場条件適合理論に向って　287

え方に同調するものである。したがって，われわれは現段階で統合理論を軽軽しく論ずべきではないと考えている。否，組織論はこれからますます多様化していくにちがいない。われわれの考えている統合理論とは，例えば Barnard のような抽象レベルが高く，今日われわれの現実の組織現象を説明するのに余りにも一般論すぎて，現実になんらかの具体的示唆を与えられないような理論を指すのではない。現段階で考えられる統合理論は統合的理論ともいうべきもので，個人，集団，組織の分析レベルの中範囲理論の組合せから構築されるであろう。最近，組織開発が既存理論の収集および体系化を試みている。しかしながら，組織開発論者は主に社会心理学的接近法をとり，

---

2) 組織開発の既存理論の組合せ的性格については，例えば，Lawrence-Lorschの「分化」と「総合」モデルを組織開発に利用したフレームは次図のとおりである。彼らの主なモデルは組織と環境のレベルであったが，これを個人にまでおろしてきた場合に，例えば個々の成員の誘因と貢献については March-Simon モデル (1958) を，成員の欲求については Maslow, McGregor, Argyris 等のモデルを組合わせるという形で展開されるわけである。

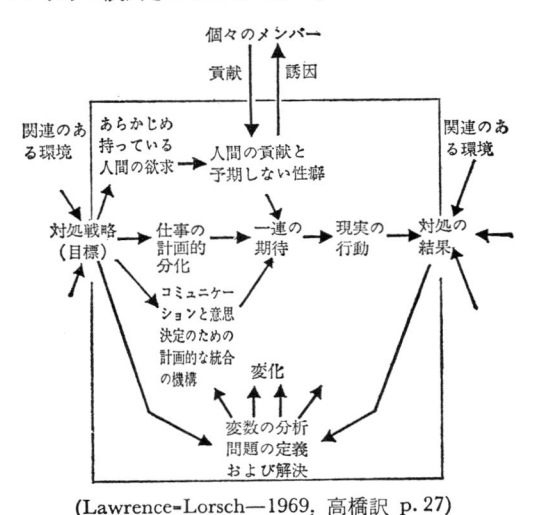

(Lawrence-Lorsch—1969, 高橋訳 p.27)

その内容はきわめて実践的,技術的であり,明確な基礎概念と方法論を欠いているように思われる。統合理論は個人,集団,組織の各レベルの運動に関する明確な概念および方法論をもち,学際的接近法(その1つとして組織心理学と組織社会学の統合)を基本とするであろう[3]。

われわれは現段階であるべき組織の統合理論の内容について結論をもたない。しかしながら,われわれの組織—市場の関係の理論化のプロセスのなかで,少なくともわれわれの立場を明確にさせたことが2点ある。

第1は,われわれの接近法は動機づけ論者のように個人あるいは集団を分析単位とし,人間の動機づけに重点をおきながら個人→集団→組織とセオリー・ビルディングを志向するものではなく,組織を分析単位とし,組織構造を重視し,環境対応から市場→組織→集団→個人のセオリー・ビルディング

さらに OD の組合せ技術的性格については,French=Bell—1973 を参照されたい。また,Clark は組織構造の設計に態度変数を考慮する研究を行なっている (1972)。

3) Pugh は組織行動の3つの分析単位,組織構造および機能,集団の構成および相互作用,個人のパーソナリティおよび行動の相互依存性を考慮した理論の展開が必要であるし,そうすれば特定レベルの分析,例えば,集団の構成および相互作用が特定の組織構造との関連で分析することが可能であるといっている (1966)。

Kahn 他は個人,集団,組織の3つの異なるレベルの抽象を同時に扱う調査が必要であるといっている。そして,「これは困難な仕事であり,われわれの結果は不満足である。それにもかかわらず,このことは人間組織の理解の基本的要求である。組織は個人の行為に還元されるが,同時に個人の行為は集合的行動においてのみ意味があり,また一部理解可能なのである。このレベルの複合性は社会心理学におけると同様人間組織のエッセンスであるが,それをわれわれのモデルおよび調査デザインに認めることを試みた。」と主張している (1964)。

彼らの理論および実証研究は依然として社会心理学的であるが,組織における動機と構造の統合を心理学と社会学の中間理論ともいうべき社会心理学者が強調している点は興味がある。しかしながら,われわれが指摘したごとく彼らは集団運動の解明に大きな貢献をしたが,組織と環境との相互作用の分析にまでおよばなかったのである。

を志向する全体観的立場に立っていることである。環境変化の激しい時点での組織の運動を説明する場合に，この接近法のほうが理論による組織現象の統制の問題も含めて説明力があると考えるからである。

　第2は，組織の運動法則の解明は永遠の課題であるが，われわれが今日できることは一般論の世界に沈潜することよりも，多様な組織現象について自ら現実的で地道な理論づくりを一歩一歩進めることの必要性である。

参考文献

Abel, P. (1971), Model Building in Sociology, New York: Schocken Books.
Alderson, W. (1957), Marketing Behavior and Executive Action, Homewood, Ill.: Richard D. Irwin.
Anderson, T. W. (1958), An Introduction to Multivariate Statistical Analysis, New York: John Wiley & Sons.
Applewhite, P. B. (1965), Organizational Behavior, Englewood Cliffs, N. J.: Prentice-Hall (松田武彦監訳『組織行動』日本生産本部, 1968).
Argyris, C. (1957), Personality and Organization, New York: Harper & Row (伊吹山太郎・中村 実訳『組織とパーソナリティ』日本能率協会, 1970).
Argyris, C. (1964), Integrating the Organization and Individual, New York: John Wiley & Sons (三隅二不二・黒川正流訳『新しい管理社会の探求』産業能率短期大学出版部, 1969).
Argyris, C. (1972), The Applicability of Organizational Sociology, London: Cambridge University Press.
Asch, S. E. (1951), "Effects of group pressure upon the modification and distortion of judgement," in Cartwright, D. and A. Zander, eds., Group Dynamics, 2nd ed., Evanston, Ill.: Row, Peterson, 1960.
Asch, S. E. (1955), "Opinions and social pressure," in Leavitt, H. and L. Pondy, eds., Readings in Managerial Psychology, Chicago: University of Chicago Press, 1964.
Ashby, W. (1956), An Introduction to Cybernetics, London: Chapman & Hall.
Ashby, W. (1960), Design for a Brain, London: Chapman & Hall.
Bain, J. (1956), Barriers to New Competition, Cambridge, Mass.: Harvard University Press.
Bain, J. (1968), Industrial organization, 2nd ed., New York: John Wiley & Sons (宮沢健一監訳『産業組織論』上・下, 丸善, 1970).
Barnard, C. I. (1938), The Functions of the Executive, Cambridge, Mass.: Harvard University Press (山本安次郎・田杉 競・飯野春樹訳『新訳・経営者の役割』ダイヤモンド社, 1968).
Barrett, J. H. and A. S. Tannenbaum (1971), "Organization theory," in Seashore, S. E. and R. J. McNeill, eds., Management of the Urban Crisis, New York: Free Press.
Barton, A. H. (1957), "The concept of property-space in social science," in Lazarsfeld, P. F. and M. Rosenberg, eds., The Language of Social Research, New York: Free Press.

Bavelas, A. (1950), "Communication patterns in task-oriented groups," in Cartwright, D. and A. Zander, eds., Group Dynamics, 2nd ed., Evanston, Ill.: Row, Peterson, 1960.

Beer, S. (1966), Decision and Control, New York: John Wiley & Sons.

Bell, G. (1967), "Determinant of span of control," A. J. S., July 1967.

Bennis, W. G. (1966), Changing Organizations, New York: McGraw-Hill（幸田一夫訳『組織の変革』産業能率短期大学出版部，1968）.

Berelson, B. and G. Steiner (1964), Humans Behavior: An Inventory of Scientific Findings, New York: Harcourt. Brace & World（南　博監修，社会行動研究所訳『行動科学事典』誠信書房，1966）.

Bernhardt, I. and K. Mackenzie (1968), "Measuring seller unconcentration, segmentation and product differentiation," Western Economic Journal, December 1968.

Blalock, H. M. (1964), Causal Inferences in Nonexperimental Research, Chapel Hill: University of North Carolina Press.

Blalock, H. M. (1969), Theory Construction, Englewood Cliffs, N. J.: Prentice-Hall.

Blalock, H. M. (1970), An Introduction to Social Research, Englewood Cliffs, N. J.: Prentice-Hall.

Blalock, H. M. ed., (1971), Causal Models in the Social Sciences, Chicago: Aldine.

Blau, P. M. (1955), The Dynamics of Bureaucracy, Chicago: University of Chicago Press.

Blau, P. M. (1968), "The hierarchy of authority in organizations," A. J. S., 73: 453-467.

Blau, P. M. and W. R. Scott (1962), Formal Organizations, San Francisco: Chandler.

Blauner, R. (1964), Alienation and Freedom, Chicago: University of Chicago Press（佐藤慶幸監訳『労働における疎外と自由』新泉社，1971）.

Borgatta, E. F. ed., (1969), Sociological Methodology, San Francisco: Jossey-Bass.

Bowers, D. G. and S. E. Seashore (1966), "Predicting organizational effectiveness with a four-factor theory of leadership," A. S. Q., 11: 238-263.

Brown, R. (1965), Social Psychology, New York: Free Press.

Bucklin, L. P. (1966), A Theory of Distribution Channel Structure, IBER, University of California, Berkeley（田村正紀訳『流通経路構造論』千倉書房，1977）.

Bucklin, L. P. and W. Jones (1970), "Yuban case study," Graduate School of Business Administration, University of California, Berkeley.

Burack, E. (1967), "Industrial management in advanced production systems: some theoretical concepts and preliminary findings," A. S. Q., 12, 1967.

Burns, T. (1964), "The comparative study of organizations," in Vroom, V. H. ed., Method of Organizational Research, University of Pittsburgh Press.

Burns, A. F. and W. C. Mitchell (1946), Measuring Business Cycles, New York: National Bureau of Economic Research.

Burns, T. and G. M. Stalker (1961), The Management of Innovation, London: Tavistock.

Cadwallader, M. (1959), "The cybernetic analysis of change in complex social organizations," A. J. S., September 1959.

Carey, A. (1967), "The Hawthorne report: A radical criticism," A. S. R., June 1967.

Cartwright, D. and A. Zander eds. (1960), Group Dynamics, 2nd ed., Evanston, Ill.: Row, Peterson (三隅二不二・佐々木 薫訳編『グループ・ダイナミックス』上・下, 誠信書房, 1969).

Cartwright, D. and A. Zander eds. (1968), Group Dynamics, 3rd eds., New York: Harper & Row.

Cartwright, D. (1965), "Influence, leadership, control," in March, J. G., ed., Handbook of Organizations, Chicago: Rand McNally.

Cartwright, D. (1968), "The nature of group cohesiveness," in Cartwright, D. and A. Zander, eds., Group Dynamics, 3rd ed., New York: Harper & Row.

Chandler, A. D., Jr. (1962), Strategy and Structure, Cambridge Mass.: M. I. T. Press (三菱経済研究所訳『経営戦略と経営組織』実業之日本社, 1967).

Chandler, A. D., Jr. (1964), Giant Enterprise: Ford, General Motors, and the Automobile Industry, New York: Harcourt, Brace & World (内田忠夫・風間禎三郎訳『競争の戦略』ダイヤモンド社, 1970).

Charns, M. P. (1972), "The theory of Joan Woodward and James Thompson," in Lorsch, J. W. and P. R. Lawrence, Organization Planning: Cases and Concepts, Homewood, Ill.: Richard D. Irwin.

Child, J. (1972), "Organization structure and strategies of control: a replication of the Aston study," A. S. Q., 17: 163–177.

Churchman, C. (1971), The Design of Inquiring Systems, New York: Basic Books.

Clark, P. (1972), Organizational Design, London: Tavistock.

Coch, L. and J. R. P. French, Jr. (1948), "Overcoming resistance to change," in Cartwright, D. and A. Zander, eds., Group Dynamics, 2nd ed., Evanston, Ill.: Row, Peterson, 1960.

Cooley, W. W. and P. R. Lohnes (1971), Multivariate Data Analysis, New York: John Wiley & Sons.

Copeland, M. T. (1924), Principles of Marchandising, Chicago: A. W. Shaw.

Cordiner, R. J. (1956), New Frontiers for Professional Managers, New York: McGraw-Hill.

Corey, E. R. and S. H. Star (1971), Organization Strategy: A Marketing Approach, Boston: Harvard Business School, Division of Research.

Crozier, M. (1964), The Bureaucratic Phenomenon, Chicago: University of Chicago Press.

Cyert, R. M. and J. G. March (1963), A Behavioral Theory of the Firm, Englewood Cliffs, N. J.: Prentice-Hall (松田武彦・井上恒夫訳『企業の行動理論』ダイヤモンド社, 1967).

Deutsch, M. (1949), "The effects of cooperation and competition upon group process," in Cartwright, D. and A. Zander, eds., Group Dynamics, 2nd ed., Evanston, Ill.: Row, Peterson, 1960.

Dill, W. R. (1958), "Environment as an influence on managerial autonomy," A. S. Q., 2: 409–443.

Dittes, J. E. (1959), "Attractiveness of group as function of self-esteem and acceptance by group," Journal of Abnormal and Social Psycholsgy, 59, 1959.

Dubin, R. (1965), "Industrial workers' worlds: A study of the central life interests of industrial workers," Social Problems, 3: 131–142.

Duncan, R. B. (1972), "Characteristics of organizational environments and perceived environmental uncertainty," A. S. Q., 17: 313–327.

Emery, F. E. and E. L. Trist (1965), "The causal texture of organizational environments," H. R., 18: 21–32.

Festinger, L. (1950), "Informal social communication," in Cartwright D. and A. Zander, eds., Group Dynamics, 2nd ed., Evanston, Ill.: Row, Peterson, 1960.

Fiedler, F. E. (1967), A Theory of Leadership Effectiveness, New York: McGraw-Hill (山田雄一監訳『新しい管理者像の探求』産業能率短期大学出版部, 1970).

Frank, R. E., W. F. Massy, and Y. Wind (1972), Market Segmentation, Englewood Cliffs, N. J., Prentice-Hall.

French, J. R. P., Jr. and B. Raven (1959), "The bases of social power," in Cartwright, D. ed., Studies in Social Power, Ann Arbor: University of Michigan.

French, W. L. and C. H. Bell (1973), Organization Development, Englewood Cliffs, N. J.: Prentice-Hall.

Forcese, D. P. and S. Richer (1973), Social Research Methods, Englewood Cliffs, N. J.: Prentice-Hall.

Galbraith, J. (1972), "Organization design: an information processing view," in Lorsch, J. W. and P. R. Lawrence, Organization Planning: Cases and Concepts, Homewood, Ill.: Richard D. Irwin.

Galbraith, J. (1973), Designing Complex Organizations, Reading Mass.: Addison-Wesley.

Gerth, H. and C. Mills trans. and ed. (1946), From Max Weber: Essays in Sociology, New York: Oxford University Press.

Gibb, C. A. (1954), "Leadership," in Lindzey, G. ed., Handbook of Social Psychology, vol 2., Reading Mass: Addison-Wesley.

Glock, C. Y. ed. (1967), Survey Research in the Social Sciences, Russell Sage.

Goldthorpe, J., D. Lockwood, F. Bechhofer, and J. Platt(1968), The Affluent Worker: Industrial Attitudes and Behavior, London: Cambridge University Press.

Gouldner, A. W. (1954), Patterns of Industrial Bureaucracy, Glencoe, Ill.: Free Press (岡本秀昭・塩原 勉訳『産業における官僚制』ダイヤモンド社, 1963).

Gouldner, A. W. (1959), "Organizational analyses," in R. K. Merton, L. Broom, and L. S. Cottrell, eds., Sociology Today, New York: Basic Books.

Green, P. E. and D. S. Tull (1970), Research for Marketing Decisions, 2nd ed., Englewood Cliffs, N. J.: Prentice-Hall.

Grether, E. T. (1966), Marketing and Public Policy, Englewood Cliffs, N. J.: Prentice-Hall.

Grether, E. T. (1970), "Industrial organization: past history and future problems," A. E. R., May 1970.

Guillaume, P. (1937), La Psychologie de La Forme (八木 晃訳『ゲシタルト心理学』岩波書店, 1952).

Haas, J. E. and T. E. Drabek (1973), Complex Organizations: A Sociological Perspective, New York: Macmillan.

Hage, J. and M. Aiken (1970), Social Change in Complex Organizations, New York: Rondom House.

Hall, R. H. (1963), "The concept of bureaucracy: an empirical assessment," A. J. S., 69: 32–40.

Hall, R. H. (1972), Organizations: Structure and Process, Englewood Cliffs, N. J.: Prentice-Hall.

Hare, V. C. (1967), Systems Analysis: A Diagnostic Approach, New York: Harcout, Brace & World.

Harvey, E. (1968), "Technology and the structure of organizations," A. S. R., 33:

247-259.

Henderson, A. M. and T. Parsons trans. (1947), Max Weber: The Theory of Social and Economic Organization, New York: Oxford University Press.

Herzberg, F. (1966), Work and the Nature of Man, Cleveland: World Publishing Company (北野利信訳『仕事と人間性』東洋経済新報社, 1968).

Hickson, D. J., D. S. Pugh, and D. C. Pheysey (1969), "Operations technology and organization structure: an empirical reappraisal," A. S. Q., 14: 378-397.

Hinings, C. R. and G. L. Lee (1971), "Dimensions of organization structure and their context: a replication," Sociology, 5: 83-93.

Homans, G. C. (1950), The Human Group, New York: Harcourt, Brace & World (馬場明男訳『ヒューマン・グループ』誠信書房, 1959).

Homans, G. C. (1951), The Western Electric Researches, in National Research Council, Fatigue of Workers, New York: Reinhold.

Homans, G. C. (1967), The Nature of Social Science, New York: Harcourt Brace Jovanovich.

Hopkins, T. K. (1962), "Bureaucratic authority: the convergence of Weber and Barnard," in Etzioni, A. ed., Complex Organization, New York: Holt, Rinehart & Winston.

Hopkins, T. K. (1966), "Review of industrial organization by Joan Woodward," A. S. Q., September 1966.

Horowitz, A. (1968), "Entropy, Markov processes and competition in the brewing industry," Journal of Industrial Economics, July 1968.

Horwitz, M. W. (1954), "The recall of interrupted group tasks: an experimental study of individual motivation in relation to group goals," in Cartwright D. and A. Zander, eds., Group Dynamics, 2nd ed., Evanston, Ill.: Row, Peterson, 1960.

Hulin, C. L. and M. R. Blood (1968), "Job enlargement, individual differences, and worker responses," Psychological Bulletin 69: 41-55.

Hunt, R. G. (1970), "Technology and organization," Academy of Management Journal, 13: 235-252.

Hyman, H. (1955), Survey Design and Analysis, New York: Free Press.

今井賢一・宇沢弘文・小宮隆太郎・根岸　隆・村上泰亮(1971), 価格理論 I, 岩波書店.

Indik, B. (1965), "Organization size and member participation: some empirical tests of alternative explanations," H. R. 18, 1965.

Inkson, J. H., D. S. Pugh, and D. J. Hickson (1970), "Organization context and structure: an abbreviated replication," A. S. Q., 15:318-329.

Jackson, J. (1959), "Reference group processes in a formal organization," in Cartwright, D. and A. Zander, eds., Group Dynamics, 2nd ed., Evanston, Ill.: Row, Peterson, 1960.

Jarvie, I. C. (1972), Concepts and Society, London: Routledge & Kegan Paul.

Kahn, R. L. (1960), "Productivity and job satisfaction," Personnel Psychology, Fall 1960.

Kahn R. L. and D. Katz (1953), "Leadership practices in relation to productivity and morale," in Cartwright, D. and A. Zander, eds., Group Dynamics, 2nd ed., Evanston, Ill.: Row, Peterson, 1960.

Kaplan, A. (1964), The Conduct of Inquiry: Methodology for Behavioral Sciences, San Francisco: Chandler.

Katz, D. and R. L. Kahn (1966), The Social Psychology of Organizations.

Kaufman, H. (1971), The Limits of Organizational Change, University of Alabama Press.

Kaysen, C. and D. Turner (1959), Antitrust Policy: An Economic and Legal Analysis, Cambridge, Mass.: Harvard University Press.

Kelley, H. H. (1951), "Communication in experimentally created hierarchies," in Cartwright, D. and A. Zander, eds., Group Dynamics, 2nd ed., Evanston, Ill.: Row, Peterson, 1960.

Kelley, E. J. (1972), Marketing Planning and Competitive Strategy, Englewood Cliffs, N. J.: Prentice-Hall.

Kingdon, D. (1973), Matrix Organization, London: Tavistock.

北野利信 (1965),『経営組織の設計』森山書店.

小林　茂 (1966),『ソニーは人を生かす』日本経営出版会.

Koch, E. (1962), "New organization patterns for marketing," Management Review, February 1962.

Köhler, W. (1969), The Task of Gestalt Psychology (田中良久・上村保子訳『ゲシタルト心理学』東京大学出版会, 1971).

Koontz, H. ed. (1964), Toward a Unified Theory of Management, New York: McGraw-Hill.

Koopmans, T. J. (1947), "Measurement without theory," The Review of Economic Statistics, August 1947.

Kornhauser, A. (1965), Mental Health of the Industrial Worker, New York: John Wiley & Sons.

Kotler, P. (1967), Marketing Management: Analysis, Planning and Control, Engle-

wood Cliffs, N. J.: Prentice-Hall.
Lana, R. E. (1969), Assumptions of Social Psychology, New York: Appleton-Century-Crofts.
Landsberger, H. A. (1958), Hawthorne Revisited, New York: Cornell University Press.
Landsberger, H. A. (1961), "The horizontal dimension in bureaucracy," A. S. Q., 6: 298–333.
Landsberger, H. A. (1967), "The behavioral sciences in industry," I. R., October 1967.
Lawrence, P. R. and J. W. Lorsch (1967a), Organization and Environment, Boston: Harvard Business School, Division of Research (吉田　博訳『組織の条件適応理論』産業能率短期大学出版部, 1977.).
Lawrence, P. R. and J. W. Lorsch(1967b), "Differentiation and integration in complex organization," A. S. Q., June 1967.
Lawrence, P. R. and J. W. Lorsch (1969), Developing Organizations: Diagnosis and Action, New York: Addison-Wesley (高橋達男訳『組織づくり―その診断と手順』産業能率短期大学出版部, 1973).
Lazarsfeld, P. F. (1955), "Forward" in Hyman, H., Survey Design and Analysis, New York: Free Press.
Lazarsfeld, P. F. and M. Rosenberg, eds., (1955), The Language of Social Research, New York: Free Press.
Lazarsfeld, P. F. (1957), "Interpretation of statistial relations as a research operation," in Lazarsfeld, P. F. and M. Rosenberg, eds., The Language of Social Research, New York: Free Press.
Lazarsfeld, P. F.(1958), "The translation of concept into indices," Daedalus, Fall 1958.
Lazarsfeld, P. F. and H. Menzel (1961), "On the relation between individual and collective properties," in Etzioni, A. ed., Complex Organizations, New York: Holt, Rinehart & Winston.
Lazarsfeld, P. F., A. K. Pasanella, and M. Rosenberg (1972), Continuities in the Language of Social Research, New York: Free Press.
Levy, F. and E. Truman (1971), "Toward a rational theory of decentralization: another view," American Political Science Review, March 1971.
Lewin, K. (1939), "Field theory and experiment in social psychology: concepts and methods," A. J. S., 44, 1939.
Lewin, K. (1940), "An experimental study of the effect of democratic and authoritarian group atmosphere," University of Iowa Studies: Studies in Child Welfare., 16, 1940.

Lewin, K. (1947), "Group decision and social change," in Newcomb, T. and E. Hartley, eds., Readings in Social Psychology, New York: Holt, Reinhart and Winston.

Lewin, K. (1948), Resolving Social Conflicts, New York: Harper & Row (末永俊郎訳『社会的葛藤の解決』創元社, 1954).

Lewin, K. (1951), Field Theory in Social Sciences: Selected Theoretical Papers, New York: Harper & Row (猪股佐登留訳『社会科学における場の理論』誠信書房, 1956).

Likert, R. (1958), "Measuring organizational Performance," H. B. R., March-April 1958.

Likert, R. (1961), New Patterns of Management, New York: McGraw-Hill (三隅二不二訳『経営の行動科学:新しいマネジメントの探求』ダイヤモンド社, 1968).

Likert, R. (1967), The Human Organization: Its Measurement and Value, New York: McGraw-Hill (三隅二不二訳『組織の行動科学:ヒューマンオーガニゼーションの管理と価値』ダイヤモンド社, 1968).

Likert, R. (1970)「マネジメント・システムの新方向」, 松田武彦, 細谷泰雄監修『変動に挑戦する経営』日本生産生本部.

Lipset, S. M., M. Trow, and J. Coleman (1956), Union Democracy, New York: Doubleday.

Litwin, G. H. and R. A. Stringer, Jr. (1968), Motivation and Organizational Climate, Boston: Harvard Business School, Division of Research (占部都美監訳, 井尻昭夫訳『経営風土』白桃書房, 1974).

Lorsch, J. W. and S. A. Allen III (1973), Managing Diversity and Interdependence, Boston: Harvard Business School, Division of Research.

Lorsch, J. W. and P. Lawrence (1970), Studies in Organization Design, New York: Richard D. Irwin (清水 勤監訳『変化適応の組織』ダイヤモンド社, 1972).

Lorsch, J. W. and P. Lawrence (1972), "Environmental factors and organizational integration," in Lorsch, J. W. and P. Lawrence, eds., Organization Planning: Cases and Concepts, New York: Richard D. Irwin.

March, J. G. and H. A. Simon (1958), Organizations, New York: John Wiley & Sons (土屋守章訳『オーガニゼーションズ』ダイヤモンド社, 1977).

Marrow, A., D. G. Bowers, and S. F. Seashore (1967), Management by Participation, New York: Harper & Row.

Marrow, A. (1969), The Practical Theorist: The Life and Work of Kurt Lewin, New York: Basic Books (望月 衛・宇津木保訳『クルトレヴィン』誠信書房,

1972).

Maruyama, M. (1963), "The second cybernetics: deviation and amplifying mutual causal process," American Scientist, 51, 1963.

Maslow, A. H. (1954), Motivation and Personality, New York: Harper & Row (小口忠彦監訳『人間性の心理学』産業能率短期大学出版部, 1971).

Mason, E. (1957), Economic Concentration and the Monopoly Problem, Cambridge, Mass.: Harvard University Press.

Massy, W. (1965), "Discriminant Analysis of audience characteristics," Journal of Advertising Research, March, 1965.

Mayo, E. (1933), The Human Problems of an Industrial Civilization, New York: Macmillan (村本栄一訳『産業文明における人間問題』日本能率協会, 1951).

Mayo, E. (1945), The Social Problems of an Industrial Civilization, Boston: Harvard Business School.

Mazur, A. (1968), "The littlest science," American Sociologist, August 1968.

McClelland, D. C. (1962), "Business drive and national achievement," H. B. R., July-August, 1962.

McGregor, D. (1960), The Human Side of Enterprise, New York: McGraw-Hill (高橋達男訳, 新版『企業の人間的側面』産業能率短期大学出版部, 1970).

McGregor, D. (1967), The Professional Manager, New York: McGraw-Hill (逸見純昌・北野　徹・斉藤昇敬訳『プロフェッショナル・マネジャー』産業能率短期大学出版部, 1968).

Merton, R. K. (1940), "Bureaucratic structure and personality," Social Forces, 18, 1940.

Merton, R. K. (1957), Social Theory and Social Structure, rev. ed., Glencoe Ill.: Free Press (森　東吾・森　好夫・金沢　実・中島竜太郎訳『社会理論と社会構造』みすず書房, 1961).

Mey, H. (1972), Field Theory: A Study of Its Application in the Social Sciences, London: Routledge & Kegan Paul.

Miles, R. E. (1965), "Human relations or human resources?," H. B. R., July-August, 1965.

水原泰介編 (1971), 講座心理学13『社会心理学』東京大学出版会.

Morrison, D. (1969), "On the interprectation of discriminant Analysis," J. M. R., May 1969.

Morse, N. C. and R Weiss (1955), "The function and meaning of work and the job," A. S. R., 20, 1955.

Mouzelis, N. (1967), Organization and Bureaucracy, London: Routledge & Kegan Paul (石田 剛訳『組織と官僚制』未来社, 1971).
Neel, A. (1969), Theories of Psychology, University of London Press.
Newell, A. and H. A. Simon (1972), Human Problem Solving, Englewood Cliffs, N. J.: Prentice-Hall.
Nicosia, F. M. (1966), Consumer Decision Processes, Englewood Cliffs, N. J.: Prentice-Hall (野中郁次郎・羽路駒次訳『消費者の意思決定過程』東洋経済新報社, 1979).
Nonaka, I., (1972), Organization and Market, Ph. D. dissertation, Graduate School of Business Administration, University of California, Berkeley.
野中郁次郎（1974），「産業財マーケティングにおける組織間システム」，東京ワークショップ『マーケティングとシステムズ・アプローチ』白桃書房.
岡本康雄（1968），「ウェーバー組織論の構造」，東京大学『経済学論集』, 1968年10月.
岡本康雄（1971），「企業行動と組織分析―展望」，今井賢一・岡本康雄・宮川公男編『企業行動と経営組織』日本経済新聞社, 1971.
Peck, M. (1960), Competition in the Aluminum Industry: 1945–1958, Cambridge, Mass.: Harvard University Press.
Perrow, C. (1967), "A framework for comparative organizational analysis," A. S. R., 32: 194–208.
Perrow, C. (1970), Organizational Analysis: A Sociological View, Belmont, California: Wadsworth (岡田至雄訳『組織の社会学』ダイヤモンド社, 1973).
Perrow, C. (1972), Complex Organizations: A Critical Essay, Chicago: Scott Foresman.
Pettigrew, A. M. (1973), The Politics of Organizational Decision-making, London: Tavistock.
Porter, L. W. and E. E. Lawler III (1968), Managerial Attitudes and Performance, Homewood, Ill.: Richard D. Irwin.
Price, J. (1968), "Design of proof in organizational research," A. S. Q., June 1968.
Pugh, D. S., D. J. Hickson, C. R. Hinings, K. M. MacDonald, C. Turner, and T. Lupton (1963), "A conceptual scheme for organizational analysis," A. S. Q., 8: 289–315.
Pugh, D. S. (1966), "Modern organization theory: a psycholsgical and sociological study," Psychological Bulletin, October 1966.
Pugh, D. S., D. J. Hickson, C. R. Hinings, and C. Turner (1968), "Dimensions of organization structure," A. S. Q., 13: 65–105.
Pugh, D. S., D. J. Hickson, and C. R. Hinings (1969a), "An empirical taxonomy of

structures of work organizations," A. S. Q., 14: 115-126.

Pugh, D. S., D. J. Hickson, C. R. Hinings, and C. Turner (1969b), "The context of organization structures," A. S. Q., 14: 91-114.

Rasmussen, G. and A. Zander (1954), "Group membership and self-evaluation," H. R., 7, 1954.

Raven, B. H. and J. Rietsema (1957), "The effect of varied clarity of group goal and group path upon the individual and his relation to his group," in Cartwright, D. and A. Zander, Group Dynamics, 2nd ed., Evanston, Ill. Row, Peterson, 1960.

Roethlisberger, F. J. and W. J. Dickson (1939), Management and the Worker, Cambridge, Mass.: Harvard University Press.

相良守次 (1942), 『行動と生活環境』弘文堂書房.

斎藤継郎 (1973), 「ヒューマン・リレーションズに関する若干の考察 (1)」, 埼玉大学『社会科学論集』, 1973年1月.

佐藤慶幸 (1966), 『官僚制の社会学』ダイヤモンド社.

Sayles, L. (1964), Managerial Behavior, New York: McGraw-Hill.

Schein, E. H. (1970), Organizational Psychology, 2nd ed., Englewood Cliffs, N. J.: Prentice-Hall.

Scherer, F. M.(1970), Industrial Market Structure and Economic Performance, Skokie, Ill.: Rand McNally.

Selznick, P. (1949), TVA and the Grass Roots, Berkeley: University of California Press.

Selznick, P. (1957), Leadership in Administration, New York: Harper & Row (北野利信訳『組織とリーダーシップ』ダイヤモンド社, 1963).

Sethi, S. (1972), Advanced Cases in Multinational Business Operations, Englewood Cliffs, N. J.: Prentice-Hall.

Shaw, M. E. (1971), Group Dynamics: The Psychology of Small Group Behavior, New York: McGraw-Hill.

Sherif, M. (1936), The Psychology of Social Norms, New York: Harper & Row.

Sherif, M. (1956), "Experiments in group conflict and co-operation," Scientific American, 195(5): 54-58.

Sherif, M. and C. Sherif (1956), An Outline of Social Psychology, rev. ed., New York: Harper & Row.

Simon, H. A. (1947), Administrative Behavior.

Simon, H. A. et al. (1954), Centralization vs. Decentralization in Organizing the Controller's Department, New York: Controllership Foundation.

Simon, H. A. (1957), Administrative Behavior, 2nd ed., New York: Macmillan (松田武彦・高柳　暁・二村敏子訳『経営行動』ダイヤモンド社, 1965).
Simon, H. A. (1964), "On the concept of organizational goal," A. S. Q., 9: 1–22.
Simon, H. A. (1969), The Sciences of the Artificial, Cambridge, Mass.: M. I. T. Press (高宮　晋監修, 稲葉元吉・吉原英樹訳『システムの科学』ダイヤモンド社, 1977).
Sloan, A. P., Jr. (1964), My Years with General Motors, New York: Doubleday (田中融二・狩野貞子・石川博友訳『GM とともに』ダイヤモンド社, 1967).
Smelser, N. J. (1962), Theory of Collective Behavior, New York: Free Press.
Smith, W. (1956), "Product differentiation and market segmentation as alternative marketing strategies," J. M., July 1956.
Sofer, C. (1972), Organizations in Theory and Practice, New York: Basic Books.
Steiglitz, H. and C. Wilkerson (1968), "Corporate organization structures," Studies in Personnel Policy, No. 210, National Industrial Conference Board, 1968.
Stinchcombe, A. L. (1959), "Bureaucratic and craft administration of production: a comparative study," A. S. Q., 40: 168–187.
Stinchcombe, A. L. (1960), "The sociology and the theory of the firm," Pacific Sociological Review, Fall 1960.
Stinchcombe, A. L. (1968), Constructing Social Theories, New York: Harcourt, Brace & World.
Stogdill, R. M. (1948), "Personal factors associated with leadership: a survey of the literature," Journal of Psychology, 25, 1948.
Stogdill, R. M. and A. Coons eds., (1957), Leader Behavior: Its Description and Measurement, Columbus: Ohio State University, Bureau of Business Research.
Strauss, G. (1962), "Tactics of lateral relationship: the purchasing agent," A. S. Q., September 1962.
Strauss, G. (1963), "Notes on power equalization," in Leavitt, H. J. ed., The Social Science of Organizations, Englewood Cliffs, N. J.: Prentice-Hall.
Strauss, G. (1968), "Human relations, 1968 style," I. R., May 1968.
Strauss, G. (1970), "Organizational behavior and personnel relations," A Review of Industrial Relations Research, 1: 145–206.
末永俊郎編 (1971), 講座心理学 1,『歴史と動向』東京大学出版会.
竹内　啓, 広重　徹 (1971),『転機に立つ科学：近代科学の成り立ちとゆくえ』中央公論社.
Tannenbaum, A. S. and F. Massarik (1950), "Participation by subordinates in the managerial decision-making process," The Canadian Journal of Economy &

Political Science., August 1950.

Tannenbaum, A. S. (1968), Control in Organizations, New York: McGraw-Hill.

Tatsuoka, M. M. (1971), Multivariate Analysis, New York: John Wiley & Sons.

Terreberry, S. (1968), "The evolution of organizational environments, "A. S. Q., 12: 590-613.

Theil, H. (1967), Economics and Information Theory, Amsterdam.: North-Holland.

Thibaut, J. W. and H. H. Kelley (1959), The Social Psychology of Groups, New York: John Wiley & Sons.

Thoening, (1973), "The seasoned perspective of Argyris's Applicability of Organizational Sociology, A. S. Q., June 1973.

Thompson, J. D. and F. L. Bates, (1957), "Technology, organization and administration," A. S. Q., 2: 325-343.

Thompson, J. D. (1967), Organization in Action, New York: McGraw-Hill.

Thompson, V. A. (1965), "Bureaucracy and innovation," A. S. Q., 10: 1-20.

Trist, E. L. and K. W. Bamforth (1951), "Some social and psychological consequences of the longwall method of coal-getting," H. R., 4: 3-38.

Turner, A. N. and P. R. Lawrence (1965), Industrial Jobs and the Worker, Boston: Harvard Business School, Division of Research.

Udell, J.(1967), "An empirical test of hypotheses relating to span of control," A. S. Q., December 1967.

Udy, S. H., Jr. (1959), Organization of Work: A Comparative Analysis of Production among Nonindustrial People, New Haven: Human Relations Area Files Press.

Veblen, T. (1940), Theory of Business Enterprise, Kelley.

Vroom, V. H. (1962), "Ego-involvement, job satisfaction, and job performance," Personnel Psychology, 15, 1962.

Vroom, V. H. (1964), Work and Motivation, New York: John Wiley & Sons.

Walton, R. E. and J. M. Dutton (1969), "The management of interdepartmental conflict: a model and a review," A. S. Q., 14: 73-84.

Weber, M. (1904), Die "Objektivität" sozialwissenchaftlicher und sozialpolitischer Erkenntnis (富永祐治・立野保男訳『社会科学方法論』岩波書店).

Weber, M. (1919), Wissenchaft als Beruf (尾高邦雄訳『職業としての学問』岩波書店).

Webster, F. E. (1971), Marketing Communication, New York: Ronald Press.

Wedderburn, D. and R. Crompton (1972), Workers' Attitudes and Technology, London: Cambridge University Press.

Weick, K. E., Jr. (1969), The Social Psychology of Organizing, Reading, Mass.: Addison-Wesley.

White, R. K. and R. Lippitt (1960), Autocracy and Democracy, New York: Harper & Row.

Whitehead, T. N. (1938), The Industrial Worker, Cambridge, Mass.: Harvard University Press.

Whyte, W. F. (1969), Organizational Behavior, Homewood, Ill.: Richard D. Irwin.

Wilensky, H. L. (1967), Organizational Intelligence, New York: Basic Books (市川統洋・倉井武夫・阿部　齊訳『組織のインテリジェンス』ダイヤモンド社, 1972).

Williamson, O. E. (1970), Corporate Control and Business Behavior, Englewood Cliffs, N. J.: Prentice-Hall (岡本康雄・高宮　誠訳『現代企業の組織革新と企業行動』丸善, 1975).

Woodward, J. (1958), "Management and technology," H. M. S. O., 1958.

Woodward, J. (1965), Industrial Organization: Theory and Practice, London: Oxford University Press (矢島鈞次・中村壽雄訳『新しい企業組織』日本能率協会, 1970).

Woodward, J. ed. (1970), Industrial Organization: Behavior and Control, London: Oxford University Press (都筑　栄・宮城浩祐・風間禎三郎訳『技術と組織行動』日本能率協会, 1971).

Worthy, J.(1950), "Organizational structure and employee morale," A. S. R., 15, 1950.

Yamashita, T. (1970), Human Approach to the Organization: the Sony Experiment, M. A. thesis, Public Administration, University of California, Berkeley.

Zander, A. and A. Havelin (1960), "A social comparison and interpersonal attraction" H. R., 13, 1960.

Zennetos, Z. (1965), "On the theory of divisional structures: some aspect of centralization and decentralization of control and decision making," M. S., December, 1965.

〔雑　誌　名〕

A. E. R.＝American Economic Review.

A. J. S.＝American Journal of Sociology.

A. S. Q.＝Administrative Science Quarterly.

A. S. R.＝American Sociological Review.

H. B. R.＝Harvard Business Review.

H. R.＝Human Relations.

I. R.＝Industrial Relations.

J. M.=Journal of Marketing.
M. S.=Management Science.

人 名 索 引

Abel, P. 11-12
Administrative Science Quarterly 10, 18
Aiken, M. 176
Alderson, W. 238
Allen, S. A. 122, 129
Applewhite, P. B. 55
Argyris, C. 10, 39, 61, 63, 72-74, 280, 284, 285, 287
Asch, S. E. 50-54
Ashby, W. 140, 141, 152, 162, 169, 170, 175, 213, 236, 261

Bain, J. 139, 168, 181, 182, 186
Bamforth, K. W. 106
Barnard, C. I. 3-4, 18, 81, 287
Barrett, J. 49, 58
Barton, A. H. 149
Bates, F. L. 117
Bavelas, A. 47
Beer, S. 141, 152, 159, 171
Bell, G. 99, 288
Bennis, W. G. 61, 63, 92
Berelson, B. 10
Bernhardt, I. 139, 181
Blalock, H. M. 5-8, 16
Blau, P. M. 17, 84, 91-92, 99, 284
Blauner, R. 73, 106, 111
Blood, M. R. 73
Borgatta, E. F. 5
Bowers, D. G. 149
Brown, R. 22, 271
Bucklin, L. P. 175, 176
Burack, E. 117
Burns, A. F. 6

Burns, T. 18, 23, 109-110, 117, 119, 121, 123-124, 134, 167, 186, 236, 276, 281-282

Cadwallader, M. 159-160, 173
Carey, A. 31, 135, 146, 176
Cartwright, D. 45-47, 49, 54, 56-57, 65
Chandler, A. D. Jr. 128, 135-137, 144-145, 154, 186, 191, 193, 228, 268, 271-272, 281-282
Charns, M. P. 108, 113
Child, J. 95
Clark, P. 288
Coch, L. 54
Collins, R. 15
Cooley, W. W. 224
Coons, A. 57
Copeland, M. T. 177
Cordiner, R. J. 270
Crompton, R. 107
Crozier, M. 17
Cyert,-R. M. 23, 145, 267

Deutsch, M. 47, 54
Dickson, W. 26, 28, 34
Dill, W. R. 128, 142, 167, 186
Dittes, J. E. 47
Drabek, T. E. 103
Dubin, R. 73, 107
Duncan, R. B. 5, 128
Durant, W. C. 272

Emery, F. E. 128

Fayol, H. 122

Festinger, L. 46
Fiedler, F. E. 73, 123, 129, 276
Ford, H. 272
Frank, E. 173
French, J. R. P. Jr. 54, 67, 288

Galbraith, J. 181, 261
Gerth, H. 77
Gibb, C. A. 56
Glock, C. Y. 147
Goldthorpe, J. 107
Gouldner, A. W. 17, 19, 84-85, 87-88, 90-92, 119, 121
Grant, R. C. 268
Green, P. E. 224
Grether, E. T. 136, 168, 186
Guillaume, P. 45
Gulick, L. 100, 122

Haas, J. E. 103
Hage, J. 176
Hall, R. H. 92-94, 96
Hare, V. C. 213
Harvey, E. 117-118
Havelin, A. 47
Henderson, L. J. 34, 77
Herzberg, F. 72
Hickson, D. J. 95, 117
Hinings, C. R. 95
広重 徹 12
Homans, G. C. 26, 38, 47
Hopkins, T. K. 81, 117
Horowitz, A. 139
Horwitz, M. W. 47, 54
Hulin, G. L. 73
Hunt, R. G. 117
Hyman, H. 5

市川統洋 270
Indik, B. 47
Inkson, J. H. 95, 98

Jackson, J. 47
Jarvie, I. C. 14

Kahn, R. L. 17, 57, 61, 288
Kaplan, A. 147
Katz, D. 17, 57, 61
Kaufman, H. 271
Kaysen, C. 182
Kelley, H. H. 47-48, 276
Kingdon, D. 262
北野利信 75
Klingler, H. 268
小林 茂 70
Koch, E. 135, 145-146, 175
Köhler, W. 45
Koontz, H. 16, 100
Koopmans, T. J. 6
Kornhauser, A. 72
Kotler, P. 178

Lana, R. E. 43
Landsberger, H. A. 26, 37, 40, 69, 261
Lawler, E. E. Ⅲ 74
Lawrence, P. 18, 23, 73, 107, 121-125, 128-129, 136, 167, 185, 187, 191, 236, 261, 265, 276-277, 281-282, 285, 287
Lazarsfeld, P. F. 5, 13, 147-149, 286
Lee, G. L. 95
Levy, F. 136, 152
Lewin, K. 8, 10, 38, 40, 42-46, 54, 56, 60, 64, 67, 74, 76, 103, 279-280
Likert, R. 3, 10, 48, 57, 60, 61-62, 64-65, 68-70, 72, 74-76, 133, 280
Lippitt, R. 47

人 名 索 引　　**3**

Lipset, S. M.　17
Lohnes, P. R.　224
Lorsch, J. W.　18, 23, 121-125, 128-129, 136, 167, 184, 187, 191, 236, 261, 265, 276-277, 281-282, 285, 287

Mackenzie, K.　139, 181
March, J. G.　16, 19, 23, 59, 100-102, 113, 145, 151, 267, 287
Marrow, A.　10, 46, 58
Maruyama, M.　182
Maslow, A. H.　61, 72, 74, 280, 285, 287
Mason, E.　139
Massy, W.　224
松田武彦　4
Mayo, E.　3, 10, 25, 36, 37-39, 279
Mazur, A.　8
McClelland, D. C.　73
McGregor, D.　10, 60, 64, 69, 72, 74, 280, 285, 287
Menzel, H.　13
Merton, R. K.　17, 19, 82, 83-84, 88, 90, 286
Mey, H.　43, 45
Miles, R. E.　64
Mills, C.　77
三隅二不二　54, 63-65, 68, 72, 75-76
Mitchell, W. C.　6
水原泰介　51
Mooney, J.　100, 122
Morrison, D.　224
Morse, N. C.　72
Mouzelis, N.　13, 77, 103, 151, 163, 262

中村壽雄　107, 265
Neel, A.　43
Newell, A.　104
野中郁次郎　247, 275

O'Donnell, C.　100
岡本康雄　75, 77

Pareto, V.　34
Parsons, T.　17, 77
Perrow, C.　16-17, 21-23, 61, 69, 77, 79-80, 91, 100, 102-103, 115, 116-118, 133, 145-146, 152, 274, 276-277, 281, 284
Pettigrew, A. M.　274
Porter, L. W.　74
Pratt, J.　271
Price, J.　236
Pugh, D. S.　13, 19, 22, 92, 95-96, 98-99, 288

Rasmussen, G.　55
Raven, B. H.　47, 54, 67
Rietsema, J.　47, 54
Roethlisberger, F.　26, 28, 34, 36
Rosenberg, M.　5, 148

相良守次　45
斉藤継郎　39
佐々木　薫　54
佐藤慶幸　82, 91
Sayles, L.　261
Schein, E. H.　285
Scherer, F. M.　139, 182, 247
Seashere　149
Selznick, P.　17, 84, 91-92, 183
Sethi, S.　201
Shannon　141, 152
Shaw, M. E.　59
Sherif, M.　47, 50-52, 54
清水　勤　285
Simon, H. A.　3-4, 16, 18-19, 23, 59, 100-102, 104, 112-113, 138, 151, 158, 162-163, 232, 262, 281-282, 285, 287

Sloan, A. P. Jr.　143, 268, 271
Smelser, N. J.　22
Smith, W.　172
Sofer, C.　10
Stalker, G. M.　18, 23, 109, 117, 119, 121, 123-124, 134, 167, 186, 236, 276, 281-282
Star, S. H.　135, 146, 176
Steiglitz, H.　156
Steiner, G.　10
Stinchcombe, A. L.　9, 15, 128, 134, 138, 143, 263, 267-269
Strauss, G.　10, 69, 73, 261
Stogdill, R. M.　56, 57
末永俊郎　44-45

高橋達男　287
竹内 啓　12
Tannenbaum, A. S.　49, 57-58, 68, 74
Tatsuoka, M. M.　224, 227
Taylor, F. W.　25, 36, 100, 279, 281
Terreberry, S.　128
Theil, H.　139
Thibaut, J. W.　48
Thoenig　263
Thompson, J. D.　23, 84, 111, 114-117, 127, 142, 145, 171, 277, 281, 284
Trist, E. L.　106, 128
Truman, E.　136, 152
土屋守章　104
Tull, D. S.　224
Turner, A. N.　73, 106, 182

Udell, J.　99
Udy, S. H. Jr.　93, 96, 117
Urwrick　100, 122

Veblen, T.　111
Vining　6
Vroom, V. H.　58, 73, 74

Walton, R. E.　261
Weber, M.　3, 9-10, 18, 23, 77-81, 86, 90, 92-94, 99-100, 160, 281
Webster, F. E.　178
Wedderburn, D.　107
Weick, K.　138
Weiss, R.　72
White, R. K.　47
Whitehead　26, 29, 31, 37
Whyte, W. F.　73
Wilensky, H. L.　262, 270
Williamson, O. E.　136, 156
Woodward, J.　9, 18, 23, 99, 105-108, 110, 114, 117-118, 123, 134, 176, 191, 263, 264-265, 277, 281
Worthy, J.　99

Yamashita, T.　70
矢島鈞次　107, 265

Zander, A.　45-47, 54-56, 65
Zennetos, Z.　152

事 項 索 引

＜あ 行＞

アストン調査　95
アノミー　36
安定―不安定性次元　188

意思決定　23, 100, 101, 102, 103, 105
意思決定過程　102-103
意思決定システム　138
意思決定前提　101-102
意思決定の政治　274
異質性　140, 142, 144, 169
一貫性　269
一般理論　11, 100, 102, 276
因果関係　7
因果経路分析（path analysis）　5
因子分析　80
インディケータ　149-150, 172, 177, 180, 183, 185-186
インディケータの選択　149-150
インデックス　150

ウエスタン・エレクトリック会社　25
雲母剝離作業実験室　26, 32

影　響　57
衛生要因　72
X理論　61
演　繹　5
エントロピー　139, 141

オハイオ州立大学　55, 57, 149
オープン・システム　23, 105, 134

＜か 行＞

カイザー・アルミニウム・ケミカル社　202, 218, 246
階　層　80, 92, 120
概　念　4, 11, 288
概念間の関係　4, 147
概念の選択　148, 150
概念の操作化　5, 189
カウンセリング　33, 38
科　学　4
科学的管理法　25, 36
科学的方法　4-5
学際的接近法　288
各情報源に送受信する情報量　142, 177, 185, 277
仮　説　4, 147
課題達成　55
価値観　10
葛　藤　272
葛藤処理　123, 125-126, 265
還　元　103
還元主義（reductionism）　14, 285
環　境　122
環境適応行動　277
環境不安定性　124, 129
感光力機能　16
監督者訓練　39
官僚制　79

記　述　6
基礎条件　139
規　則　78, 80, 92
期　待　74
機械的システム　109, 117, 119-121
機　能　82, 122
機能主義　82

6　事　項　索　引

機能分析　82, 91
凝集性　36, 46, 53, 55, 59, 62, 68
擬似相関　7
擬似ビュロクラシー　86
技　術　107-109, 114-115, 117-118
技術決定論　117
技術的合理性　112
強　制　126
強制力　67
協働体系　3
逆機能　82-84, 91
均衡モデル　33

グループ・ダイナミック　8, 36, 40, 44-46, 55, 58, 62-63, 65-66
グループ・トレーニング　63
クローズド・システム　23, 105, 112
クロロックス社　193, 219, 242

継電器組立実験室　26
結果変数　66
ゲシタルト　13, 41, 76
ゲシタルト心理学　12, 41-42, 50
原因変数　32, 37, 66, 71
検　証　5
顕在的機能　82, 84, 91
限定的合理性　112
権　限　78-79, 121
権　力　263
権力構造　266, 269, 271
権力順位　266-267
権力の分布　266-267

後期人間関係論　39, 60
公式化　123
公式組織　39, 92
公式性　122
交　渉　272

交渉過程　267
構　造　19, 128
構造安定（morphostasis）システム　182
構造設定　55
構造的接近　21-22, 134
構造発生（morphogenesis）システム　182
合法力　67
合理性　91, 101, 177
合理的　78, 79
合理的組織　82
個　人　13, 285, 287-288
個人観（individualism）　14-15
コスモポリタン　120
古典的管理論　23, 106
コミットメント　121
コミュニケーション　120-121
固有変数　13
コントロール・グループ　27

＜さ　行＞

最少有効多様性　152, 213, 236, 261, 271, 277
最少有効多様性の法則　140-141
サイバネティックス　140, 169, 263, 285
サウス・エセックス研究　9, 106, 111, 118
サーベイ・リサーチ　147
参画的経営　66, 70
産業心理学　20
産業組織論　139, 168, 186

ジェネラル・エレクトリック　146, 270
ジェネラル・モーターズ　143, 268, 271
時間志向性　122
事業部制　154
次　元　95, 144, 149, 185
次元の選択　149-150
自己実現欲　40, 64, 72, 104
自己充足的組織単位　261

自己尊重　49
自己統制　67
資　質　56
支持的関係の原則　62
市　場　137
市場異質性　257
市場環境　139-140
市場行為　168
市場構造　139-140, 168
市場条件　139-140
市場条件適合理論　276-277
市場成果　139, 168
市場多様性　139, 142, 152, 158, 167, 169, 185-186, 193, 214-215, 235, 257-259, 266, 272, 276-277
市場特性　277
市場不安定性　258
システム　122
システム1　65, 70-71
システム4　65-66, 70-71, 74
実験グループ　27
実証科学　4
事例研究　85, 91-92, 119
社　会　13
社会学　14
社会・技術的システム　106-107
社会システム　84
社会心理学　14, 20
社会的権力　67
社会的欲求　36, 40
従業員志向　55
集計変数　13
集　権　153-154
集約技術　111
従属変数　27, 109
集　団　285, 287-288
集団圧力　49, 54-57, 59, 60
集団維持　55

集団規範　35
集団凝集性　46, 48-49, 55, 60
集団的意思決定　62
集団目標　54-57, 60
主成分分析　95, 96
状況変数　105
条件適合理論　129, 276, 281
小集団　13
情　報　263
情報源　215, 218, 220-221
情報源の数　142, 172, 185, 277
情報処理能力　103
情報と意思決定の負荷　138-139, 266, 267, 272, 277
情報の質　142, 277
情報の信頼性　142, 180, 185, 215, 219-220, 222, 277
情報の負荷　142
情報の量　142, 215, 218, 220-221, 263, 277
情報フィードバック　218-219, 222
情報フィードバックの時間幅　142, 183, 185, 277
情報プロセッサー　141, 159, 161-163, 229, 270, 271, 285
情報プロセッシング　141, 161, 162, 163
情報プロセッシング構造　138, 144, 146, 267, 272
情報プロセッシング・システム　23, 104
情報プロセッシングの経済性　145, 237, 259
情報理論　141
職　務　78, 79-80
新古典派　103
人事相談制度　39
人的資源　60
人的資源モデル　64
信頼性　83

8　事　項　索　引

心理学　14
心理的環境　43

垂直的情報システム　261
垂直分権　161, 192, 228, 257-259
水平的分権　160, 192, 228, 257-259

斉一性　49-50, 59
生活空間　42-43
成果変数　71
生産志向　55
生産高規制　35-36
政治的吸収　183
政治的ゲーム　272
正準相関分析　226
製品マネジャー　154, 157
勢　力　57
セオリー・ビルディング　12-15, 288
責任権限　120
説　明　5
セ　ル　190-191
潜在的機能　82, 84, 91
潜在的次元　96
専制的経営　65, 70
全体観 (holism)　12-13, 15, 41, 42
専門化　92, 120
専門力　67
戦　略　128, 137

相互依存関係　56, 112-114
相互作用　56, 57, 62, 102, 115, 120, 134
相互的　113
測定手段の選択　150
測定用具　187
測定用具の選択　150
ソシオメトリー　38
組　織　13, 98, 122, 285, 287-288
組織開発　61, 287

組織革新　272
組織家族　68
組織間情報プロセシング・システム
　　262
組織現象　16, 289
組織構造　21, 79, 81, 95-96, 99, 101, 109,
　　114, 117, 120, 137, 140, 269, 277
組織―市場多様性モデル　272-273
組織―市場多様性理論　261
組織社会学　285
組織心理学　20, 285
組織スラック　145
組織制約　271
組織多様性　151, 157, 228, 235, 257, 259,
　　272
組織内権力構造　267

〈た　行〉

ダイアド　13
対　決　126
対人志向性　122
態　度　20, 37, 65
態度変化　43
態度理論　38
ダイナミックス　274
第2回継電器組立作業グループ　26, 32
代表的ビュロクラシー　86-88
対面関係　76
高い目標の原則　64
タスク・フォース　114
多変量解析　95
多変量分析　92
多様性　140-141
探　索　116
Tavistockグループ　106

逐次的　113
仲介技術　111

抽象レベル 15
中範囲理論 17-18, 77, 90, 105, 286-287
調査戦略 190
調査方法 37
調　節 271
懲罰中心的ビュロクラシー 86-89

追跡調査 266
強く結合している (richly joined) 環境 169

Tグループ・トレーニング 61
提案制度 39

同一性 67
同一力 67
同一力に基づく統制 67-68
動　機 19
動機づけ要因 72
動機的接近 19-20
統　合 121, 123-127
統合装置 126, 127
統合単位 265
統合的理論 287
統合部門 128
統合理論 286-288
同質—異質性次元 187
統　制 57, 58, 120-121
統制実験 7
統制実験手法 27
統制範囲 92, 99
同調性 49, 53
同僚全員のリーダーシップ 68
特性空間 149
特定理論 11, 276
独立変数 27, 109
独立のフィードバック・ループ 154
とりつくろい 126

<な 行>

人間関係の技術 39
人間関係論 24, 36
人間行動 102
認　知 103
認知限界 104
認知現象 43
認知構造 186
認知理論 43

<は 行>

ハイアラキー 78
媒介変数 20, 37, 66, 71
配電器巻線作業観察室 26, 35
配　慮 55
場の因果性 43
ハーバード・グループ 24-25, 39-40, 129
バランス 269
バランス理論 43
場理論 40, 60, 74
判別分析 223, 225

比較研究 105-106
比較組織論 92
非公式集団 35-36
非公式組織 39
非実験的調査手法 7
非人格性 92
ヒューレット・パッカード社 197, 221, 237
ビュロクラシー 3, 16, 23, 61, 77-81, 83-84, 86, 89-95, 99, 121

不安定性 124, 140, 143-144, 169
不安定性削減 138
フィードバック 116, 123
フィードバック時間 220

フォード 145
複合組織 16, 75, 134
部分環境 123
部分システム 123-124
ブランド・マネジャー制度 143, 156
プロクター & ギャンブル社 154, 156
プロジェクト・チーム 114
分 化 121-122, 124-127
分 業 78, 80
分 権 151, 153
分権の垂直的次元 166
分権の水平的次元 165
文 書 78, 80
分析単位 11, 13, 134
分析レベル 11

報償力 67
ホーソン効果 32
ホーソン工場実験 25, 37
方 法 147
方法論 147, 288
本質的意思決定 162, 266-267

<ま 行>

マトリックス組織 261

未開拓資源 64
ミシガン・グループ 21, 24, 39-40, 55, 57, 61, 149

命 題 4-5, 147
面接計画 26, 33

目標志向性 122
モデル 4

<や 行>

役 割 163

誘意性 44, 46
有機体説 33
有機的システム 110, 117, 119-121

予期しない結果 83
予 測 6
予測性 83
欲求の階層説 61
弱く結合している (poorly joined) 環境 169

<ら 行>

Likert スケール 21, 65
理想型 77-78, 80, 83, 93, 96, 99
リーダーシップ 55-58, 60
リーダーシップ・スタイル 57
リーバイ・シュトラウス社 208, 215, 250
理 論 4
理論モデル 4, 147
理論モデル・ビルディング 9-11, 133

類 型 87, 91-92, 98, 115, 150, 276
類型論 276

例 外 116
連結ピン 62-63
連結ポジション 114
連合体 267
連合的 113
連続技術 111

ローカル 120

<わ 行>

Y理論 61 73

著者略歴

野中郁次郎（のなか・いくじろう）

一橋大学名誉教授，日本学士院会員，中小企業大学校総長
1935年東京都生まれ。1958年早稲田大学政治経済学部卒業。カリフォルニア大学バークレー校経営大学院にてPh.D.取得。2017年カリフォルニア大学バークレー校経営大学院より「生涯功労賞」を受賞。知識創造理論の世界的権威。主な著書に「失敗の本質」（共著），"The Knowledge-Creating Company"（共著，邦訳「知識創造企業」），"The Wise Company"（共著，邦訳「ワイズカンパニー」），『共感が未来をつくる：ソーシャルイノベーションの実践知』（編著），『野性の経営』（共著），『世界を驚かせたスクラム経営：ラグビーワールドカップ2019組織委員会の挑戦』（共著）など多数。

bibliothèque chikura

増補新装版 組織と市場　組織の環境適合理論

1974年 7 月30日 初版 1 刷
2004年11月 1 日 初版 9 刷
2014年 7 月14日 新装版 1 刷
2024年 6 月 1 日 新装版 2 刷

著　者　　野中郁次郎

発行者　　千倉成示
発行所　　株式会社 千倉書房
　　　　　〒104-0031　東京都中央区京橋3-7-1
　　　　　電話 03-3528-6901（代表）
　　　　　https://www.chikura.co.jp/

印刷・製本　藤原印刷株式会社

©NONAKA Ikujiro 2014　Printed in Japan〈検印省略〉
ISBN 978-4-8051-1040-9 C3034

乱丁・落丁本はお取り替えいたします

JCOPY <（一社）出版者著作権管理機構　委託出版物>

本書のコピー，スキャン，デジタル化など無断複写は著作権法上での例外を除き禁じられています。複写される場合は，そのつど事前に（一社）出版者著作権管理機構（電話 03-5244-5088, FAX 03-5244-5089, e-mail: info@jcopy.or.jp）の許諾を得てください。
また，本書を代行業者などの第三者に依頼してスキャンやデジタル化することは，たとえ個人や家庭内での利用であっても一切認められておりません。